¡VAMOS DE COMPRAS!

Luis Hernán Arroyave E.

Reservados todos los derechos. No se permite la reproducción total o parcial de esta obra, ni su incorporación a un sistema informático, ni su transmisión en cualquier forma o por cualquier medio (electrónico, mecánico, fotocopia, grabación u otros) sin autorización previa y por escrito de los titulares del copyright, excepto breves citas y con la fuente identificada correctamente. La infracción de dichos derechos puede constituir un delito contra la propiedad intelectual.

El contenido de esta obra es responsabilidad del autor y no refleja necesariamente las opiniones de la casa editora. Todos los textos e imágenes fueron proporcionados por el autor, quien es el único responsable por los derechos de los mismos.

Publicado por Ibukku, LLC
www.ibukku.com
Diseño de portada: Ángel Flores Guerra Bistrain
Diseño y maquetación: Diana Patricia González Juárez
Copyright © 2024 Luis Hernán Arroyave E.
ISBN Paperback: 978-1-68574-956-9
ISBN Hardcover: 978-1-68574-958-3
ISBN eBook: 978-1-68574-957-6

Índice

Perfil del autor	9
Prólogo	11
Responsabilidades del autor	13
Primera parte	
Consideraciones sobre compras inteligentes	15
¿Quién hace compras?	16
Compras obligatorias	17
Compras controlables	17
Compras conscientes	18
Errores en las compras	19
Los valores en las compras son mayores que los ingresos	19
Ir de compras sin un presupuesto	20
Es más importante la promoción que la solución	21
Dejarse llevar por la imagen	22
Comprar sin saber el para qué	23
Acumulación compulsiva	24
Publicidad engañosa	25
Si el vecino, el amigo o el familiar compra, yo también	26
Estrenar auto tiene precio alto	27
Comprar solo por precio	31
No planificar las compras	33
No realizar análisis y selección ordenada de la tienda	34
Comprar casa en un lugar costoso	35
Estar actualizado en tecnología	37
Salir a comer fuera de casa y en lugares exclusivos	39
Utilizar la tarjeta de crédito a mayores plazos y sin control	41
Renovar el armario frecuentemente	44
Televentas y redes sociales	45
No se prioriza la calidad sobre la cantidad	47
Anchetas prearmadas	48
Dejarse llevar por las ofertas	48
Estrenar para ocasiones especiales	50
No comparar precios	51
Fiarse de los descuentos en tiendas y *online*	*51*
Desconocer los gastos de envío	53
Considerar la prima como una oportunidad para gastar	53
Cupones	54
Cerrar una compra	55

Segunda parte
¿Por qué elaborar un presupuesto? 57
    Determinar tu capacidad de ahorro 57
    Por qué se estima que el ahorro sea mínimo el 10 % de los ingresos 59
    Hacer una lista de prioridades financieras y de acuerdo con tu edad 60
    Se tiene una necesidad de hacer una compra grande 61
    Clasificar los objetivos financieros en orden de importancia 62
    Concentrarse en una meta y luego avanzar en una lista 64
    Una vez se tomen las decisiones, se controla o se cumpla una meta, se debe concentrar en la siguiente 65
    Hacer una lista de compras obligatorias y controlables 67
    Fija un límite de tiempo para alcanzar tus metas. Esto ayuda al ahorro 67
    Saber qué puede sacrificar en las compras 69
    Haz una lista de áreas en las que se está dispuesto a recortar 70
    Si necesitas ayuda recurre a un profesional en materia financiera 71

Tercera parte
Recomendaciones para los préstamos 73
    Préstamos financieros 73
    Piensa si es una deuda buena que te generará una renta periódica. Si es deuda mala, descártalo 75
    Nunca te apresures 79
    Relacionar el valor del préstamo y los ingresos con que se cuenta 80
    Calcular la capacidad de crédito 81
    Ten en cuenta los planes futuros de nuevas inversiones 83
    Haz un cálculo del esquema de pagos 84
    Se deben considerar los plazos que se acomoden al flujo de caja 85
    Verificar si se deben pagar comisiones, estudios, el aval del préstamo y otros valores 86
    Si se compra a crédito se debe investigar si se requiere un codeudor 88
    Se debe verificar que la cuota no afecte el ahorro mensual para nuevas inversiones 89
    Utilizan los préstamos para vacaciones 90

Cuarta parte
Cómo realizar las compras de manera consciente 93
    Planifica tu compra 93
    Fijarse en los precios 94
    Establecer prioridades 95
    Evitar compras para guardar 97
    Comprar artículos de colecciones anteriores 98
    Verificar precios antes y durante las promociones 99
    Evitar hacer compras solo por ser baratas 103
    Evite que las emociones afecten los gastos 104
    Siempre revisar las facturas de las compras realizadas 105
    Devolver las compras que poco llenan las expectativas 107

Cómo usar las tarjetas de crédito	108
No «comer cuento» con la publicidad	114
No impresionar a los demás	114
Acuerdos con tu pareja	115
Crear un fondo de emergencia e imprevistos	116
No comprar los días de pago o antes de las vacaciones	117
Comprar en pequeñas cantidades	118
Evita las condiciones complicadas en las entregas	118
Mascotas	119
Compras obligadas	121
Caprichos	123
Colecciones	123
Equipos con conexión wifi	124
Electrodomésticos con poco uso	126
Compras inútiles	130
Cascador de huevos	131
Vaporizador de espárragos	132
Carpas o toldos autoarmables para proteger vehículos	132
Accesorios y lujos de vehículos	133
Máquina de pasta	134
Desgranador eléctrico o manual de mazorcas	135
Abridor de vino eléctrico	135
Máquina de quesadillas	136
Abrelatas eléctrico	136
Fuente de chocolate	136
Equipos de sonido alámbricos para el hogar	137
Bomba a presión para lavar autos	138
Maletín de herramientas	140
GPS	141
Teléfono fijo	142
Cámaras de fotografía digitales	143
Multivitamínicos y suplementos	144
Garantías extendidas	145
Memorias USB	146
DVD y CD	147
Vestidos de novia	148
Freidora	149
Libros	151
Pólizas de estudio	155
Equipos tecnológicos	158
Teléfonos móviles	158
Computador personal o tableta	160
Planes de vacaciones	161
Dejar todo para el último momento	162
Planeación y pagar con demasiada antelación	163

No tener un plan o tener demasiados planes	163
Exceso en el equipaje	165
No elaborar un presupuesto	166
Hacer préstamos para tomar las vacaciones	167
Copar las tarjetas de crédito	168
Aumentar los gastos hormiga	169
Comprar presentes para los familiares y algunos amigos	170
Utilizar el ahorro mensual	171
No contar con los festivos locales	172
Características de los planes de vacaciones todo incluido	172
Fincas de recreo	173
Juguetes para los niños	175
Equipos deportivos	176
Complementos nutricionales	177
BITCOIN y criptomonedas	178
Semanas compartidas	179
Cigarrillos y alcohol	180
Premios a la persona que más compra	182

Quinta parte
Bienes raíces ... 185
    El costo del inmueble y los ingresos disponibles ... 186
    Verifique la capacidad de crédito ... 186
    Planes futuros de nuevas inversiones ... 187
    Localización ... 187
    Tipo de propiedad ... 188
    Estrato que deseas ... 189
    Distribución interior ... 189
    Posibilidad de ampliaciones ... 189
    Expectativas frente al diseño y al área que se necesita ... 190
    Acabados que llenan los gustos ... 190
    Orientación con respecto al sol ... 191
    Subsidios que puede lograr ... 191
    Cuotas de administración ... 191
    Parqueaderos de visitantes ... 192
    Requisitos de sismorresistencia ... 192
    Constructor reconocido ... 192
    Red contraincendios ... 193
    Vías de acceso ... 193
    Servicios públicos existentes ... 194
    Obras cercanas como puentes, carreteras, unidades residenciales, etcétera ... 195
    Tiempo de construcción si es un inmueble de segunda ... 195
    Cómo escoger un inmueble ... 196
    Riesgos de invertir en bienes raíces ... 199
    Fondos inmobiliarios ... 200

Sexta parte
Vehículos   203
    Comprar o vender un auto usado   205
    Recomendación para comprar un vehículo   206

Séptima Parte
Otras compras   211
    Compra de electrodomésticos   211
    Recomendación para compras de electrodomésticos   212

Octava parte
Conclusiones   215

Agradecimientos   219

Bibliografía   221
    Webgrafía: 222

Perfil del autor

Ingeniero electrónico U. de A., Executive Master in Financial Managment Westfield Business School USA, Executive Master en Dirección Financiera Centro Universitario Villanueva de la Universidad Complutense de Madrid, Máster Valoración de Empresas, EIG Granada, España, Posgrado en Finanzas, Preparación y Evaluación de Proyectos U. de A. Profesor de Matemáticas Financieras y Gestión Financiera de largo plazo, Fundamentos de Finanzas y Planeación Financiera de EAFIT. Profesor de Matemáticas Financieras, Análisis Financiero, Creación de Empresas, Formulación y Evaluación de Proyectos Fundación Universitaria San Martín-Medellín. Profesor de Matemáticas Financieras, Análisis Financiero, Finanzas Internacionales, Formulación y Evaluación de Proyectos Universidad Santo Tomás-Medellín. Profesor de posgrado en Universidad Industrial de Santander de Evaluación Económica y Social de Proyectos. Profesor de posgrado en ESUMER de Evaluación Económica y Social de Proyectos. Profesor de posgrado en la Universidad LUIS AMIGÓ en Gerencia de la Tecnología. Profesor y asesor de Trabajos de Grado de Posgrado Evaluación Económica y Social de Proyectos de la Universidad de Antioquía.

Prólogo

En el mundo hay transacciones en cada momento. En este momento se está haciendo una compra en alguna parte. Algunas de ellas serán inteligentes y realizadas con conciencia y otras no lo serán tanto. Decir cuál es inteligente y cuál no es una tarea difícil, pues para unos una compra así lo será, pero para otros no. Son varios los aspectos que se deben tener en cuenta para determinar si una compra es inteligente o no lo es. La belleza, el gusto, si es moderno, útil, barato, necesario, agradable, si es una colección o si se tiene disponible el dinero. Son muchos los indicadores para dictaminar que una compra es o no inteligente.

En este libro trataré de abarcar la mayoría de estos indicadores, pero con énfasis en lo financiero, en las necesidades o si es una solución a un problema. Si no se dispone del suficiente dinero para hacer una compra, el producto puede ser de gran belleza, pero su compra no sería inteligente. Lo mismo sucedería con el gusto, su utilidad, su bajo precio, si es agradable o que podría formar parte de una gran colección. Comprar algo que está fuera de nuestras capacidades es una compra poco inteligente. Esta es la razón principal para tener el hábito del ahorro, y con miras a inversiones productivas que generen ingresos que nos permitan hacer compras conscientes e inteligentes. En cada compra inteligente que se haga, mayor será nuestra calidad de vida.

En este libro se discutirán muchos y diferentes tipos de compras, incluyendo las obligatorias o fijas y las controlables o variables. Se presentarán algunos de los innumerables errores en las compras, pues abarcarlos todo es una tarea difícil y no se terminaría en un solo libro. Vamos de compras es un libro que aborda la importancia de tomar decisiones financieras informadas al realizar compras. En la parte 1, se discuten los conceptos generales de compras inteligentes, se enumeran los errores comunes y se analiza el uso de tarjetas de crédito. La parte 2 se centra en la elaboración de un presupuesto, la definición de objetivos financieros y la identificación de áreas en las que se puede ahorrar. También se presentan las ayudas profesionales disponibles para el manejo de finanzas personales. La tercera parte se enfoca en los préstamos, los planes futuros y las recomendaciones para tomar decisiones informadas sobre préstamos. La cuarta parte se centra en la realización de compras conscientes, abordando temas como compras inútiles, regalos y antojos. La quinta parte del libro se enfoca en la compra de bienes inmuebles y ofrece recomendaciones para esta importante inversión. La sexta parte se enfoca en la compra de autos y la séptima parte en la compra de electrodomésticos.

Posteriormente, se hace énfasis en la importancia de hacer un presupuesto para determinar la capacidad de ahorro de la persona, por fijar metas y objetivos y tener un control inteligente sobre sus compras. Algunos objetivos y metas requieren préstamos para llevarlos a cabo para invertir en activos productivos que generen ingresos suficientes para atender el servicio a la deuda y que produzca ingresos adicionales. Se presentarán recomendaciones para solicitar y manejar préstamos de manera responsable.

Se destaca la importancia de planificar las compras de manera consciente, incluyendo investigar precios, comparar opciones, priorizar la calidad sobre la cantidad, y evitar compras impulsivas. Se brindan recomendaciones específicas sobre cómo realizar compras conscientes en diferentes situaciones, como planificar compras, realizarlas en línea, y evitar el uso excesivo de tarjetas de crédito.

El objetivo de este libro es que el lector tome conciencia al realizar compras de una manera fácil e inteligente y así ahorrará tiempo y dinero. Esta es la manera más directa y efectiva de llegar a la libertad financiera, para que con las compras a conciencia, el lector pueda elaborar un presupuesto mensual y anual y con el menor sacrificio de los gastos porque, de hecho, tendría una mayor inteligencia para evitar el despilfarro.

El desarrollo del libro se basó en lecturas de libros, revistas, periódicos, programas de televisión y de radio y de incontables páginas de Internet y en experiencias propias, de amigos y familiares. Enunciar todas lecturas sería una tarea titánica, por esta razón hago referencia de las principales. En general, este libro ofrece herramientas y consejos para realizar compras informadas y evitar caer en deudas innecesarias o malas inversiones

Responsabilidades del autor

El lector será el responsable de las decisiones que tome en el completo sentido financiero de sus compras personales o empresariales, y el autor de este libro queda totalmente exonerado de toda acción que se tome. Igualmente, tendrá bajo su propia responsabilidad verificar o actualizar la información anotada en este libro. La información utilizada aquí fue producto de lecturas de libros de otros autores que están incluidos como referencias en cada una de las partes y la experiencia como inversor y como docente del autor. El lector podrá apreciar y evaluar las diferentes opciones que se exponen con el único objetivo que tenga mayor material para la toma de decisiones. Igualmente, bajo su propia decisión, podrá decidir sobre las compras que opte de acuerdo con sus objetivos financieros exonerando completamente el autor de este libro.

Primera parte
Consideraciones sobre compras inteligentes

Según el diccionario de la Real Academia Española (RAE), ***comprar*** se define así:

- Obtener algo por un precio.
- Sobornar a una persona, normalmente con autoridad.
- Realizar una compra, especialmente si se hace de forma habitual. Compramos en tiendas del barrio.

Inteligencia se define así:

- Capacidad de entender o comprender.
- Capacidad de resolver problemas.
- Conocimiento, comprensión, acto de entender.
- Habilidad, destreza y experiencia.

Consciente se define:

- Dicho de una persona: que tiene conocimientos de algo o se da cuenta de ello, especialmente de los propios actos y sus consecuencias.
- Que tiene consciencia o facultad de reconocer la realidad.

Problema se define así:

- Cuestión que se trata de aclarar.
- Conjunto de hechos o circunstancias que dificultan la consecución de un fin.

De acuerdo con estas definiciones definimos compras inteligentes o conscientes de la siguiente manera: obtener algo con un fin determinado y por un precio, que por conocimiento o experiencia, sabemos que nos resolverá un problema y no nos creará otro y con un perfecto balance entre calidad y precio y nos dejará plenamente satisfechos en el momento de la compra, días, semanas o meses después también. Comprar conscientemente algo no es adquirir un producto más barato sino el más conveniente al menor precio posible.

Si compramos un árbitro, una autoridad, seguramente se resuelve un problema, pero existe un riesgo enorme de crear uno mayor. Sería lo menos inteligente y esa no es la idea de esta charla.

Las compras se ordenan en obligatorias y controlables. Son obligatorias aquellas que cuando ingresamos en un nivel de vida, es difícil reducir o variar o es difícil de lograrlo. Por ejemplo, el mercado, los medicamentos para prevenir o curar una dolencia, el vestido, el calzado y la educación. Las compras controlables corresponden a los gustos que una persona se da en cualquier momento, y algunos lo llamarán compras variables.

¿Quién hace compras?

Toda persona natural o jurídica que tenga la posibilidad de obtener dinero realiza compras a lo largo de la vida. Si es una persona natural a partir de tener uso de razón inicia la etapa de realizar compras. Esto nos obliga a pensar la importancia de que desde temprana edad se tenga una adecuada educación financiera para que se realicen compras de una manera consciente e inteligente y no generen problemas.

Lamentablemente, la educación financiera de temprana edad es escasa y el gobierno nacional no ha tomado consciencia en este tema en la educación básica de la población. En ciertos países desarrollados, especialmente los asiáticos, contemplan dentro de los programas de educación básica el tema financiero.

En la sociedad existen personas que impulsivamente sienten la necesidad de hacer compras constantemente sin importar si no tienen el dinero suficiente para hacerlo. Son acumuladores y el único placer que sienten es sentirse dueños de esos bienes. A este trastorno se le llama oniomanía. Este trastorno es de las personas que hacen compras más allá de sus medios y posibilidades, y aquellos que gastan una cantidad excesiva de tiempo yendo de compras o que constantemente planifican comprar; aunque no lo hagan.

Las personas que tienen este trastorno sufren de ansiedad y depresión y requieren asistencia profesional de un sicólogo.

Compras obligatorias

Las compras de una persona se componen unas obligatorias o fijas y el resto variables. Las obligatorias son aquellas que no puedes dejar de cubrir porque, si se dejan de hacer, se crearán otros problemas mayores.

La composición de las compras obligatorias en promedio de una persona es la siguiente:

- Compra de vivienda; casa, apartamento o finca. Domótica para el hogar.
- Planes de salud. Aportes a la seguridad social, medicina prepagada, medicinas no POS (Plan Obligatorio de Salud), servicios de odontología, pólizas de vida, servicios médicos de atención a domicilio, etcétera.
- Compras en educación. Libros y útiles escolares, uniformes de colegio, servicio de transporte para colegios y universidades, computadores, tabletas y equipos periféricos.
- Mercado y alimentación.
- Vestuario y calzado. Accesorios para trajes y vestidos como mancornas, pisacorbatas, diademas, etc.

Compras controlables

Las compras controlables corresponden a las que se hacen para darse gustos y varían de una persona a otra.

Las compras controlables son:

- Vehículo. Accesorios, equipos de mantenimiento, lujos, sonido e instrumentos.
- Bicicletas, motos, patinetas.
- Equipos electrodomésticos. Aparatos de cocina, de aseo, refrigeración y congelación, generadores de ozono, ventiladores, aires acondicionados, equipos para mantenimiento de pisos, paredes y muebles.
- Lámparas, luces led, suiches inteligentes, controladores de iluminación, sensores de movimiento, etc.
- Implementos para las lavadas del vehículo.
- Equipos médicos. Tensiómetros, desfibriladores, oxímetros, termómetros
- Compras hormiga.

- Servicio de peluquería. Corte de cabello, tinturas, cosmetología, manicura y pedicura, artículos de tocador, etcétera.
- Gastos en empleadas de servicio doméstico. Debe incluir las prestaciones legales y hacer un promedio en el año.
- Equipos móviles, planes de telefonía celular pospago o prepago.
- Equipos de entretenimiento, televisión, sonido y domótica.
- Elementos para eventos sociales.
- Conciertos, teatros, entradas a cine y sus gastos de cafetería tales como crispetas, perros calientes, gaseosas, chocolatinas, etcétera.
- Instrumentos musicales. Equipos de cuerda, percusión, viento, etc.
- Visitas a museos, parques temáticos.
- Tiquetes de transporte aéreo o terrestre para las vacaciones.
- Restaurantes.
- Accesorios para el hogar. Adornos como cuadros, pinturas, tapetes, flores y jarrones.
- Equipos deportivos. Gimnasios en casa, accesorios para futbol, basquetbol, tenis, gol, voleibol, ciclismo, natación, etc.
- Joyería y relojes.
- Obsequios de cumpleaños, aniversarios u otros eventos de amigos y familiares.
- Compras hormiga.
- Instrumentos musicales.
- Equipos ópticos. Binóculos, lentes, telescopios, proyectores (video *beams*).
- Loncheras para niños.
- Mascotas, alimentos y productos de aseo y juguetes.
- Juguetes y juegos de azar.
- Compras exóticas. Colecciones, alimentos, especias, flores, plantas, instrumentos, ornamentos, etc.
- Compras inútiles y antojos. No resuelven un problema ni atienden a una necesidad.

Compras conscientes

Realizar las compras conscientes puede ser sencillo para las personas, pero no es así. A la mayoría les cuesta controlar los impulsos que la publicidad o el encanto de los productos que una buena oferta presenta, y proceden a efectuar la compra sin importar el riesgo financiero que se tenga.

Para hacer una compra consciente se requiere planificación, disponer del dinero y sobre todo definir si la compra le solucionará un problema o le atenderá una necesidad sin que le origine inconvenientes financieros para atender otras necesidades. La manera más adecuada para planificar las compras es la elaboración de un presupuesto, pues esto indicará la disponibilidad de dinero y ayudará a controlar las compras y realizarlas de una manera inteligente.

Errores en las compras

Realizar compras inteligentes no es una tarea fácil si no se tiene la cultura del ahorro. La cultura del ahorro nace después de elaborar un presupuesto detallado de ingresos y egresos. Algunos problemas en las compras son debidos también a unas especificaciones pobres o requisitos poco claros, mala elección de la tienda o deficiente negociación.

Los errores en las compras son tan diversos como transacciones puedan existir. A continuación, se enumeran los principales.

Los valores en las compras son mayores que los ingresos

Es simple aritmética. Para cubrir el déficit de un mes se procede a gastar el dinero del mes siguiente. El fenómeno se irá acrecentando cada vez más y llegará a un punto de incumplimiento en sus obligaciones. Le quedarán dos opciones para seguir adelante: vender un activo que se adquirió con sacrificio o endeudarse con una entidad bancaria si es que tiene condiciones para hacerlo.

Vender un activo que se adquirió con los ahorros de toda una vida implica un futuro con mayores sacrificios y menor calidad de vida. En vez de avanzar hacia una libertad financiera, es retroceder y sacrificar algo de calidad de vida ya sea que el activo sea productivo o no. Si es productivo es renunciar a la renta periódica que produce, si no es productivo es sacrificar una comodidad que también da calidad de vida.

Si la persona recurre a un préstamo para hacer una compra, con absoluta certeza, la persona va hacia condiciones cada vez más críticas y estará siempre trabajando para otros, pues el dinero que destine a pagar los servicios a la deuda será cada vez mayor.

Si la persona recurre a las tarjetas de crédito para hacer compras y a plazos grandes, debe tener en cuenta que las tasas de interés que cobran las entidades bancarias son las más altas en el mercado. Es usual encontrar que las personas cuando ven ofertas en alguna tienda o en Internet, lo ven como una gran oportunidad o una ganga y se originará un problema que a mediano plazo presentará saldo en rojo si gasta más de lo que gana.

El mejor consejo de finanzas personales es, sin lugar a duda, el de gastar menos de lo que ganas. Lamentablemente, la mayoría de las personas no hacen caso a esta recomendación y viven pendiente de la fecha de pago de su salario y con un estrés que los devora internamente.

Para gastar menos de lo que ganas debes hacer una lista exhaustiva con tus compras habituales y asignándoles prioridades. Algunas compras serán imprescindibles y otras más fáciles de controlar. Las imprescindibles a veces permiten cierto recorte o que se cambian por otro artículo que preste el mismo servicio, pero a un costo menor.

Ir de compras sin un presupuesto

Ir de compras sin un presupuesto es lo menos inteligente que una persona pueda hacer. Los antojos, las promociones, las ventas especiales que son irresistibles o las grandes novedades que ofrecen las tiendas son para muchas personas un imán y terminan con grandes paquetes que llevan a la casa con gran entusiasmo. Muchas de esas compras suelen tener la etiqueta que dice que no se admiten devoluciones por ser ofertas, o ser de estilos o modas que luego se rechazan, con lamentaciones de haber procedido en esas compras.

Los centros comerciales y en general las tiendas se las ingenian para ser irresistibles para que los que por allí pasen, se antojen y compren. Estas compras tienen dos lágrimas: la primera de alegría cuando la persona compra, y la segunda de llanto cuando ve que no tenía el presupuesto para hacerlo y ahora tiene una obligación para cubrir ese pago.

Sea el caso de María, una bella dama que al ir a un centro comercial ve en una de las tiendas un sombrero para la playa. Lo ve hermoso y de buen precio y piensa que es buena idea comprarlo para lucirlo en el próximo viaje a la playa. Resulta que el siguiente viaje de vacaciones a la playa le tomó más de 5 años, y el sombrero permanecía guardado en su armario, ocupando espacio y quizás con algo de deterioro que, al sacarlo de su puesto, decide regalarlo porque ya no lo encuentra atractivo y apropiado para su viaje de vacaciones. Conclusión: un dinero perdido por no hacer la compra con su debido presupuesto. La persona que hace presupuesto incluye el plan de vacaciones con fecha de inicio, duración y monto asignado.

Juan pasa por un almacén de artículos deportivos y ve allí una navaja de mil usos, la cual comúnmente se denomina multiusos. Le llama la atención. Entra y pregunta cuánto vale. La compra pensando que en las siguientes vacaciones la usará si deciden ir a la montaña. Resulta que toda su familia acordó en los siguientes cinco (5) años ir a los parques de la Florida en Estados Unidos y ahorraron lo suficiente para ir con los dos hijos. Cualquier persona que haya ido a uno de esos parques sabe que es prohibido ingresar algún tipo de navaja porque el personal de seguridad se la decomisará. Otras dos lágrimas para Juan. La navaja permanecerá por años en el cajón de su armario sin prestar ningún servicio. ¿Qué pasó con esa compra? Fue el resultado de un antojo sin ningún presupuesto. Vuelve y juega el presupuesto, pues si se elabora, posiblemente se evita caer en estas compras inútiles que afectan el flujo de caja de la persona o de la familia.

Las compras que Juan y María realizaron son un ejemplo de lo que puede pasar cuando se va de compras sin un presupuesto. Son infinidades los artículos que sirven de ejemplo en una compra sin presupuesto. Llevar la lista en mano y con un presupuesto determinado hará que la persona actúe inteligentemente al hacer sus compras.

Es más importante la promoción que la solución

Las compras inteligentes, como ya se ha dicho, son las que resuelven un problema o atienden una necesidad. Luego, es necesario tenerla presupuestada y preferiblemente con una lista para ir a la tienda que ofrezca mejor precio y calidad del producto.

Las promociones abundan por todas partes y siempre están orientadas a generar más ventas que darles solución a las necesidades de los clientes. Es usual ver en las tiendas promociones de artículos de plástico que la mayoría de las amas de casa aman para almacenar productos alimenticios en forma ordenada. Generalmente, en todas las casas tienen dichos elementos y comprar nuevos solo por el mero hecho de estar em promoción no resuelve ningún problema. El problema es cuando al hacer cuentas para cubrir las demás obligaciones se encuentra que el dinero que se tenía presupuestado para comprar algo se destinó a una promoción.

Las grandes tiendas a menudo están enviando a los hogares revistas con las promociones ofrecidas en esa semana para que los clientes se animen a visitarlos y comprar la mayor cantidad de productos a bajo precio con el pretexto de que en cada compra se ahorra una buena cantidad de dinero.

En las puertas de acceso a estas grandes tiendas también se presentan carteleras o vallas publicitarias ofreciendo grandes promociones para que los clientes se animen a comprar dichos elementos. Un peso ahorrado es un peso ganado. Es el gran lema de los compradores de promociones porque, por lo general, siempre están apretados de dinero para pagar las demás obligaciones. Son compradores poco inteligentes. Son acumuladores que, constantemente están botando cosas a la basura por falta de espacio o porque se estropearon en caso de ser productos perecederos.

Cuando se vea una publicidad ofreciendo promociones, se debe cerciorar de que los artículos seleccionados sean más para atender una necesidad que darse el lujo de tenerlos. Elabore el presupuesto y vaya a la tienda con lista en mano.

Hay épocas del año en que arranca un periodo de rebajas en el que se puede caer en compras compulsivas o innecesarias solo por la euforia de comprar barato. Si se tiene el deseo de comprar, lo más conveniente para evitar caer en la trampa es esperar preferiblemente un día para que el cerebro pueda recapacitar y regresar a la racionalidad.

Dejarse llevar por la imagen

Una imagen vale más que mil palabras, dice el dicho. Si se va a un restaurante de comidas rápidas, se observa que las imágenes de los platos de comida ofrecidos son atractivas y usan colores resplandecientes que llaman la atención del comensal. Generalmente, la imagen es superior a la realidad, pues fue diseñada y ejecutada por un profesional, ya que el restaurante debe mostrar el tipo de comida que ofrece. Con plena certeza, si las imágenes son poco llamativas, las ventas se disminuirán.

La imagen es una publicidad emotiva para conectar al público con una marca que recurre a los sentimientos de las personas. Esta imagen se centra en el producto, es de moda, muestra un estilo de vida. Son breves y creativas para lograr la confianza del consumidor.

Las apariencias engañan, es el refrán popular. La primera impresión no siempre es la correcta o como lo perciben los demás. Cuando se ve una imagen por primera vez, se observan todos los aspectos para hacerse una idea y determinar si realmente es un producto necesario. Infortunadamente, la primera impresión es positiva y es por el esfuerzo que el vendedor hace para aumentar sus ganancias. Después de poco tiempo de haber procedido con la compra, se concluye que el producto ni satisface una necesidad y, peor aún, ni cumple con ningún objetivo. Fue una compra poco inteligente en donde se dejó arrastrar por una imagen.

Marta, un día cualquiera mientras abría una *app*, observó en su móvil una publicidad sobre una escalera que puede utilizarse hasta para una altura de cuatro (4) metros, ecualizable, es decir, con posibilidad de tener apoyos de diferente nivel y una capacidad portante de hasta 5 personas. Se entusiasmó y compró la escalera.

Marta vive en un pequeño apartamento en la ciudad y como tiene poco espacio adicional para guardar los objetos que tienen poco uso, decide guardar debajo de la cama la nueva escalera con su alto grado de satisfacción por la nueva compra hecha. El apartamento tiene una altura de techo de 2.20 m en un solo piso y todo al mismo nivel. La escalera lleva 10 años guardada debajo de la cama sin tener un primer uso. Las veces que requirió cambiar un bombillo en el techo de algunos de los cuartos, que era lo más alto de su apartamento, utilizó un pequeño banco y pensó que era engorroso y mucho trabajo sacar la escalera para ese pequeño trabajo.

Marta se dejó impresionar por la imagen en la publicidad y compró algo innecesario, fue poco inteligente con esa compra.

Como en el caso de Marta, en casi todos los hogares hay una lista grande de objetos sin uso con costos grandes que, sí se hubiesen ahorrado, posiblemente, las personas tendrían un dinero apreciable para hacer inversiones que rindieran unos ingresos adicionales a sus salarios, especialmente teniendo en cuenta el poder de las tasas de interés compuesto que ofrece el mercado.

Comprar sin saber el para qué

Marta sí sabía el para qué de la escalera, pero no logró darle el uso adecuado o el que ella esperaba. Así como ella, las personas a veces compran cosas que tienen poca o nula aplicación y otras veces es sin saber en qué se utilizan. El impulso provoca las compras superfluas, es decir, son objetos poco necesarios, pero se conservan cuidadosamente por años. Si se revisa todo lo que se tiene, posiblemente, existen objetos que son pura basura que nunca se utilizaron y debían desecharse desde tiempo atrás.

Entre los objetos que más a menudo se compran sin saber para qué sirven, están muchos electrodomésticos pequeños o utensilios de cocina, productos de aseo y herramientas en general.

Si no sabes usar un nonio, ¿para qué lo compras? Un nonio o pie de rey es un instrumento de medida de precisión, utilizado en empresas metalmecánicas. Así como en el caso del nonio, existen infinidad de artículos que tienen aplicaciones específicas, pero a algunas personas les encanta comprarlos aún sin saber para qué y cómo se usan.

Para evitar comprar objetos sin saber para qué sirven y si se está entusiasmado en comprar uno que tiene a la vista, lo mejor es esperar un par de días mientras se investiga su aplicación y su necesidad. Posiblemente, en este tiempo el entusiasmo desaparezca o se olvide de la compra ya que fue un artículo innecesario.

El comprador inteligente hará uso de los esfuerzos para descartar la compra desde un comienzo. Si es poco necesario y no está presupuestado, se cancelará la opción de compra.

Acumulación compulsiva

La acumulación compulsiva es un trastorno por separarse de las pertenencias que se deben guardar. La separación de algunas de las pertenencias, independiente de su valor, produce angustias. Los espacios de la residencia quedan repletos de objetos que a lo largo de la vida se van acumulando, incluyendo en los garajes, cuartos útiles, en los vehículos y en los patios. Las personas que sufren este trastorno no lo identifican como un problema, especialmente si el trastorno es leve.

Un comprador compulsivo se inicia cuando empieza a comprar objetos que son poco necesarios a pesar de que el espacio es pequeño para guardarlos. Le es difícil planear y organizar las compras de acuerdo con las necesidades porque siempre piensa que en algún momento va a necesitarlas. Los objetos adquiridos para estas personas tienen un valor sentimental alto y le es difícil desprenderse de ellos. No quiere desperdiciar nada.

La gran acumulación de compras realizadas durante años requiere de grandes espacios, mayores mantenimientos, vigilancia y protección y dificulta el movimiento, lo cual provoca accidentes dado el poco espacio disponible.

La elaboración de un presupuesto y la identificación de las necesidades es el mejor antídoto contra la acumulación compulsiva de objetos, y conduce a una mejor situación financiera de la persona. Al sumar el dinero gastado en las compras compulsivas acumuladas, podrá presentar una gran fortuna gastada. Dinero que si se usa en inversiones y no en gastos inútiles, podrá lograr unos ingresos adicionales que le brindan una mejor calidad de vida.

Publicidad engañosa

Es aquella que presenta afirmaciones falsas o que omite datos sobre bienes o servicios con la intención de atraer consumidores. La descripción de los productos es diferente a la realidad, pero llama la atención de los consumidores y es considerado como una estafa porque se miente y manipula a los posibles clientes a través de engaño y mentira.

La publicidad engañosa tiene muchas formas de enviar mensajes en los que las empresas o marcas buscan un lucro a costillas de las personas. Se envían mensajes ambiguos que se prestan a interpretaciones amañadas en beneficio de la marca o de la empresa.

Entre las diferentes formas de una publicidad engañosa están[1]:

- Ocultar información importante como costos adicionales o cláusulas abusivas en bien de la marca. Algunas de las cláusulas abusivas (ley 143 de 1994, artículo 133) se eximen de riesgos o pérdidas en el transporte o en el proceso de entrega, renunciar al fuero de jurisdicción (derechos jurídicos) y falta de garantías en forma desproporcionada.
- Mentir sobre las características o beneficios del bien.
- Resaltar las características del bien con estudios falsos.
- Mostrar imágenes del artículo que poco corresponden con su apariencia real.
- Realizar promociones a precios bajos sabiendo que no se cuenta con el producto.
- Ofrecer premios o sorteos que luego no se cumplen.
- Aludir a errores tipográficos en el precio del producto para aumentarlos.
- Relacionar un producto a una marca determinada cuando no se pertenece a ella.
- Ofrecer gratis un producto y en realidad se paga algo por él.

1 https://protecciondatos-lopd.com/empresas/publicidad-enganosa-falsa-tipos-ejemplos/

- Usar publicidad *greenwashing* (publicidad verde fraudulenta) relacionado con el cuidado del medio ambiente cuando realmente no lo es. Esta publicidad es una práctica comercial engañosa en la que la empresa intenta hacer que sus productos o servicios parezcan más ecológicos de lo que realmente son y sin tener pruebas concretas que así lo respalden.

Si el vecino, el amigo o el familiar compra, yo también

La posibilidad de hacer compras iguales a las del vecino es grande, si el lugar de la tienda está localizado en el mismo barrio. El tendero, por lo general, es amigo de todo el vecindario y puede compartir la información de que el vecino se compró algo para que los demás lo compren también.

El inconveniente radica en que si algún vecino se compra algo; entonces, se procede a hacer lo mismo para indicarle indirectamente que también se tiene el gusto y el poder del dinero para hacer la compra.

Lo mismo sucede con un familiar o amigo. Puede sonar a envidia el hecho de comprar lo mismo, pero suele ser más una autoestima baja o alguna admiración hacia esa persona que cuando hace o compra algo se trata de imitarlo, especialmente cuando es una persona de éxito.

Estas compras son un producto de una falta de planeación u organización basada en presupuesto y en identificación de problemas y necesidades. Por lo general, afectan enormemente el flujo de caja de la persona.

Armando, un ingeniero, director de producción de una prestigiosa empresa, acaba de comprarse un auto eléctrico cuya autonomía supera los 400 km entre carga y carga. Pedro, un vecino que por años admira el éxito de Armando y que trabaja como vendedor en un almacén de ropa para dama, suele comprar lo mismo o similar para mostrarle que él también tiene buen gusto y capacidad de compra. También se compra un auto; aunque, un poco más pequeño porque su capacidad de pago es bastante menor.

Pedro, por supuesto, tiene un nivel de ingresos más bajo y cada vez que compra un artículo similar al del ingeniero se ve en apuros para pagarlo y debe recortar los gastos en otras necesidades. Esto lo obliga a realizar constantemente préstamos que afectan profundamente su flujo de caja. Puede más el orgullo que la situación insana de sus finanzas.

Los gastos que Pedro tuvo que recortar son: la medicina prepagada, el seguro del auto nuevo, los almuerzos fuera de casa, desconectar el agua caliente para reducir los gastos en servicios de energía, cancelar la suscripción del gimnasio, cambiar el plan celular por prepago con recargas cada semana, eliminar del mercado las botellas de vino que tanto apreciaba para tomar una copa con los almuerzos en casa, y evitar salir a cines los fines de semana.

Varios de los gastos que Pedro tuvo que recortar son producto de necesidades para él y su familia. Comprar lo que los vecinos compran es una gran puerta de problemas, pues, además de afectar los bolsillos de la familia, es un trastorno que requiere usualmente ayuda profesional.

Si se tiene por ejemplo un jardín en la casa y se requiere una manguera nueva para el riego, y el vecino acaba de comprar una con llaves de varios niveles de presión, aspersores y accesorios para riego y de buena longitud, comprar una igual sería buena idea si compra la misma, porque ese artículo estaba programado en las compras y se había contemplado en el presupuesto mensual. Al contrario, puede ser una información que el vecino pueda dar y ser valiosa y más barata.

Comprar lo que los vecinos compran puede ser positivo en algunos casos, como es el de la manguera de riego para el jardín. Es negativo como en el caso del auto eléctrico que compró el ingeniero.

Estrenar auto tiene precio alto

Es natural que las personas piensen en tener auto y nuevo en algún momento de su vida, y mejor temprano que tarde. Para lograrlo se hacen grandes esfuerzos comenzando a *ahorrar* para reunir un dinero que le facilite el pago de una cuota inicial.

Es usual escuchar a las personas decir que están ahorrando para comprar un auto nuevo, el de sus sueños. Este dinero llamado ahorro es más bien una provisión de un gasto futuro. Se define como provisión reservar una parte de los ingresos para pagos futuros en los que la persona debe hacer más adelante. Un ahorro se define mejor como una parte de los ingresos que servirán para hacer una inversión futura, o es un recurso que se guarda en una cuenta que genere ingresos por las tasas de interés que ofrece el mercado financiero para hacer después una inversión mayor.

Conducir un auto nuevo da sensación única e incomparable. La suavidad, el olor a nuevo, el confort, la fuerza, la distinción son algunos de las sensaciones de haber logrado ese objetivo en la vida.

Comprar auto nuevo tiene las siguientes ventajas:

- Garantía: un auto cero km da tranquilidad al saber que no es chocado, ni reparado y que no tendrá problemas mecánicos por desgaste de las piezas, y que el presupuesto de mantenimiento será menor.
- Tecnología: el auto nuevo tendrá lo último en tecnología, de última generación en la parte mecánica y en la conectividad con el mundo exterior y otros servicios de multimedia.
- Eficiencia: el consumo será menor, de mayor rendimiento y por consiguiente menor los gastos en combustible o en energía si se trata de un vehículo hibrido o totalmente eléctrico. Adicionalmente a la eficiencia de los autos nuevos, los eléctricos contribuyen al mejoramiento del medio ambiente, y los de combustible cuentan con componentes de última tecnología para reducir la emisión de gases contaminantes.
- Seguridad: la gran mayoría de las marcas están priorizando la seguridad de los ocupantes y de los peatones. Algunos ofrecen sistemas de autoparqueo, sensores de proximidad de peatones u otros vehículos, etcétera.
- Primer dueño. La historia del carro recién comienza y no hay probabilidades de hechos anteriores confusos o aún sin resolver.

Entre las desventajas de comprar auto nuevo están:

- Mayor precio: para todos es sabido que el precio de un auto nuevo es alto, y algunos prefieren un auto usado por no disponer de suficientes recursos para el nuevo.
- Depreciación: al salir de la concesionaria el auto pierde al menos lo que se paga por el IVA. En tiempos normales en la economía, y distintos como en guerras, pandemias, desastres naturales o terrorismos, un vehículo puede perder entre un 1 % y 2 % mensual durante los tres primeros años. Un ejemplo sería el comprar un auto por $100 millones de pesos y al cabo de tres años de funcionamiento y si está en buenas condiciones, el valor del auto podría ser de $50 millones. Esta depreciación mensual equivaldría a un 1.91 % mensual.

Algunas personas consideran que el mayor error financiero que pueda cometer alguien es el de comprar un auto cero km por la depreciación que se tiene en los tres primeros años. Estas personas recomiendan que lo más inteligente es comprar un auto de segunda en buenas condiciones y a alguien conocido o a una concesionaria que le garantizará la funcionalidad del vehículo y que esté libre de gravámenes o procesos jurídicos.

En el mercado existen personas inescrupulosas que tratan de sacar grandes ganancias ocultando fallas o «envenenando» las partes deficientes del vehículo. Un ejemplo de «envenenar» el motor deficiente de un auto es agregarle productos que marquen una buena medida de la compresión cuando esta se chequee. Si la medida de compresión es normal, cualquier persona podría pensar que el motor se encuentra en buenas condiciones. Si va a comprar un auto de segunda, lo más conveniente es hacer que lo revisen de una empresa seria y reconocida para evitar engaños o pérdidas de dinero.

Si se va a comprar un auto de segunda, y se debe pagar anticipos, es importante comprobar la autenticidad del vendedor y evitar un posible fraude.

El autor de este documento piensa que comprar auto nuevo, contrario a la opinión de otras personas, no es un error financiero por las ventajas anotadas aquí. Si la persona tiene los ingresos suficientes, el presupuesto le indica que sí es posible comprar auto nuevo y que poco influye en la capacidad de ahorro, y que no está tomando dinero del fondo de emergencias e imprevistos o el de vacaciones; comprar auto nuevo es una buena decisión. Si, por el contrario, comprara un auto nuevo para financiarlo será una compra poco inteligente. La deuda se considerará mala. La persona estará trabajando para pagarle parte de su salario a la concesionaria o al banco.

Martín, ansioso para que le entreguen su vehículo SUV híbrido, paga la cuota inicial de $50 millones de pesos y financia el resto con un banco local por $100 millones de pesos. La financiación es a 5 años, pagos mensuales iguales de $3 millones de pesos incluyendo el seguro de vida que el banco le exige para otorgarle el préstamo.

Le entregan su auto nuevo y sale con su esposa Gloria y su hija Isabella a celebrar la nueva adquisición, con lo cual, deciden hacer un recorrido de todo un día por fuera de la ciudad. Los gastos de ese día, adicionales a los presupuestados, fueron $300 000 entre gasolina, peajes y almuerzos. Cada vez que salían del auto ya sea para comer, visitar un parque o para visitar a alguien, la hija decía lo delicioso del olor a nuevo del nuevo auto de papá. Felicidad completa de toda la familia.

Pasa el primer mes y le llega la factura de cobro del préstamo a Martín. Hace cuentas y con gran dificultad reúne el dinero para pagar esa primera cuota. Entre las cuentas de Martín están: salario neto después de deducciones y descuentos $10 millones de pesos. Gastos $8.5 millones y pago de la cuota del auto $3 millones. Preocupado porque le faltan $1.5 millones, hace cuentas y recorta gastos variables (controlables) y logra apenas ajustar todo el dinero para el pago de la factura.

La compra de Martín fue poco inteligente por varias razones:

a. Si hubiese elaborado el presupuesto, le habría indicado que tenía baja capacidad de comprar ese auto nuevo. Solo disponía de la mitad del valor de la cuota.
b. Los $1.5 millones que tenía para el ahorro mensual para hacer inversiones futuras que le generaran un ingreso adicional los destinó a esa compra. Ahora, es poco probable el hacer algún ahorro porque ya tiene comprometido todo su ingreso.
c. El 30 % de su salario no es para él. Es para el banco, pues le debe pagar ese valor por las cuotas del préstamo que adquirió.
d. Martín no quedó con capacidad de formar un fondo de imprevistos y emergencias. Los imprevistos y emergencias suelen aparecer en los instantes más complicados y si no se tienen en un fondo, los problemas financieros serán mucho mayores.

¿Cómo podría Martín hacer una compra inteligente con relación a un auto nuevo? Lo siguiente es lo que debería hacer para que el auto nuevo fuera una realidad:

a. Ahorrar el 10 % mínimo de sus ingresos brutos mensualmente. Hacer uso de las tasas de interés compuesto para que al cabo de cierto tiempo pudiera contar con suficiente dinero para hacer una inversión que le generara unos ingresos adicionales a su salario.
b. Elaborar un presupuesto mes a mes para verificar la capacidad de pago que tendría sin afectar el fondo de emergencias e imprevistos; también, el de las vacaciones.
c. Calcular el valor de la cuota del préstamo por la compra del vehículo y compararlo con los ingresos de las inversiones y no del salario. Si los ingresos son mayores al valor de la cuota, se puede tomar la

decisión de comprar el auto nuevo que desea. Si es menor, lo más recomendable es postergar la compra del auto nuevo para cuando tenga la capacidad de acuerdo con los flujos de caja que le mostrarán cuánto dinero puede disponer para pagar las cuotas o para comprarlo de contado.

En el capítulo de compras se presentan las recomendaciones para adquirir un auto.

Comprar solo por precio

Por todos es conocido que las personas compran de acuerdo con el precio de los artículos ofrecidos. Si son altos, lo descartan sencillamente en la mayoría de las veces. La prioridad es comprar al menor precio posible. Algunas veces sacrifican algunos atributos como calidad, marca, tiempo de entrega, fecha de vencimiento, entre otros por el precio que pueda tener un producto, o que renuncian a ciertos servicios como atención personalizada, asistencia posventa, garantía extendida, instalación si es un electrodoméstico, transporte, empaque, etcétera.

Muchos de los acumuladores compran solo por el precio sin importar el servicio posventa porque, finalmente, poco lo utilizarán ya que el objetivo no es ese sino el saber que es poseedor de ese artículo.

Un comprador inteligente compra un bien específico si lo tiene presupuestado, al contrario, evita la compra, aunque tenga un precio bajo. Es usual escuchar frases como estas: *Su oferta es interesante, pero está fuera de mi presupuesto. Me gusta ese auto que me está ofreciendo, pero, tengo insuficiente dinero para comprarlo.*

Un comprador inconsciente piensa que es una buena oportunidad para ahorrar mucho dinero. Hace un préstamo en el banco, o compra con tarjeta de crédito si no tiene el dinero disponible. Sale contento para su casa sintiendo que hizo un gran negocio y calcula cuánto dinero se ahorró. Al contrario, no ahorró nada, sino que se gastó un posible ahorro o un dinero que tenía presupuestado para una necesidad.

Gloria, la esposa de Martín, es una excelente enfermera quien trabaja en un hospital privado en la ciudad, vio que en el almacén de electrodomésticos por donde ella pasaba para ir a trabajar todos los días, estaban ofreciendo un descuento para una nevera de última tecnología, que hace parte de la familia de internet, permitiendo gestionar múltiples tareas desde su pantalla táctil mediante la conectividad a otros dispositivos también conectados a la red. Ella siempre quiso tener una nevera con esas especificaciones y ahora era el momento de lograrlo. El descuento era de un 25 % correspondiente a $2.5 millones de pesos. Gloria pensó que si compraba la nevera se ahorraría $2.5 millones y eso era buena cantidad de dinero. El costo de la nevera antes de la oferta era de $10 millones de pesos. Luego, Gloria pidió un préstamo en el fondo de empleados del hospital de $4 millones. Pagó el resto con la tarjeta de crédito. No compró la nevera solo con la tarjeta de crédito poque ya no tenía el suficiente cupo para hacerlo.

La felicidad de Gloria cuando recibió la nevera fue inmensa y la puso a funcionar casi que inmediatamente en su casa, y a todos sus amigos y familiares les contó que se había ahorrado una buena cantidad de dinero con esa compra, y que fue una gran oportunidad única que ella no podía dejar pasar.

A Gloria, posteriormente, le invadió una profunda tristeza y preocupación cuando llegó el momento que tenía que pagar el préstamo en el fondo de empleados y la cuota de la tarjeta de crédito por la compra de la nevera, y no sabía qué hacer para reunir ese dinero y cubrir sus obligaciones. Si hubiese elaborado el presupuesto con anterioridad, y con un programa de comprar nevera, no por los servicios de conectividad sino porque era una necesidad plenamente identificada, y con la suficiente capacidad monetaria, es posible que ese sí fuera el momento ideal para hacer la compra por el mejor precio que podría lograr en el mercado. Son dos situaciones diferentes, la primera una compra poco inteligente y la segunda sí lo es.

Comprar solo por el precio bajo es una de las manifestaciones de compra poco conscientes que pueda hacer una persona.

Si observas el carrito de compras de alguien que va a la tienda a mercar, es posible que esté lleno con muchos productos que no estarían incluidos en una lista, pero se compraron porque los precios estaban rebajados. El sobrecosto del mercado por adquirir productos que no estaban en la lista inicial puede ser alrededor de un 30 % a un 40 %.

Si el dinero que se utiliza en un mercado en vez de gastar en artículos rebajados e innecesarios (40 % de la factura del mercado) se invirtiera en una cuenta que genere un interés compuesto, posiblemente, alrededor de 10 años, obtendría un saldo de varios millones de pesos. Este dinero puede ser la cuota inicial de un inmueble que puede generar por concepto de arriendo y, en los dos primeros años, el valor equivalente al pago de una cuota hipotecaria. En el tercer año en adelante los arriendos serán mayores al valor de la cuota hipotecaria. Esto es, en otras palabras, aumentar los ingresos con inversiones pasivas.

No planificar las compras

La planificación de compras es esencial para que una persona minimice sus gastos logrando sus estándares de calidad y cantidad de los bienes a adquirir. Es un proceso en el cual una persona decide lo que necesita y cuándo lo debe comprar, generalmente en concordancia con su pareja. Esta planificación, además de identificar las necesidades de bienes o servicios, le permite conocer o seleccionar los posibles proveedores considerando los riesgos asociados a dichas compras. También le indicará en detalle las restricciones posibles en caso de existir y las experiencias adquiridas para evitar posibles errores en el futuro.

Para empezar con una eficiente planeación de compras se comienza con un presupuesto mensual y anual, el cual le indicará el monto a gastar en las compras sin que le afecte el ahorro constante para luego invertir y generar ingresos pasivos adicionales. La planificación le ahorrará dinero y también un tiempo apreciable, porque la persona irá directamente hacia el proveedor o sitio de venta sin detenerse en otros espacios que brindan precios atractivos de bienes que no son necesarios, pero que antojan a los clientes.

Gloria le dijo a su esposo Martín que fuera al supermercado para comprar algunas cosas que le hacían falta y se habían agotado en su despensa. Dos bolsas de leche, un queso, pan integral, una docena de limones y sal. Martín, contento con su auto nuevo y que no pierde oportunidad de salir en él y sin ninguna pereza, va al supermercado con lista en mano. Al entrar al supermercado, que es una tienda grande por departamentos, pasa inicialmente por la sección ropa para hombre y ve que las sudaderas están con precio rebajado y toma dos pensando que le pueden ser útiles para salir a caminar los domingos. Para hacer juego con las sudaderas, compra dos camisetas que también están en promoción.

Martín pasó luego por el supermercado y al carrito de compras le agregó los siguientes productos: tres bolsas de leche, dos quesos, uno blanco y el otro holandés, un paquete de tostadas integrales, dos panes también integrales, un paquete de camarones tití, un tarro de helado con *brownie*, una papaya y una piña. Se dirigió a la caja para pagar contento con sus compras. La cajera registra cada uno de los productos y le dice a Martín que la cuenta total es de $360 000 y que cómo iba a pagar. Martín saca la tarjeta de crédito porque no tiene dinero en efectivo disponible. Le dice a la cajera que sean 24 cuotas mensuales. Sale del supermercado y se dirige a su casa. Gloria le dice: *te encargué cinco (5) cositas y mira todo lo que trajiste, te faltaron los limones y la sal. Debes regresar porque necesito los limones y la sal.* Martín sin pereza regresa y compra los dos encargos olvidados.

El encargo inicial tiene un costo aproximado de $55 000. Es decir, el sobrecosto fue $305 000. Si Martín y Gloria hubiesen planificado las compras, ese dinero del sobrecosto en el mercado les sería útil para cubrir el resto de las obligaciones y otras compras necesarias, y no tendrían tantos apuros como ahora los tienen. La forma de comprar de Gloria y Martín no es inteligente y debido a eso tienen constantemente problemas de flujo de caja para cubrir todas las obligaciones del mes. Si Gloria fuera también una persona compradora consciente, le diría a su esposo Martín que regresara esos artículos que no eran necesarios, porque ellos estaban en condiciones difíciles para cumplir con las obligaciones en ese mes, y que con esa compra iban a estar en condiciones más lamentables. Pero Gloria no es una compradora consciente, aceptó a Martín esas compras y pensó que de alguna manera saldrían adelante. Pensamiento típico de las personas que no son compradoras inteligentes.

No realizar análisis y selección ordenada de la tienda

Una tienda distribuye físicamente sus productos de tal manera que los clientes tengan que recorrer el máximo espacio posible, y los productos de mayor circulación o más llamativos están al fondo. Hay dos zonas en una gran tienda. La de mayor flujo se llama zona caliente y la de menos flujo zona fría. La zona caliente es el sitio más visitado por los clientes y, generalmente, está localizada cerca del ingreso o cerca de las cajas registradoras y es aquí en donde se ubican los productos nuevos, las ofertas o carteles que llamen la atención ofreciendo descuentos atractivos. Las zonas frías están ubicadas, por lo general, alejadas y el cliente le da poca importancia. Sin embargo, como son productos de mayor consumo, los clientes siempre van a esos sitios. Los productos localizados en las partes bajas, que se llaman zonas frías.

La altura del producto en una góndola o estantería también tiene zona fría o caliente. A la altura de los ojos de los clientes corresponde a la zona caliente. También hay estudios que indican que los clientes prefieren recorrer una gran tienda en el sentido inverso de las manecillas del reloj.

En ambas zonas usualmente se encuentran impulsadoras de algunos productos que ofrecen degustaciones para animar a los clientes a comprar. Para estimular el espíritu comprador de los visitantes a comprar sus artículos, se usan diferentes técnicas empezando por la música, las vallas promocionales, las impulsadoras; estos son mecanismos para atraer compradores. Esta técnica de *marketing* es utilizada para definir el punto de localización de todos los artículos de la tienda. Los productos de primera necesidad se dispersan por toda la tienda como son los alimentos.

Las ventas son superiores para los artículos que están ubicados en la altura de los ojos de los clientes. Los artículos de primera necesidad estarán ubicados a nivel del piso.

Para evitar compras innecesarias y evitar perder tiempo, lo recomendable es analizar la tienda y verificar los sitios de interés para llegar allí lo más rápido posible. Si se va al supermercado por alimentos, y la zona está alejada de la entrada, lo mejor sería recorrer la primera sección lo más pronto posible sin detenerse a mirar ofertas siempre y cuando no estén en la lista de compra estos productos.

A Martín, cuando fue a comprar los encargos de su esposa Gloria, le llamaron la atención las ofertas de las sudaderas y las camisetas, así que procedió a comprarlas.

Antes de decidirse a comprar un artículo que esté fuera de una lista de compra, se debe analizar si el presupuesto indica la posibilidad de comprarlos, y que los flujos de caja sean suficiente para estas compras, especialmente, que no afecten la capacidad de ahorro para las inversiones en activos que generen ingresos pasivos. Un descuento en un producto no es un ahorro. Sigue siendo un gasto lo que se pague por ese artículo y, como tal, debe estar presupuestado.

Si el artículo está presupuestado, es inteligente buscar ofertas y evitar tener que pagar mucho más por algo necesario.

Comprar casa en un lugar costoso

Las personas suelen preferir los estratos 3 y 4[2] por la ubicación, vías de acceso y porque están más al alcance de sus bolsillos. Esto hace que la demanda de estos bienes inmuebles sea alta, porque las familias que habitan en estos niveles suelen permanecer en estos sitios durante más tiempo.

---

2 https://www.oikos.com.co/inmobiliaria

Otros buscan sitios más costosos como en las ciudades por las oportunidades laborales, por los servicios disponibles las 24 horas, por las alternativas de ocio, facilidades de transporte y mayor aislamiento social.

Un tercer grupo de personas sería aquel que, por la diferenciación social, prefieren comprar casas en un lugar costoso. Las relaciones personales de los hijos lo ven como una gran ventaja porque al final sus amigos y compañeros serían de familias pudientes. Esto les permitiría a ellos y a sus hijos estar en contacto con personas de gran poder adquisitivo para los negocios o para las relaciones personales los cuales les podrían brindar mayores oportunidades laborales.

Comprar casa en un sitio costoso tiene sus grandes inconvenientes. En la ciudad es más difícil tener mayor tranquilidad por el bullicio y la contaminación vehicular. Si se hace el ejercicio de ir a un balcón de un apartamento en la ciudad a cualquier hora del día o de la noche, sea en cualquier día de la semana, podrá escuchar el ruido de la ciudad. Las avenidas están más saturadas de vehículos y, por consiguiente, se tendrá una contaminación mayor.

Entre las ventajas también está que se requiere menos tiempo de transporte público o privado para ir al sitio de trabajo, o a las zonas de entretenimiento o a los centros comerciales. También, está la oferta de mejores colegios, centros culturales y servicios de salud, esto especialmente cuando las personas sean adultos mayores.

Algunas personas piensan que las apariencias dan aceptación y que vale la pena el esfuerzo y ser aceptadas fingiendo libertad financiera. Estas personas sienten la necesidad de tener que gustarle a los demás, de ser aceptados en cualquier sitio, y evitan cualquier conflicto tratando de mostrar siempre la mejor de sus caras. Tratan de impresionar a los demás con lo que no se tiene. Estas personas sienten la presión social y responden a ellas iniciando la compra de una casa en un lugar costoso.

Si se vive en un lugar costoso, los servicios públicos también lo serán, así como las administraciones, impuestos, colegios, transporte y reparaciones o modificaciones locativas.

Las tarifas de los servicios públicos están estratificadas con un mayor valor en los niveles altos, porque los más bajos cuentan con un subsidio del gobierno. Para el caso de remodelaciones, modificaciones o reparaciones de daños en casas ubicadas en lugares costosos, serán también los trabajos con un mayor valor.

Un comprador inteligente elaborará un presupuesto de ingresos y gastos antes de adquirir una casa, y verifica la posibilidad de cubrir los gastos y las cuotas hipotecarias cuando recurre a esta medida de financiación.

Gloria y su esposo Martín viven en un barrio costoso en la ciudad porque para ellos las apariencias son importantes. Estas se reflejan en el vehículo que Martín adquirió, la nevera de su esposa, y posiblemente, el armario de los dos también refleje esa condición. Los problemas financieros que ellos tienen son debido a las compras del auto nuevo y la nevera, y a su cultura de aparentar más de lo que tienen, de lo que son, por su convencimiento de que eso les ayudará algún día a estar en mejores condiciones. Los resultados son otros, pues en cada mes Martín y Gloria tienen mayores problemas financieros y deudas que atender.

Estar actualizado en tecnología

Es común escuchar a algunas personas que están esperando a que salga lo último en tecnología para proceder a comprar, sea entretenimiento (televisión y sonido), computador, celular o autos de generación moderna como son los coches eléctricos o los de hidrógeno. Estas personas o se deciden a comprar lo que realmente necesitan o nunca comprarán ninguno de estos elementos porque a cada instante sale un equipo más moderno.

Para algunas chicas, lo primero que observan en los chicos es el reloj, los zapatos y el celular. Si algunos de esos elementos son desactualizados, los chicos piensan que poco llamarán la atención de ellas y es por eso por lo que, cada vez que sale un nuevo modelo de reloj o celular, proceden a comprarlo. Muchas veces, aún sin terminar de pagar el último celular comprado con tarjeta de crédito, están antojados del nuevo celular que ofrece el mercado. Miran la promoción y ven que hay un gran título que dice: adquiéralo por cuotas a una tasa de interés de cero (0 %) si lo compra con la tarjeta de crédito del banco XXX y proceden a efectuar el cambio del móvil.

El comprador moderno piensa que es un gran ahorro el pagar sin tasa de interés, y hace los cálculos preliminares y toma la decisión de comprar su nuevo equipo con la condición de que le retomen el que tienen que todavía es considerado como un equipo que aún tiene mercado. Esta modalidad de recompra la usan la gran mayoría de los fabricantes y así atraen muchos clientes.

Un equipo celular se diferencia del anterior en pocas cosas, especialmente, para alguien que esté poco interesado o no le importe tanto lo último en tecnología. Una nueva versión de un equipo móvil es probable que ofrezca una cámara con mayor capacidad medida en pixeles, que la batería tenga más capacidad de almacenar energía para que sea más duradera con un uso continuo, mayor memoria para almacenar fotos y videos, la carga inalámbrica, entre otras cosas. También hay equipos que son diferentes a su anterior versión en esas especificaciones o en el sistema operativo, y también en la presentación. Un ejemplo son los celulares que se doblan para facilitar guardarlo en un pequeño bolsillo sin ningún problema.

Igualmente, están de moda los relojes inteligentes que permiten la conectividad con los celulares de sus propietarios. Estos relojes ofrecen una gran variedad de funciones, como alarmas, monitoreo del sistema cardíaco, control del estrés, etcétera.

Martín está feliz con la nueva compra. Cambió su celular por otro más moderno, de aquellos que se doblan para guardarlo en uno de sus bolsillos sin que ocupe mucho espacio. Para evitar que su esposa Gloria le regañara, le dijo que esa compra afectaría poco el presupuesto y le hizo estas cuentas:

Actualmente, estoy pagando una cuota de $350 000 mensuales por el celular que compré hace 8 meses, y a un plazo de 24 meses. Este celular lo voy a pagar con el mismo valor mensual, es decir, sigo pagando lo mismo sin tener que poner un peso más por él. Gloria se quedó tranquila porque estimó que su esposo evitó meterse en más deudas que de otra forma eran difíciles de pagar. También pensó que si Martín pudo hacer eso, ella también lo podría hacer, así que se arregló y salió para la tienda a ver si hacía lo mismo.

La cuenta que les faltó a los dos es el efecto financiero en el mediano plazo. El corto plazo estaba resuelto, pero veamos el mediano plazo: antes de comprar los celulares tenían estas obligaciones:

Cuotas pendientes de Martín = 16 de $350 000 cada una.
Cuotas pendientes de Gloria = 18 de $350 000 cada una.
Número de cuotas equipo nuevo = 36 de $350 000.

Martín estará pagando 20 meses más la misma cuota del celular original, y su esposa durante 18 meses. El desorden financiero de ambos se prolongará 20 meses más sin considerar que, durante este tiempo, ellos posiblemente cometerán más locuras en sus compras sin ninguna planeación, presupuesto y capacidad.

El comprador consciente evita comprar lo último en tecnología para presumir, o a veces ni lo penúltimo. Sus compras se ajustan a sus necesidades y antes de decidir por una nueva compra, analizan los pros y los contras de lo nuevo versus el costo. Si lo que se necesita es una cámara aceptable, un equipo de una versión anterior puede cumplir con las expectativas sin tener que pagar innecesariamente más dinero por adquirir el equipo de última tecnología. Para tomarle la foto a una casa, a un auto o a un empaque de un producto que se desee comprar, un celular de una versión reciente sin ser necesario que sea la última, es suficiente. Un equipo de gama media cuyo precio sea favorable puede ser útil y cumplir con las funciones esperadas. Pero si sus necesidades son la fotografía detallada, la astronomía nocturna, los deportes o el minimundo animal de los insectos, cualquier celular poco le puede brindar los servicios de fotografía. Con plena seguridad, la persona que esté buscando una cámara de este tipo, hará su presupuesto, mirará al detalle la mejor opción y buscará el mejor precio.

El comprador inteligente asignará el presupuesto correcto para las cosas que va a comprar y tendrá claridad sobre el objetivo de su compra. Sabrá por cuánto tiempo le servirá su equipo y evitará correr a cambiarlo por el mero hecho de que el mercado ofrezca nuevos productos.

Salir a comer fuera de casa y en lugares exclusivos

Actualmente el mundo pasa por una economía inflacionaria, especialmente, el alza de los precios de los alimentos que componen la canasta familiar que ronda en el año 2023 el 30 % para el caso de Colombia.

Según un estudio del periódico *La República* (mayo 2022), estimó que una persona gasta alrededor de una quinta parte de lo que gastaría en comer afuera en sitios económicos si preparara sus alimentos en casa incluyendo el gasto de agua, gas, y energía para prepararlo.

Comer en casa tiene grandes ventajas como:

- Alimentos de mayor calidad. Si la persona es consciente de una cocina saludable, sabría comprar productos orgánicos, que; aunque, algo más costosos, son más saludables. Por lo general los servicios de restaurantes ofrecen comidas apetitosas por su presentación y abundantes. Para lograrlo, el propietario del restaurante va a un mercado grande a comprar los ingredientes que son algo baratos porque con el orgánico va a pagar más, y su finalidad es la de aumentar las ganancias de su restaurante. Algunos productos, como las fresas, son altamente contaminadas con plaguicidas que es difícil eliminarlos con la lavada o desinfectada que se les pueda hacer. El tomate es una fruta que se fumiga con plaguicidas para su control, y con una simple lavada o desinfectada es poco posible eliminar ese producto. Algunos yogures que ofrecen trocitos de fruta los reemplazan por otros productos más favorables y así aumentan las utilidades correspondientes. Por ejemplo, el melocotón lo reemplazan por ahuyama.

- No usar productos que contienen químicos que son poco saludables como el glutamato monosódico o el benzoato de sodio (Dr. Carlos Jaramillo y Andrea Moritz). Estas dos sustancias producen radicales libres que afectan al hígado. Cuanto menor sea la cantidad de ingredientes presentados en las etiquetas de los productos, más saludables son por ser más naturales.
- Ahorro de dinero. Los restaurantes deben cubrir grandes costos fijos como el alquiler de los locales, administradores, servicios a deudas, impuestos, vigilancia, telecomunicaciones, entre otros. Generalmente, los platos se preparan en pequeñas cantidades para obtener economía de escala en la producción. Luego, estos valores son asumidos por los precios de los platos adicionales a los costos variables que ya están incluidos en los precios y los asume el cliente.
- Comer sin aditivos. En los restaurantes el cliente ignora cuántos aditivos le agregan a los alimentos para una mejor presentación y sabor. Cocinar en casa evita esa carga pesada de sustancias artificiales que utilizan la gran mayoría de los restaurantes. La digestión será correcta porque poco afectará la flora intestinal de la persona de la misma manera que sí lo puede hacer el comer fuera.
- Elección de las comidas. Al cabo de pocos meses, aquellas personas que acostumbran a comer fuera manifiestan descontentos porque sienten que siempre comen con el mismo sabor, el sabor de la calle. Comer en casa puede brindar una infinidad de preparaciones diferentes con calidad y con la cantidad suficiente para que la persona quede satisfecha. Se come lo que se necesita. Por fuera de casa, por lo general, se come mucho más.
- Ahorro de dinero. Se ahorrará en dinero por ser más económico y por evitar problemas de salud. Si se requiere reunir a la familia, es más económico invitarlos a comer en casa que por fuera. El anfitrión queda como un rey, pero su bolsillo quedará más contento.

- Aumenta el estado de ánimo. Preparar un plato que es aceptado por familiares o amigos tiene gran valor. Genera alta satisfacción y brinda unión o mejora los lazos afectivos entre las personas.

Hay situaciones en las que se dispone de poco tiempo y es insuficiente para preparar deliciosos platos, o por problemas de salud, vacaciones en sitios fuera de casa o invitaciones a eventos especiales para ciertas personas. En estos casos, la mejor decisión sería la de comer por fuera. El comprador inteligente planeará estos gastos, los presupuestará y seleccionará los sitios acordes con las necesidades sin extralimitarse en lujos y servicios que quizás poco utilizará.

En todas las ciudades existen lugares lujosos con precios también altos. Si se acostumbra a ir a comer a estos sitios nada más por gusto y sin disponer de los recursos suficientes, sería otra compra inconsciente.

Los restaurantes de lujo cobran bastante por lo siguiente: el servicio a la mesa es impecable, con un personal calificado, son conocedores de los platos y bebidas y están en capacidad de resolver problemas en todo momento. Es un sitio impecable en el aseo, con decoración como para foto de revista, ubicación estratégica generalmente de alto valor comercial, atmósfera sobria de luces y música, excelentes vinos y servicios de conexión y carga de celulares.

Indudablemente, ir a un restaurante de lujo es una experiencia que vale la pena siempre y cuando se disponga del recurso económico, con un buen flujo de caja y esté contemplado en un presupuesto. Es importante estas condiciones, o lo más apropiado sería escoger otro sitio menos lujoso con excelente comida y que ofrezca precios acordes con las capacidades monetarias reflejadas en el presupuesto.

Utilizar la tarjeta de crédito a mayores plazos y sin control

Si las tarjetas de crédito son utilizadas inteligentemente, aportan grandes beneficios al tarjetahabiente. Brindan mayor seguridad que el dinero en efectivo. Si alguien le roba el dinero en efectivo, recuperarlo es una tarea bastante compleja y difícil. En cambio, un robo de una tarjeta de crédito puede bloquearse a tiempo antes de que le hagan una transacción fraudulenta. Si alguien roba una tarjeta de crédito y comete un fraude, estará usando dinero en tiempo real y recuperar ese dinero puede tomar un tiempo largo o no recuperarlo.

Algunas personas le tienen miedo al uso de tarjetas de crédito y prefieren utilizar el dinero en efectivo, porque estiman que hay una gran posibilidad de adquirir deudas innecesariamente o que las tarjetas son solo para darse gustos.

Entre los beneficios más comunes en las tarjetas de crédito están: asistencia al hogar como plomería y cerrajería, reparaciones eléctricas, seguro de desempleo y algunos descuentos en ciertas tiendas, plan de viajero frecuente con descuento en tiquetes de avión o acumulación de millas que servirían para la adquisición de algunos tiquetes de vuelos nacionales o internacionales.

La gran desventaja de una tarjeta de crédito es que facilita a la persona a que gaste más de lo que sus medios le permiten. También están los famosos avances que es un dinero en efectivo disponible cuando se necesita. Las tasas de interés y los cargos periódicos asociados a las tarjetas con frecuencia superan los beneficios que se reciben. Si deja de pagar una obligación, las compras con tarjeta saldrán mucho más caras porque las tasas de mora son las más altas en el mercado.

Es usual leer en revistas o periódicos que los consumidores están utilizando las tarjetas de crédito hoy más que nunca y, para la gran mayoría, los cargos a las tarjetas están por encima de sus posibilidades al ver que los pagos mínimos aumentan mes a mes. Al hacer una nueva compra y pagar a plazos con las tarjetas de crédito, puede dar una sensación de poder y capacidad y hacer que la persona proceda con la compra y se anime a pagar con esas tarjetas. El cálculo que hace es dividir el valor de la compra por el plazo considerado y si el resultado es bajo, procede con la compra. Si se tienen en cuenta las anteriores compras o las siguientes que también se acumulan, el valor a pagar en el siguiente mes será mayor.

Para que el valor de la cuota disminuya, las personas por lo general solicitan plazos más largos sin considerar el valor de las tasas de interés. Los bancos felices porque ese es su negocio, colocar bastante dinero en el público a tasas de interés elevadas.

La siguiente tabla indica la compra de un artículo por un valor de $1200 utilizando una tarjeta de crédito que cobra una tasa de interés mensual de 2 %.

Valor primera cuota	624,0	320,0	220.0	120.0	70.0	53.33

Los abonos a la deuda se calculan así: valor de la deuda dividido por el número de cuotas. En este caso $1200/2 = 600 para el caso de 2 cuotas, 300 para 4 cuotas, y así sucesivamente. El primer interés es el producto de la deuda por la tasa de interés. Deuda de $1200 × 2 % = 24, luego, la primera cuota de dos (2) es $624.0, y es la mayor de todas porque los abonos se reparten en poco tiempo. Cada vez que se abone a la deuda, la siguiente cuota tendrá una componente de intereses menor por el menor saldo que será menor.

Al aumentar los plazos de las compras, el valor de la primera cuota va disminuyendo, y la tasa de interés que corresponde al costo financiero de la compra se mantiene. El banco estaría encantado a largo plazo porque estaría recibiendo intereses altos por tiempo más prolongado.

Un comprador, por lo general, mira a grandes plazos porque el valor de la cuota es un valor bajo y lo sienten como un gran beneficio para él. El beneficio será para el banco porque es el cliente quien asume el costo financiero. El comprador piensa que si necesita un artículo de $1200 y lo puede pagar en cuotas en donde la primera es la mayor y si lo hace a 36 meses, $53.33 aparenta ser poco dinero y hace esa compra con gran satisfacción y alegría. Hasta aquí hay un problema con la compra. Realmente, puede ser una baja cantidad de dinero e influir poco en el flujo de caja mensual de la persona. Pero ¿esa sería la única compra del mes? Es bastante difícil que así lo sea, pues la cultura es la de comprar sin presupuestar. Si la compra de ese artículo con un precio de $1200 es producto de un antojo sin un proceso estudiado, presupuestado y que sea para solucionar un problema o atender una necesidad, posiblemente esta compra no sea la única, serán muchas más. Unas de precios mayores y otras menores. El flujo de caja al final con plena seguridad estará en saldo en rojo. Las obligaciones bancarias en un balance general (pasivos) están en primera fila porque son las primeras que se deben cubrir, porque si lo hace, se evitará gastos mayores y líos con la justicia. El aplazar el pago de las obligaciones bancarias a tiempo también le afectará el historial crediticio. Este historial es útil cuando se planea hacer inversiones o se presenten grandes oportunidades o gangas y se requiera apalancamiento financiero para proceder con esas inversiones.

El comprador inteligente utilizará las tarjetas de crédito la gran mayoría de las veces siempre con un presupuesto previo y sabiendo que será a un mes y que tiene el dinero en efectivo disponible para pagar la compra en la siguiente factura del banco. Nunca solicitará plazos porque incurriría en gastos mayores por las grandes tasas de interés que los bancos cobran por las tarjetas.

Las compras con tarjetas de crédito para pagar en varias cuotas generan cobro de intereses. Si este comprador posee más de una tarjeta de crédito, utilizará aquella cuyo corte para la facturación sea tal que el plazo del primer y único pago sea lo más alejado posible del momento de la compra, y así programar su presupuesto para evitar que se salga del máximo valor permitido.

Si Martín y Gloria contaran cuáles y cuántas fueron sus compras, a un comprador consciente le parecería algo increíble. El mercado, los gustos, los antojos y todo aquello que pagan con tarjeta de crédito, lo hacen con grandes plazos porque creen que es un beneficio grande para ellos. Ya se sabe que ellos trabajan mucho para los bancos.

Renovar el armario frecuentemente

Las sociedades capitalistas basan su economía en vender sin límites para alimentar el consumismo humano, especialmente en la industria textil. Este fenómeno es conocido como *fast fashion* que consiste en un cambio de prendas cada vez en menor tiempo posible, y algunas veces con menor calidad y precios moderados. Esto hace que los fabricantes aumenten la producción incorporando cada vez más fibras sintéticas aumentando la capacidad de producción para satisfacer esta demanda creciente.

La moda ha marcado siempre la tendencia en todos los países, siendo algunos expertos los países europeos y los norteamericanos, y el resto del mundo los miran para ver qué están ofreciendo en todo momento. Cada país posee sus propios códigos de vestimenta para toda ocasión y con un buen *marketing* y publicidad dan a conocer sus marcas catalogadas como exclusivas. Ir de compras es otra actividad de la vida diaria de una persona, como lo es una salida a comer con sus amigos o compañeros.

El *marketing* de la moda hace que las personas pidan aprobaciones de sus amigos y familiares y sentirse que visten bien. Esto muchas veces hace que algunas personas estén renovando su armario con frecuencia sin importar si disponen de los recursos suficientes, pero les hará sentirse como auténticos, elegantes, diferenciados y visionarios.

En Colombia, un hombre entre 25 y 35 años en promedio gasta anualmente $1 000 000, mientras que las mujeres gastan un 20 % menos que los hombres (*Fashion Network*). El 40 % de las ventas totales corresponde al gremio masculino. El gasto en ropa en Colombia representa el 5 % de la economía.

Para los compradores más inteligentes, la pandemia les ha enseñado que no es necesario renovar constantemente su armario, y hacer que lo que tienen en el momento tenga una duración y uso mayor a lo que habían contemplado antes de la pandemia. Cuando las compras se hacen sin ser conscientes, se está jugando con lo que el *marketing* de la moda les dice que hagan. Renovar sin necesidad un armario es costoso, muchas veces hace que se sacrifiquen las verdaderas necesidades o se incumpla con otras obligaciones al disponer de un dinero escaso en estas compras. Peor aún es cuando se hacen esas compras con tarjetas de crédito con plazos mayores a un mes, y más grave si no se presupuestan, pues se está gastando un recurso escaso que está afectando la capacidad de ahorro para que la persona pueda tener en un futuro próximo otros ingresos que sí ofrecen esos gustos sin afectar a las demás obligaciones.

Televentas y redes sociales

Televentas es una comunicación audiovisual de ofertas directas al público para el suministro de productos o bienes inmuebles que convierten un contacto en una venta mediante una conversación telefónica. Los operadores se esfuerzan para transformar una llamada telefónica en una venta, utilizando tonos convincentes, persistentes, pero con educación y respeto.

Televenta consiste en promocionar y dar a conocer bondades y beneficios en forma exagerada de productos que el fabricante desea impulsar para aumentar las ventas. Generalmente, se apoyan en testimonios de otras personas que dan la apariencia de ser preparados por el publicista. Todos los testimonios son positivos y alaban sobremanera el producto y lo presentan como una auténtica salvación. Es una publicidad algo engañosa porque algunos productos incumplen con lo prometido.

La publicidad en redes sociales es una inversión que se realiza para presentar anuncios publicitarios pagados de acuerdo con el formato, espacios y tiempos con la finalidad de llegar a más personas. Actualmente, es uno de los recursos más poderosos y utilizados para conseguir mejores resultados de los negocios.

La publicidad en redes sociales se adapta a todas las empresas y se adapta al presupuesto de cada organización. Es una publicidad con tendencia al alza. Esta publicidad muestra los anuncios entremezclados en el contenido de Facebook, Instagram, Twitter, YouTube, Pinterest, LinkedIn, Ivoox, Spotify, Games, entre otros. Los anuncios se generan dinámicamente en función de la actividad y del perfil de la audiencia, incluyendo llamadas a la acción diseñadas por los anunciantes para atrapar la atención de las personas, establecer relaciones nuevas y atraer suscriptores a la página de la empresa.

Las redes sociales tienen casi la mitad de la población mundial como usuarios, quienes dedican una gran cantidad de tiempo a las redes con tendencia al alza tanto en tiempo como en cantidad de usuarios. Es un medio ideal para los anuncios publicitarios porque es una manera óptima para llegar a los usuarios a costos más favorables.

Las redes sociales también se han convertido en protagonistas en la distribución de noticias falsas (*fake news*), de desinformación y radicalización social. Esto ha hecho que los usuarios crean menos en los beneficios que muestran los anuncios. Hay una gran desconfianza entre el público sobre los anuncios que presentan las redes sociales.

El comprador inteligente sabrá en qué momento debe hacer la compra de acuerdo con su presupuesto, sus necesidades o el problema que desea resolver. Los anuncios en televentas o en las redes sociales pasarán desapercibidos y utilizará la opción de omitir el anuncio siempre que lo pueda hacer.

Martín y Gloria tienen su casa llena de productos que se compraron en esos anuncios. Algunos de ellos están guardados sin estrenar y otros guardados con poco uso, pues al recibirlos se dieron cuenta de que muchas de las características anunciadas eran falsas. Entre los productos que tienen guardados están: quitamotas eléctrico, varias mandolinas, escaleras, matamoscas, gafas con lupas, extractores de ceras de oídos, infladores inalámbricos para autos, vaporeras, mangueras expandibles, cobijas con mangas, protector de sofá de varios puestos para las mascotas y sin tener mascotas, luces led solar, cortador de vidrios, waflera, hervidores de huevos, dispensador de cereales, máquina para hacer abdominales, barra para hacer ejercicios, chalecos reductores de cintura, arrancador de batería para auto, aspiradora de mano, aparatos para hacer crepes y *pizzas*, rallador de verduras, colchones y sofás inflables, pulidoras, taladros, un torno de carpintería doméstico, cortadora de cerámica, sierra eléctrica, caladora, caja de herramienta de metal, y muchas cosas más. Ni Gloria ni Martín son carpinteros ni mecánicos y poco les gusta la cocina. Luego, esa cantidad de implementos están guardados porque los adquirieron porque se dejaron llevar de la publicidad de los canales de televentas y en las redes sociales.

No se prioriza la calidad sobre la cantidad

La calidad de un producto es la percepción que un cliente tiene sobre su valor. Si el cliente considera que ese producto le ayuda a resolver sus necesidades o problemas, lo asumirá como un artículo de buena calidad. La calidad de un producto se mide a partir de variables cuantificables desde el inicio de su fabricación hasta su terminación y de acuerdo con la instrumentación en que se mide. El grado de conformidad de un cliente marcará una de las principales características de la buena calidad. El precio también será un indicador de calidad especialmente si el artículo es de lujo.

Es importante aclarar que si un artículo tiene precio elevado no significa que sea de alta calidad. Es crucial diferenciar el segmento del mercado para establecer si el precio es elevado para asociarlo con una calidad baja.

Los productos que incumplen con los requisitos de seguridad, inocuidad y que sean contaminantes son considerados de mala calidad. Si el lector pregunta a alguna persona qué prefiere, calidad o cantidad, con plena seguridad la respuesta será calidad. La cantidad es un concepto medible, es decir, su respuesta es un número. La calidad es un concepto que incluye muchos factores dependiendo de la persona que los emita.

Lo barato sale caro significa que las personas que prefieren cantidad sobre calidad, porque optan por lo de menor precio, acaban gastando más de la cuenta. Comprar barato no siempre es sinónimo de economía. Sea el caso de comprar un par de zapatos de mala calidad pero que fueron de un precio bajo. La persona los estrena y, para colmo de males, ese día llueve y se le mojan los zapatos. La suela se le despega, los cordones (lazos) se deshilachan y el color pierde su lustre. Al cabo de un par de horas de su uso fue necesario comprar otro par que, si son de la misma calidad, con plena certeza en el siguiente aguacero, deberá comprar el tercero. Lo barato salió caro.

En una compra inteligente pesa más la calidad que la cantidad, porque puede ser una forma de ahorro en el tiempo. De hecho, un refrán que dice: *el que mal viste, dos veces se viste*.

El comprador, inconsciente de la calidad, pero sí de la cantidad, se lamentará con el tiempo y reconocerá que gastó dinero en compras poco inteligentes y que ese dinero invertido le hubiera podido ser más útil en artículos que sí eran necesarios. Más vale prevenir que curar, dice el refrán.

Anchetas prearmadas

La ancheta es un regalo que demuestra afecto y reciprocidad a otra persona con la intención de homenajearlo. Es uno de los regalos más populares en ciertos países como Colombia, Venezuela y Ecuador, especialmente en fiestas decembrinas. Algunos historiadores dicen que el origen de la ancheta es de la región vasca de la península ibérica como regalo de cumpleaños. Las empresas utilizan las anchetas para regalar a algunos clientes como una pequeña atención, y como reconocimiento de ser un buen cliente.

La ancheta es una canasta llena de vituallas y viandas que eran utilizadas para comer en el camino por los mercaderes quienes se encargaban de realizar trueques y tratados comerciales (laconfiteriacolombiana.com).

El contenido es variado y para todos los gustos. Algunas contienen objetos útiles y divertidos que son prácticos para el homenajeado. Usualmente contiene licor que puede ser vino, ron, tequila, vodka o *whisky*. Galletas dulces, quesos, aceitunas, pastas, jamones, maní, sopas instantáneas, duraznos enlatados, manzanas verdes o rojas, arroz, azúcar, panela y algunos aperitivos. También puede contener cortadoras de queso, tablas, tirabuzones, navajas, entre otras cosas.

Los objetos que generalmente contienen una ancheta se clasifican como los pequeños gustos que una persona puede darse cuando la recibe como regalo.

Si el comprador adquiere para su consumo una ancheta de este estilo, es más inclinado por la sorpresa del contenido que por resolver un problema o atender una necesidad. Un comprador inteligente evitará una compra de estas canastas y se decidirá por aquellas cosas que sí le resolverán una necesidad y siempre y cuando tenga presupuestadas dichas compras.

Dejarse llevar por las ofertas

Encontrar un artículo que nos resuelve un problema o una necesidad a un precio menor del que ofrece el mercado en general es gratificante y se espera que suceda a menudo con todo lo que se necesita. El descuento ofrecido puede ser considerado como un ahorro y ese dinero puede utilizarse en otra compra o necesidad.

Las marcas saben que es la manera más acertada para motivar a las personas a comprar sus artículos, especialmente en épocas como el Black Friday.

Comprar productos que ofrecen grandes descuentos sin analizar la situación financiera podría llevar a la persona a endeudarse innecesariamente. Existen variadas formas de endeudarse cuando se compran artículos: avances en las tarjetas de crédito cuando se exige el pago en efectivo, tarjetas de crédito mayores a una cuota, crédito de consumo ante un banco, préstamos en cooperativas y fondos de empleados o préstamos a amigos o familiares.

Para evitar caer en la tentación de comprar cuando hay buenas ofertas, se deben planear con anticipación las compras y solo adquirir lo que contenga una lista previamente elaborada. Comparar precios de antes de las ofertas y en las promociones, porque algunas veces los valores son inflados para animar a los clientes a comprar por un descuento grande, y se dejan llevar por la emoción sin caer en la cuenta de ofertas engañosas.

Un comprador consciente y responsable también se aprovecha de las ofertas de una forma inteligente, nunca se deja llevar por lo que ofrecen las tiendas, pone un límite en sus compras y sabe lo que realmente debe comprar.

Martín y Gloria durante el Black Friday fueron a una gran tienda para comprar una cafetera porque la que tenían se les había dañado y querían reemplazarla. Su idea fue genial porque era algo necesario y aprovecharon los descuentos ofrecidos por esa tienda. El problema fue que como vieron más cosas llamativas con grandes descuentos, llegaron a la casa con varios productos que no tenían contemplado comprar, pero ¿cómo desaprovechar semejantes ofertas? Lamentablemente, compraron esas cosas innecesarias con tarjetas de crédito a 24 cuotas mensuales. Ya se sabe por qué ellos tienen tantos artículos guardados con poco uso o ninguno.

Un inventario de las cosas guardadas que tienen Gloria y Martín, detallando los precios de cada artículo, puede dar una idea clara de que, si se hubiese ahorrado e invertido en algo productivo en vez de gastarlo en artículos, tendrían una situación financiera más sana y con menos problemas de salud, pues es el cortisol que es la hormona del estrés, la que por encima de ciertos valores empieza a generar problemas de salud. Martín y Gloria viven lamentándose porque sus ingresos son pocos y sus gastos son altos y por lo general poco les alcanza a cubrirlos completamente. Las deudas y las cuotas en las tarjetas de crédito van en aumento, pero sin detenerse a pensar que sus compras son en su mayoría antojos que no les resuelven ninguna necesidad o les solucionan algún problema. Tienen la idea de que las compras baratas corresponden a ahorros y, como ven que están en problemas financieros, estiman que esos ahorros les ayudarán a resolver un poco su situación económica. Realmente ellos necesitan un asesor financiero (*coaching financiero*) para que comprendan que las compras inteligentes son la solución de sus problemas financieros.

Estrenar para ocasiones especiales

Estrenar consiste en usar algo por primera vez. Cada vez que se estrena hay un sentimiento de placer en ese momento y posiblemente hace a la persona feliz a largo plazo cuando el objeto nuevo es útil o ayuda en la vida diaria. Estrenar desarrolla autoconfianza, seguridad, cuando la compra es inteligente.

Todas las personas tienen algunos días de la vida dignos de celebrar y hacer un gran festejo. El cumpleaños es quizás uno de esos eventos especiales para algunos, especialmente cuando es una edad múltiplo de 10 o de 20. Es decir, celebrar los 50 es diferente que celebrar los 51. Los 51, a pesar de que es una fecha importante, es diferente a la ceremoniosidad que tienen los 50.

Así como en el cumpleaños también hay otros eventos especiales como el día de madres, de padres, aniversarios, matrimonios, Navidad y Año Nuevo. Las personas homenajeadas o en celebraciones en estas épocas se visten con prendas elegantes y algunas son nuevas e invierten grandes sumas de dinero.

En los matrimonios elegantes, las damas usan vestidos de noche o vestido formal largo con telas de lujo acompañados con joyería fina. En las fiestas con vestido de coctel, las damas usan prendas cortas con joyería lujosa y fina etiqueta. El costo varía bastante, pero, por lo general, es mayor que un vestido informal o de uso diario.

Si faltan recursos económicos y el presupuesto le indica que los flujos de caja son escasos, comprar prendas para estrenar en esas ocasiones especiales podría ser poco inteligente. En esos casos podría pensarse en ir a sitios de alquiler de vestidos de noche y coctel para asistir a esos eventos. Una persona puede tener eventos de esta categoría varias veces en el año y el comprar los vestidos y diferentes para cada ocasión sería un gasto grande. Repetir el uso de un vestido en estos eventos puede generar cierto malestar. La opción de alquilar vestidos para esas grandes ocasiones puede ser una solución más económica y generar un sentimiento de tranquilidad, confianza y seguridad.

La gran ventaja de rentar un traje es que se realiza una pequeña inversión en comparación con la compra. La gran desventaja es que existe la posibilidad de encontrarse en el mismo evento con otra persona utilizando el mismo vestido. Además, si en la reunión el vestido sufre algún desperfecto, se debe cubrir el monto, el cual sería descontado del depósito que la persona debe hacer antes de retirar la prenda. Otra ventaja es que al hacer la entrega de la prenda se evita realizar una limpieza, planchado y ajuste.

No comparar precios

La información sobre los productos y servicios que ofrece el mercado está al alcance del consumidor. Al tener toda la información disponible, comparar precios es bastante fácil y muchas veces está a un solo clic. La dinámica de comparación de precios y productos está cambiando la forma de comprar y se está convirtiendo en una herramienta utilizada por todo el mundo. Las páginas de internet especializadas en la comparación de precios son herramientas interesantes y claves en la economía digital, porque tienen la capacidad de analizar grandes cantidades de datos con el fin de ayudar al consumidor a encontrar un producto que le convenga y a un precio más bajo que el de la competencia.

Las redes sociales adquieren gran importancia en la comparación de precios y en el conocimiento de las características de los productos antes de adquirirlos. Comprar sin comparar precios será un procedimiento poco inteligente, ya que implica desconocer las facilidades que brinda internet y las redes sociales. La información es instantánea y, como se mencionó, está a un solo clic.

Comparar puede ayudar a seleccionar mejor el producto buscado. Comprar a un buen precio sube el ánimo del consumidor. Si se compara es posible que ayude a seleccionar mejor el producto buscado. El hecho de comparar puede llevar a que la persona evite comprar en exceso o llenar el carrito con muchas cosas sin planificación, o seleccionadas por impulso, lo cual pone en riesgo la estabilidad financiera de la persona.

Cuando se utilizan las páginas de internet o las redes sociales, es recomendable leer los comentarios de los anteriores clientes, porque suelen suministrar información que, difícilmente, se puede deducir del producto mismo.

Fiarse de los descuentos en tiendas y *online*

Las rebajas estacionales que ofrecen las tiendas les genera ventas de ciertos productos que tienen poco movimiento y logran darle salida con mayor facilidad. En ciertas ocasiones, las ofertas presentan alguna confusión y engaño. Una publicidad es engañosa cuando el mensaje es diferente a la realidad o es insuficiente, dado que puede inducir a error o engaño. Entre los trucos más utilizados están[3]:

- No cambiar artículos defectuosos. Al cliente en una reclamación, le dan un vale de compra para usarlo con otro artículo de la tienda. Las leyes colombianas establecen que, si en la tienda hay un artículo igual en *stock*, están obligados a cambiarlo ante una reclamación.
- Ofrecer más descuentos que los aplicados. La mayoría de los consumidores aseguran que las tiendas engordan los precios, para luego ofrecer descuentos en las promociones.
- Publicidad engañosa. Si la publicidad indica que la tienda está en rebajas, debe ofrecer descuentos en al menos el 50 % de toda la tienda.
- Esconder los productos rebajados. En ciertos casos es difícil encontrar los productos rebajados, y las tiendas se aprovechan para vender otros artículos que no están incluidos en la promoción. Otras veces los productos con descuentos están al lado de los que están sin descuentos para dar la sensación de mayores rebajas.
- Promociones inexistentes. Es aquella que anuncia ofertas de vacaciones por cierto valor sin especificar los modos de tiempo ni lugar. Los servicios turísticos corresponden a los casos que más denuncias reciben de publicidad engañosa.
- Ventas a presión. Las promociones van acompañadas de frases que presionan al cliente para que compre rápidamente, antes de que se agoten los artículos ofrecidos.
- Falsificaciones de sitios web. Algunas tiendas electrónicas falsas imitan a otras empresas reconocidas con logotipos que se confunden fácilmente con el de verdad. Ofrecen precios rebajados, envíos gratis y entregas rápidas aprovechando que a los clientes les llama las entregas rápidas y los precios rebajados.

Las siguientes suelen ser señales de publicidad engañosa:

- Ofertas con precios de supergangas. Los especialistas recomiendan que desconfíe de ofertas cuando son superiores al 55 % del precio normal de los artículos.
- Páginas web con errores ortográficos. Las tiendas reales se preocupan por tener páginas impecables en presentación y ortografía.

---

3 https://www.elconfidencial.com/alma-corazon-vida

- No suministran la opción de contacto con la empresa.
- Utilizan caracteres extraños o dominios inusuales.
- Exigencia de pagos por transferencia bancaria.

Desconocer los gastos de envío

Los gastos de envío es el principal motivo de abandono de una compra *online*. Es usual que un cliente entre a una página web buscando un producto de su interés a un precio que le encaja con su presupuesto y así añada el artículo en el carrito de compras. La sorpresa ocurre cuando ve el costo de envío, que hace que el precio sea quizás elevado y decida declinar la compra.

Algunas tiendas tienen estas estrategias para los gastos de envío:

- Gastos de envío gratis. Los consumidores están dispuestos a tolerar tiempos de entrega mayores siempre y cuando los gastos de envío sean gratis o cuando sobrepasan cierta cantidad o valor.
- Gastos fijos de envío. El valor de los gastos de envío es el mismo sin importar la cantidad o el valor de la compra. Es usual, porque los clientes no se sienten estimulados a añadir artículos en su carrito de compras.
- Suscripciones. Es la manera de fidelizar a los clientes, quienes hacen pagos por adelantado y esperan que el envío sea gratuito.

Por ejemplo, el precio de un determinado artículo en condiciones normales de mercado es de $1000. Una tienda la ofrece por $900 anunciando una gran oferta, pero en letra pequeña el costo de envío es de $150. En consecuencia, la persona que decide incluirlo en el carrito de compras estará pagando $1050 por el artículo. Luego, el precio final es más costoso y supera el valor de mercado en $50. La compra fue una decisión poco inteligente.

Considerar la prima como una oportunidad para gastar

La prima es una cantidad extra de dinero que se da a alguien a modo de recompensa, estímulo, agradecimiento, etc. (RAE). Según la ley colombiana, la prima es un reconocimiento económico que corresponde al pago de 30 días de salario por año para los trabajadores que tienen un contrato formal laboral vigente. Ese pago se divide en dos pagos en junio y en diciembre.

En Colombia algunas empresas reconocen a sus trabajadores unas primas adicionales llamadas extralegales en recompensa por los buenos resultados obtenidos. Las extralegales se consideran parte del salario y afectan los valores de las legales.

Un trabajador, cuando recibe las primas de mitad o fin de año, tiene la sensación de ser un ingreso adicional que puede gastar más de lo que usualmente gasta en cada mes. Aprovecha las promociones, las ofertas que los programas de televisión, las redes sociales, los periódicos y las tiendas presentan al público para que gasten las primas anunciando que los descuentos son ahorros buenos que los clientes logran al comprar los productos anunciados. Al final del mes, la persona tiene la satisfacción de las compras realizadas y se siente feliz de hacerlo. Al siguiente mes, regresan las deudas, las obligaciones y, por consiguiente, un balance en sus cuentas con saldo en rojo. Si las compras se realizaron con tarjetas de crédito a varias cuotas, el problema es mayor, pues debe pagar los intereses altos que son recargados en esas tarjetas de crédito.

Una persona con buen coeficiente financiero aprovechará buena parte de ese dinero adicional para ahorrar e invertirlo en algo productivo que le genere ingresos adicionales. Con el fruto de estos ingresos la persona puede fácilmente darse el lujo de comprar aquellas cosas que le generan calidad de vida siempre basado en el presupuesto de ingreso y gastos que tenga.

Cupones

En el comercio un cupón de descuento es una factura que puede ser física o digital, que contiene un código o contraseña que le da derecho al consumidor a obtener un descuento en la compra de un producto o en el envío al adquirirlo con entrega a domicilio.

Los cupones se consideran en los siguientes aspectos:

- Los cupones ofrecen descuentos en el precio de los productos o servicios, lo que permite a los consumidores ahorrar dinero en sus compras.
- Incentivar a los consumidores a comprar productos o servicios que de otra manera ignorarían, lo que puede aumentar las ventas por el comercio.
- Ayudar a fidelizar a los clientes existentes, ya que les proporcionan incentivos para seguir comprando en el mismo establecimiento.
- Generan demanda adicional al atraer a nuevos clientes que buscan aprovechar los descuentos ofrecidos.

- Los cupones implican descuentos en los precios de los productos o servicios, costos en el diseño, la impresión, distribución, lo que puede disminuir los márgenes de beneficio del comercio. Estas reducciones se compensan con una mayor venta.
- Los cupones suelen llevar a los consumidores a esperar descuentos antes de hacer una compra, lo que podría canibalizar las ventas a precio completo.
- Los cupones a veces son objeto de abuso o fraude, como la duplicación o uso indebido, lo cual podría resultar en pérdidas para el comercio.

Una compra con cupones se considera inteligente si se hace para solucionar un problema, atender una necesidad y que esté dentro de un presupuesto, de tal forma que el flujo de caja sea inalterado, y especialmente, el ahorro periódico de la persona.

Cerrar una compra

Cerrar una compra es obtener un compromiso entre el vendedor y el cliente. Es de gran ayuda para que el consumidor tome la decisión de proceder con la compra y es la acción que marca el final del proceso.

Cerrar una compra impide que se realicen cambios en los que en muchas ocasiones se desconocen los efectos posteriores. Algunas veces puede ser el cambio de precio o cantidades o en adiciones de otros productos que no se tenía planeado adquirirlos.

El comprador inteligente siempre marcará el final de la compra para evitar complicaciones un poco más adelante.

Segunda parte
¿Por qué elaborar un presupuesto?

La elaboración de un presupuesto personal le permite administrar adecuadamente los ingresos y egresos, de tal manera que estas cuenten con los instrumentos necesarios para alcanzar las metas a corto, mediano y largo plazo. Realizar un presupuesto es importante para la toma de decisiones para controlar las compras y conocer a dónde va a parar tu dinero. También para determinar la capacidad de ahorro, ver los resultados de tus inversiones y reducir el riesgo de caer en mora con las obligaciones.

El presupuesto debe ser mensual y anual. Si se ignora el presupuesto se vivirá siempre en la oscuridad, sin la posibilidad de realizar inversiones adecuadas para obtener buenos rendimientos y alcanzar la libertad financiera. Generalmente, solo el 20 % de las personas elaboran un presupuesto mensual, los demás, cuando se les presenta un gasto fuera de lo normal, como una emergencia o un imprevisto, les generará un contratiempo grande.

Un presupuesto es útil para planificar las compras, conocer cuánto se dispone para gastar, evitar excederse en las compras, vivir con más tranquilidad y llevar una vida más armoniosa consigo mismo y con los demás integrantes del grupo familiar.

Determinar tu capacidad de ahorro

Pocas veces pensamos en la importancia de ahorrar y nos dedicamos más a responder ante los gastos de cada día sin tener alguna previsión de nuestro futuro. Igualmente, las emergencias o imprevistos que se nos presenten, los atendemos ajustando el dinero que poseemos en esos instantes, pero casi nunca como un respaldo ahorrado para afrontar dichas situaciones.

Uno de los principales beneficios que nos proporciona el hábito de ahorrar es precisamente la capacidad de atender o responder ante los imprevistos o emergencias que se nos puedan presentar. El otro beneficio, y quizás es el mayor, es la capacidad de crear un capital suficiente con el tiempo para cumplir metas de largo plazo e invertir en activos productivos que generen periódicamente unos rendimientos que permitan una mejor calidad de vida y ayudar a los demás, sobre todo a los más desprotegidos.

Si desde jóvenes se adquiere el hábito de ahorrar, cuando se llegue a la edad de una jubilación con plena seguridad se va a tener una adecuada calidad de vida, y en esa etapa se estará más vulnerables física y económicamente, pues la vitalidad y el valor de la pensión serán menores que en los días de estar laborando para una empresa o como trabajadores independientes.

La elaboración del presupuesto nos dará la información precisa de nuestra capacidad de ahorro. Esta capacidad se calcularía de la siguiente manera:

Ahorro = ingresos - egresos - provisiones del gasto

En los ingresos se deben considerar los brutos, es decir, es la suma de todos sus ingresos recibidos durante un periodo determinado y sin afectarlos o disminuidos por algún concepto, salvo los ingresos por IVA (impuesto al valor agregado) que una persona reciba por vender un bien o prestar un servicio, o que ambos estén gravados. Si la persona es un empleado, los ingresos los debe considerar como aquellos que recibe después de las deducciones mensuales de la empresa en donde está trabajando.

Los egresos son todas las erogaciones que tengamos durante el mes sin excepción alguna.

Una provisión es una cuenta de pasivo y consiste en establecer y «ahorrar» o guardar una cantidad de dinero como un gasto para estar preparados por si realmente se produjese el pago de una obligación que la persona ha contraído con anterioridad. Si la persona piensa ahorrar una parte de sus ingresos porque en unos meses planea adquirir un auto nuevo, ese dinero que estaría guardando es diferente a un ahorro, pues lo que está haciendo es guardar ese dinero para tener con qué pagar cuando llegue el momento. Lo mismo sucedería con matrículas de colegios o universidades, cuotas iniciales por la compra de un inmueble, unas lindas y merecidas vacaciones, o intervenciones quirúrgicas que no ampare una seguridad social o un seguro de salud.

Por qué se estima que el ahorro sea mínimo el 10 % de los ingresos

No existe un porcentaje universal que deba destinarse al ahorro, todo depende de las características de cada persona y su entorno. Los gastos y los ingresos mensuales de cada persona son los que determinan cuánto ahorrar al mes. A pesar de que se pueda determinar la regla de un porcentaje, se debe tener en cuenta que algunos ingresos se ajustan a dicha regla, pues las situaciones financieras son diversas durante todo un año.

Si se quiere cumplir con las metas, se debe establecer un objetivo bien definido y se puede apoyar en aplicaciones móviles o métodos tradicionales que ayuden a realizar el ahorro mensual. A veces, ahorrar pareciera que fuera difícil por las circunstancias que se puedan tener cada mes, pero se debe adquirir un hábito para ahorrar una cantidad mínima, cada mes dependiendo de los ingresos. Igualmente, la capacidad de ahorro de una persona soltera es diferente a cuando se tienen varios hijos a su cargo o a la de un pensionado. Los expertos recomiendan que el porcentaje de ahorro sea lo suficiente para evitar futuros problemas, ni tan alto que origine problemas para cubrir los gastos personales y familiares.

Lo que está claro es que se debe establecer el ahorro como meta a corto, mediano y largo plazo, en otras palabras, a un tiempo indefinido. Los expertos definen que un porcentaje mínimo de los ingresos brutos para destinar al ahorro corresponde al 10 %. Este valor proviene quizás de la palabra diezmo, concepto utilizado para nombrar el derecho del 10 % que un rey exigía sobre el valor de las mercaderías que entraban a su reino o que se comercializaban en sus puertos. Con esa cantidad el rey consideraba que así podría tener seguridad en su futuro sin necesidad de pasar penurias. Diezmo es un vocablo latino que significa la décima parte de algo.

Por lo tanto, el valor mínimo aconsejable es el 10 % de tus ingresos brutos y tratando siempre de cubrir todos tus gastos.

Si se adquiere el hábito de ahorrar puntualmente cada mes, seguramente cuando se obtenga la pensión, la situación financiera le llevará a una gran calidad de vida, sobre todo si se logra realizar inversiones en activos productivos que generen renta mensual, es decir, que el dinero trabaje para la persona. Si se es pensionado, es aconsejable continuar con el ahorro para crear un fondo para cubrir emergencias o imprevistos como problemas de salud excluidos en la seguridad social, o por accidentes que puedan ocurrir.

Si la persona ahorra el 10 % de los ingresos brutos para invertir en activos productivos, debe reconsiderar la posibilidad de aumentar ese porcentaje de ahorro, ya sea para invertir o para crear el fondo de emergencia o imprevistos. Supóngase que el ahorro es el 15 % de los ingresos, 10 % para invertir en activos y 5 % para el fondo de emergencias. Si ocurre una emergencia, se debe tratar, en lo posible, evitar el uso de esos ahorros que deben ser destinados para inversiones en activos productivos.

Hacer una lista de prioridades financieras y de acuerdo con tu edad

El adecuado manejo de tus ingresos es fundamental para tener seguridad financiera, cumplir con los compromisos y realizar proyectos que orienten hacia la libertad financiera. Darle prioridad es dar un orden a los compromisos, es decir, qué va primero y qué va después y en qué se está enfocando.

Las prioridades financieras de una persona dependen del propósito de la vida, los intereses y los por qué, y paso a paso para mayor claridad. Las personas de esta época están más interesadas en invertir en viajes que en activos productivos. El lema de los *millennials* es invertir en experiencias y no en objetos. El tiempo pasa y rápidamente, y a medida que envejecemos, dejaremos de llamarlos viejos. Si se prevé el futuro y se llega cargado de experiencias, fotos y recuerdos, pero con libertad financiera, esa alegría de la juventud continuará y evitará que vengan los problemas.

Diseñar un plan financiero para el futuro para lograr calidad de vida y una libertad financiera se basa en definir cuáles son las prioridades. Una vez se tengan bien definidas las prioridades, se tendrá una mejor manera de gastar el dinero. Las prioridades dependen de la edad, las convicciones y las experiencias. Un joven piensa que tiene toda una vida por delante, un adulto mayor empieza a sentar cabeza y a pensar en inversiones que le den calidad de vida. Luego, con la edad, surge la idea de obtener una pensión y cómo vivir bien y sin apuros. Si el joven de hoy piensa como un adulto, seguramente su camino será mucho mejor y fácil de lograr a temprana edad la libertad financiera.

Cuando se establecen las prioridades, tomar decisiones será mucho más sencillo y rápido. Es bueno revisar la forma de vivir, las acciones que estén acordes con las prioridades de vida y financieras, y definir qué le hace feliz, qué le apasiona y por qué se hace lo que se hace. Las prioridades proporcionarán un modo de vida más simple y se estará enfocado en trabajar para ahorrar, ahorrar para invertir e invertir para lograr la libertad financiera. Una vez definidas las prioridades, se podrá salir más fácil de las deudas, disponer de un fondo de emergencia, mantener liquidez económica, construir la libertad financiera y ayudar a los demás, especialmente a los más desprotegidos.

Establecer un plan de acción, revisar las cuentas de ingresos y gastos, sacar una lista de las prioridades y definir las metas y el tiempo para cumplirlas. Las metas que sean las que se puedan cumplir y sin esperar aumentos extemporáneos del sueldo y así pagar las deudas. Se debe tener en cuenta que los aumentos a veces se dan en momentos menos esperados, ya que no siempre es posible o a tiempo.

Con una lista de prioridades se volverá una persona multifacética, aprenderá a gastar menos, ahorrar más e invertir mejor y hacer las compras de una manera inteligente. Tendrá el fondo de emergencias y otro para el ahorro programado para las futuras inversiones que darán la añorada libertad financiera. Se debe pensar a largo plazo, las cosas difícilmente suceden de la noche a la mañana.

Se tiene una necesidad de hacer una compra grande

Es natural que las personas piensen en comprar una casa o un carro y ahorrar lo necesario para lograrlo. Se piensa que al comprar una casa se dejará de pagar renta, y que el dinero que le paguen a un banco por la financiación es un dinero ahorrado. Es usual que cuando se compra la casa posteriormente se planea hacer reformas y ampliaciones para verla más confortable, más bonita y adecuada para reuniones con amigos y familiares.

El ahorro es para pagar la cuota inicial que usualmente se requiere para comprar una casa, ya que los bancos prestan, y en el mejor de los casos, un 70 % del valor comercial de la casa, y a veces en situaciones especiales hasta un 80 %. El ahorro o el dinero que se guarde para este fin es una provisión de un gasto futuro. La compra de la casa para tener en donde vivir tampoco se podría llamar una inversión real. Según Robert Kiyosaki, algunos consideran la vivienda como un activo, pero puede considerarse como un pasivo porque en vez de ponerte dinero en tu bolsillo te lo va a sacar. Debes pagar los impuestos prediales, las cuotas del préstamo hipotecario y los seguros de incendio, terremoto y actos terroristas. Si las cuotas en el banco son parte del salario del comprador, este dinero va a otros bolsillos, es decir, el cliente va a trabajar para otros.

Algunos dirán: sin una casa para vivir, debo pagar un arriendo y ese arriendo va para el bolsillo del propietario no para el suyo. Eso es cierto, pero no paga intereses como al pagar las cuotas hipotecarias.

Como se dijo, la compra de una casa o de un auto nuevo mediante financiamiento requiere el pago de una cuota inicial que, por lo general, es del 30 % del valor comercial. Si no ese tiene ese fondo, es necesario guardar dinero mensualmente para recoger esos valores. Posteriormente vienen los pagos de las cuotas bancarias por el resto del valor del auto suyo, la casa o de ambos.

Para determinar la capacidad de ahorro y recoger la cuota inicial de la casa, auto o ambos, es necesario elaborar un presupuesto para calcular la cantidad de dinero que guardaría mensualmente. Una vez recogido el dinero para esas cuotas iniciales, se debe hacer el presupuesto también, porque de ahí en adelante hay que cubrir los préstamos bancarios o hipotecarios si se quiere cumplir con los pagos y evitar las sanciones que se aplican para el caso de una posible mora.

Otro gasto grande podría ser el emprendimiento de un negocio, el estudio de una maestría o un doctorado, la compra de una bodega o local comercial, que si se presupuestan correctamente evitaría un dolor de cabeza al cumplir con las demás obligaciones financieras.

Clasificar los objetivos financieros en orden de importancia

El objetivo de una educación financiera es adquirir los conocimientos y herramientas que permitan administrar, incrementar, controlar y proteger el patrimonio tomando decisiones inteligentes en las diferentes etapas de la vida. El objetivo financiero personal describe las metas relacionadas con las finanzas que le permitan alcanzar metas en el corto, mediano y largo plazo.

Los siguientes son los objetivos financieros que usualmente las personas tienen bien definidos, pero no son los objetivos más apropiados desde el punto de vista de las finanzas personales:

Los **objetivos de corto plazo** son aquellos que permitirán controlar las compras para llegar bien al final del mes sin un estrés que deteriore la salud. Una vez se reciban los ingresos de un salario, las personas que sienten que son organizadas, separan el dinero de cada uno de sus gastos en sobres para así facilitar su pago cuando les llegue el momento de hacer las compras. Mes a mes hacen lo mismo y se consideran organizadas porque cumplen con todas sus obligaciones. Por lo general, llegan al fin de mes con saldo cero o con poco saldo en sus cuentas.

Los **objetivos a mediano plazo** para muchos corresponden al ahorro para comprar un auto nuevo o un cambio de casa por una más grande y bonita. También para pagar las matrículas de colegios y universidades. Crean un fondo para emergencias o eventos imprevistos que suelen presentarse.

Los **objetivos a largo plazo** es tener una casa grande y bonita y lograr una pensión, y para lograr una pensión mayor, aportan recursos de forma voluntaria. Piensan que, a mayor pensión, mayor tranquilidad y calidad de vida.

El objetivo a las compras inteligentes es lograr que el dinero que disponemos nos permita una excelente calidad de vida y podamos ayudar a los más desprotegidos. Esto es lo que se llama libertad financiera. Luego, los objetivos de las compras inteligentes serán:

Objetivos ajustados a corto plazo: elaborar el presupuesto mensual para disminuir las compras innecesarias, permitir realizar el ahorro mínimo del 10 % de los ingresos brutos mensuales y cumplir con todas las obligaciones personales o familiares. En el presupuesto se deben incluir las compras obligatorias buscando que sean lo más reducidas posibles. Por ejemplo, en el caso de la alimentación, se deben buscar los sitios mayoristas donde los precios sean más favorables, debido al volumen de ventas. Disminuir las compras innecesarias en los gustos que afecten la capacidad de ahorro de la persona. Estos objetivos se deben clasificar en orden de importancia teniendo en cuenta que dependen de cada persona, su entorno y la composición familiar.

Objetivos ajustados de mediano plazo: invertir los ahorros en activos productivos que proporcionen rendimientos mensuales que se utilizan para los gustos y para nuevas inversiones e incrementar los ingresos. Se debe fijar una meta y un tiempo para cumplirlos en cada una de las inversiones planeadas. Es la forma más fácil de controlar el presupuesto y tomar las decisiones más apropiadas. Los ahorros por lo general empiezan con un monto pequeño y es posible que se presenten dificultades de adquirir activos financieros con ese capital. Se hace uso del interés compuesto para que al cabo de cierto tiempo este capital sea más grande y así se pueda invertir más fácil en activos productivos. Si la compra de este activo implica un préstamo bancario, se debe procurar que los rendimientos de ese activo cubran, si es posible, la totalidad de la cuota del préstamo bancario, o que sea lo más cerca a ese valor y continuar con el ahorro programado. Estos objetivos se deben clasificar en orden de importancia y hacerles un seguimiento estricto.

Objetivos ajustados de largo plazo: lograr la pensión y obtener ingresos pasivos, es decir, que el dinero trabaje para la persona, y así, tener una buena calidad de vida con plena libertad financiera para poder tener la capacidad de ayudar a los demás, especialmente, a los más desprotegidos.

El presupuesto se debe armar en orden de importancia de cada una de las cuentas. Las más importantes que sean las primeras para que facilite su control y seguimiento.

Concentrarse en una meta y luego avanzar en una lista

Por lo general las personas piensan que nuestro cerebro es capaz de realizar varias tareas a la vez, vocablo conocido como multitarea. Nuestro cerebro es capaz de realizar ciertas tareas al mismo tiempo usando diferentes estructuras de manera simultánea.

Investigaciones recientes muestran qué ocurre en nuestro cerebro cuando tratamos de hacer dos cosas diferentes a la vez. Cada mitad de nuestro cerebro se ocupa de algo, lo que podría explicar por qué resulta tan complicado hacer más de dos cosas al mismo tiempo. Cada hemisferio está hecho para una tarea[4].

Al ejecutar varias tareas en el mismo tiempo nuestra concentración se divide. Nuestro cerebro está preparado para una tarea a la vez, contrario a lo que piensan muchas personas que dicen que las mujeres son multitarea. Se ha comprobado por muchos estudios que, si queremos ser eficientes, debemos hacer una tarea a la vez. Por lo tanto, la multitarea no garantiza mayor productividad ni eficacia en el corto plazo.

En las finanzas personales es difícil dejar de hacer todas las tareas que tenemos diariamente, por dedicarnos a una sola y darle toda nuestra atención, pero sí el poner mayor cuidado a las prioridades de nuestras metas y en su orden para un seguimiento más eficiente. Una vez se tomen decisiones, llevar el control para que se cumpla la meta. Luego, se debe concentrar en la siguiente y así lograr el objetivo financiero de las finanzas personales, que el dinero trabaje para uno, en vez de uno para el dinero.

---

4 https://www.bbc.com/mundo/ciencia_tecnologia/2010/04/100417_multitarea_cerebro_pl

Una vez se tomen las decisiones, se controla o se cumpla una meta, se debe concentrar en la siguiente

Tal como lo expresamos en el anterior numeral, el cerebro está hecho para realizar una sola tarea, y sucede cuando utilizamos la misma parte del cerebro. Lo que sí es fácil de lograr es distribuir nuestra concentración a lo largo del día según la lista de prioridades de una manera eficiente.

Por ejemplo, manejar los gastos, especialmente los que llamamos controlables (variables), es una tarea prioritaria y simultáneamente se considera en las diferentes alternativas de inversión que se puedan realizar cuando se tenga un capital apreciable. Igualmente, se debe poner como prioritario el ahorro programado como un hábito beneficioso.

Si la meta es comprar un auto dentro de unos meses, y también una casa, y ambas cosas son como prioritarias, se trabaja en esas prioridades simultáneamente; se trabajan con orden sin descuidar las demás tareas que puedan estimarse como insignificantes. Una tarea descuidada puede ser motivo del derrumbe del sistema financiero específico de la persona.

Para una señora de escasos recursos y cabeza de familia, las prioridades son diferentes a aquel que está bien conformado con la presencia de la madre y el padre. Es diferente también cuando las responsabilidades están bien distribuidas y balanceadas, o si las personas cuentan con trabajos mejor remunerados o los que tienen menores obligaciones. Sin importa el nivel de ingresos, elaborar un presupuesto con prioridades bien identificadas les proporcionan a todas las personas información importante para tomar decisiones correctas.

La elaboración del presupuesto para una persona de escasos recursos o con ingresos insuficientes para una vida digna es una herramienta primordial para salir adelante hacia la libertad financiera. Si los recursos son escasos, tendrá la oportunidad de verificar y controlar los gastos y asignar prioridades para ahorrar para el futuro y trabajar simultáneamente en una lista. Si lo hace, seguramente, el futuro seguirá prometedor y evitará que sea apremiante con condiciones mucho más difíciles que deterioran la calidad de vida. Si los ingresos son suficientes para tener una vida con calidad y sin planear las finanzas, en el momento en que se presenten los imprevistos que exijan un gasto mayor sin estar preparado para ello, posiblemente, se tendrán problemas en adelante con las finanzas.

Si los ingresos de una persona apenas son para satisfacer las necesidades básicas, elaborar una lista de metas y asignarles prioridades ayudará a salir adelante, lograr sus objetivos y prepararse para un mejor futuro.

Laura es una señora viuda con tres hijos de 3, 5 y 6 años. Trabaja en un restaurante en la cocina y debe siempre estar allí antes de las 6.00 a. m. Sus ingresos apenas le alcanzan para pagar sus necesidades básicas y las de sus tres hijos. Ella le plantea a su jefe que, si puede trabajar algunas horas extras que le proporcionen un dinero adicional mensual, porque ve que lo que gana poco le alcanza para todas sus obligaciones. Un tío le dijo: «Laura, elabora un presupuesto con detalle de todos tus gastos y los ingresos que obtienes con tu trabajo. Haz una lista con tus metas y trabaja en ellas para lograrlo. Verás que tu futuro se irá mejorando poco a poco».

Laura le hizo caso y diseñó su presupuesto en donde incluía los ingresos y todas sus obligaciones que tenía consigo misma y sus hijos. Para esta señora, sus prioridades son: llevar comida al hogar, recoger el dinero para pagar la vivienda, disponer de los recursos para pagar colegios y guardar dinero para las emergencias y para ahorrar una parte de sus ingresos para hacer inversiones que le ayuden a salir de penurias. Cumplir una sola de sus metas no le soluciona la situación precaria de Laura y su familia. Debe trabajar simultáneamente en todas ellas para lograrlas y en el tiempo que ella lo estime conveniente.

José es un joven recién graduado como ingeniero que logró vincularse a una empresa prestigiosa en la ciudad. Desde un comienzo laboral, organizó su presupuesto y se puso en la meta que, al cabo de tres años de trabajar y ahorrar, tendría la cuota inicial para comprar un pequeño apartamento para ponerlo en arriendo de tal manera que le generara unos ingresos adicionales para pagar la deuda hipotecaría que adquiera cuando lo compre. Entre sus metas estaba también un plan vacacional que tenía programado para cuando cumpliera el primer año de trabajo. Adicionalmente, quería ahorrar un dinero para comprar un auto pequeño para trabajar, ya que, desde su residencia a la oficina, gastaba mucho dinero y tiempo para llegar justo a trabajar. En sus planes está convencido que tiene que ahorrar dinero y para ello debía controlar los gastos. Deseaba cuidar todas sus metas y, simultáneamente, trabajar en todas ellas para lograr sus propósitos.

Para Laura y José, sus metas son perfectamente factibles si ambos trabajan en ellas con juicio y controlando el presupuesto mes a mes. Para José, es fundamental trabajar en una meta y una vez que la logre, podrá seguir con la otra.

Es posible que se origine algún aplazamiento de algunas de ellas; y, aun así, se evitan los problemas financieros. Pero para Laura, la situación es diferente. Ella debe trabajar de manera simultánea para lograr todas sus metas porque no puede darse el lujo de que una de ellas se aplace porque le significaría problemas graves para todo su grupo familiar.

Hacer una lista de compras obligatorias y controlables

Para muchas personas se dificulta la tarea de elaborar listas y mejor tratan de mantenerla en la cabeza porque dicen tener buena memoria, o que escribir es para otras personas y no para él. Si nos confiamos en la memoria, es posible que muchas veces nos juegue sucio y olvidemos algo que puede ser importante. El esfuerzo es inicial, pues una vez elaborada la lista, esta nos puede ser útil para los siguientes periodos. El hábito de hacer la lista requiere de pequeños esfuerzos, y volverlos hábitos sería muy fácil[5].

En el presupuesto que se elabore para el mes se deben incluir las compras de acuerdo con las listas (obligatorias y controlables) que son de gran utilidad para hacer rendir el dinero. Agrupar los fijos en sectores dará idea sobre la cantidad de dinero de sus ingresos que irá a cada grupo y verificar si hay excesos o, por el contrario, si hay control.

Fija un límite de tiempo para alcanzar tus metas. Esto ayuda al ahorro

Las personas tienden a extender las tareas más allá del límite de tiempo programado. Pero si se organiza una reunión y se planea solo dos horas su duración, con toda seguridad se tomarán las dos horas. Si se reserva una hora, posiblemente, también esa será la duración de la reunión. Nuestra mente se prepara para cumplir el tiempo que se fija en las metas siempre y cuando se establezca un tiempo límite. El organismo reacciona de forma inconsciente para terminar la tarea con éxito.

Por este motivo, es importante fijar fechas límite a nuestras metas prioritarias y así predisponer a la mente y organismo para llevarlas a cabo en ese tiempo. Si se hace así, con seguridad se estará evitando postergar dichas metas. Si se fijan fechas y se cumplen, se tiene una gran ventaja financiera al cumplir las metas, y también se vuelve más productiva la persona y alcanzaría con mayor facilidad la libertad financiera según lo planeado.

---

5 Hábitos atómicos, James Clear, Ed. 18, Paidós empresa.

Los obstáculos más grandes en las metas son:

- Creer que son imposibles. Se debe creer en sí mismo y pensar que se logrará si así se propone.
- Fijar el tiempo. A veces sé es soñador y se cree ser capaces de lograr las metas antes del tiempo estimado. Para eso es necesario poner los pies en el suelo y estimar el tiempo apropiado considerando que a veces se presentan imprevistos en el cumplimiento de nuestras metas.
- Falta de constancia. Las personas son propensas a abandonar aquello que les cuesta mucho trabajo. Cuando se organiza el presupuesto, se asignan prioridades y se trabaja en ellas en forma permanente, se verán buenos resultados.
- Temor a lo desconocido. Es cierto que nadie sabe lo que sucederá el día de mañana, pero lo que sí es cierto es que, si se planean las finanzas personales a partir de un presupuesto, la situación financiera con plena seguridad será mucho mejor en el futuro.
- Ir sin rumbo. Si se evita fijar metas, menos se van a lograr resultados positivos. Si no se sabe a dónde ir, siempre se estará perdido.
- Escuchar a las personas inapropiadas. Muchos tratarán de dar consejos porque todos quieren mostrar que son expertos en el mundo de las finanzas.
- Sacar disculpas. Iniciar un trabajo que demande sacrificios siempre será un motivo para aplazarlo y se sacan todas las posibles disculpas. Todos, de alguna manera, nos hemos mentalizado en esto y hemos empezado un propósito de ilusión, pero que al final hemos incumplido. Esto es debido a la falta de fuerza de voluntad, pero la idea es empezar cuanto antes para nuestro beneficio.
- Actuamos de forma inmediata frente a las tentaciones. Si se fijan metas, procura cumplirlas. Si es necesario enfrentar a una tentación, lo mejor es intentar retrasarla el mayor tiempo que se pueda, y podría ser la solución. Es conveniente evitar las tentaciones y tener presentes siempre las metas.

La mejor manera de controlar el tiempo para alcanzar las metas en las finanzas personales es clasificándolas como urgentes e importantes; importantes, pero no urgentes; urgentes y no importantes; y a la final ni urgentes ni importantes. Hay que evitar llegar a la saturación porque se podría caer en la tentación de abandonar los esfuerzos en pro de las metas. Si es necesario, hacer una revaluación de las metas, especialmente cuando se presentan eventos imprevistos que afecten las finanzas personales.

Una vez definidas las metas de acuerdo con el presupuesto personal y considerando los tiempos que se han fijado para cumplirlas, se sabrá con mayor precisión la capacidad de ahorro, y así en forma ordenada sin proporcionar excusas, en un tiempo estimado, se realizan las inversiones en activos productivos que nos darán una buena calidad de vida.

Es mucho más probable que se motive y se esfuerce por lograr las metas financieras si se hace por escrito en vez de tenerlo en la cabeza junto con otros pensamientos. Para el presupuesto es recomendable evitar llenarlo de muchas metas porque, posiblemente, se sentirá que es difícil lograrlo. Concentrar los esfuerzos en metas más grandes. Fijar esas metas a la visión de la persona para que día a día se inspiren a seguirlas con pasión y así nunca se esforzarán por conseguirlas. Elaborar tu presupuesto cuando se tenga un buen estado de ánimo, pues las metas y el ahorro serán objetivos motivadores. Compartir las metas con la familia se creará influencia en ellos, y ellos buscarán la forma en que le puedan ayudar, especialmente en aquellas situaciones de emergencias e imprevistos.

Saber qué puede sacrificar en las compras

A la hora de ahorrar se debe considerar lo siguiente: crear el hábito del ahorro preferiblemente desde temprana edad y que sea independiente del nivel de ingresos. Que el ahorro no afecte el flujo de caja ni sacrificar el estilo de vida. Ahorrar en compras y planificar qué productos llevar y evitar comprar aquellos que; aunque sean baratos, no se necesiten. Aprender a vivir con los ingresos que se tenga es clave para una vida tranquila. Hay que recordar que hay que evitar hacer planes con el dinero que aún no se recibe, existe el riesgo de llegar más tarde o de no llegar.

Si desde temprana edad cuando se inicia la etapa laboral, se elabora un presupuesto con una meta de ahorrar al menos el 10 % de los ingresos brutos para conformar un capital e invertir en algo que genere una rentabilidad mensual, se empieza con el pie derecho hacia unas finanzas personales sanas. En este presupuesto se deben definir los gastos fijos en que se va a comprometer teniendo en cuenta que, una vez adquiridos, es complejo reducirlos. Es bueno observar detenidamente en qué gastos se sacrifican para cumplir con todos ellos a tiempo. Si los ingresos son bajos: es poco conveniente evitar el escoger un lugar para vivir que sea costoso; tampoco se lograría ingresar a universidades privadas de alto costo a no ser que se consiga una beca de estudio; para la alimentación se deben buscar lugares mayoristas que usualmente son artículos con precios más moderados; comprar el calzado y vestido preferiblemente cuando se presenten promociones considerando que estas sean en diferentes épocas del año. El presupuesto le ayudará a determinar todos estos valores y fijar metas para cumplirlas.

En los gustos que llamamos gastos variables o controlables, se sacrifican más cosas para evitar que el flujo de caja sea negativo. Por ejemplo, los gastos hormiga se disminuyen o se sacrifican. Esto no quiere decir que se pierda calidad de vida. Igualmente, hacer lo mismo con las salidas a comer afuera, las celebraciones de familiares o amigos, los gastos de entretenimiento y el uso de las tarjetas de crédito.

Saber qué se sacrifica sin elaborar un presupuesto es difícil y, posiblemente, vendrán los problemas por incumplimiento de pagos. Elaborar el presupuesto es aconsejable aun contando con una buena capacidad de mantener las cuentas en la mente porque son tantos los detalles, que es fácil pasar por alto algunos de ellos.

Haz una lista de áreas en las que se está dispuesto a recortar

Realmente a nadie le gusta recortar gastos porque implica sacrificar algunas cosas que disfruta. Se estima que alrededor del 40 % de los ingresos de una persona se malgastan en productos innecesarios asociados a pequeñas compras que, por su bajo monto individual se piensa que son despreciables, pero a la hora de la verdad, suma un monto importante al fin de cada mes.

Cuando se cambia un billete de alta denominación porque va a comprar algo de poco valor, el dinero se vuelve plata de bolsillo y cuando menos piensas, ya poco queda, se fue todo el billete en los gastos hormiga. Los productos que más gastamos sin darnos cuenta del monto mensual son en cigarrillos, helados, pastelería o postres, gaseosas, cervezas y botellas de agua, refrigerios en la oficina, y comidas fuera de la casa.

La forma de controlar esos gastos es apuntarlos diariamente y determinar cuáles de ellos puede recortar o eliminar de su vida. Al totalizar el mes se dará cuenta de la gran cantidad de dinero invertido en esos gastos innecesarios.

A la hora de ir a mercar a una supertienda o supermercado, se recomienda llevar la lista, y evitar salirse de lo allí anotado. Si se evitan las tentaciones de las degustaciones, poner poca atención a las propagandas de las tiendas que inducen a comprar algo que es innecesario, aunque suene bonito o llamativo, ya que ayudan mucho a mantener el flujo de caja positivo y controlar la salida del dinero. También es una gran ayuda el eliminar los cigarrillos, las gaseosas, la comida chatarra y el alcohol y animarse a ahorrar ese dinero para luego invertirlo en algo productivo que genere otras entradas de dinero.

Si la persona elabora un presupuesto, se dará cuenta de cuánto puede gastar en esos gustos que tanto le llaman la atención. En caso contrario, con plena seguridad el monto será grande y poco se dará cuenta por cuál rendija se estará yendo su dinero. El presupuesto pondrá orden en las finanzas y se aprenderá a vivir dignamente con esos ingresos y evitar el estrés de llegar al fin de mes sin un centavo para gastar en lo que sí hace falta.

Limitar los créditos para evitar endeudarse por encima de las capacidades. El límite del crédito es el 30 % del total de los ingresos (FMI). Ponerle bastante atención a aquellos gastos que se salen de control porque generarán un daño grande a las finanzas en el momento que eso ocurra y son una situación difícil de manejar.

Al hacer la lista de las áreas que se está dispuesto a recortar, se debe evitar el lado emocional y relucir el racional. Muchas veces se hace lo imposible para incluir algo que llama la atención y se trata por cualquier forma de siempre mantenerla en el presupuesto. Por ejemplo, al ir al cine, comprar un balde grande de palomitas de maíz, el perro caliente, la chocolatina y la gaseosa es imprescindible, y se considera indispensable el cine con esa comida. El costo de esos alimentos es mayor que el costo de la entrada a cine. Si el presupuesto indica que es difícil hacer ese tipo de compras, hacer caso y evitar ese tipo de comida, que además de ser costosa, es insana.

Si necesitas ayuda recurre a un profesional en materia financiera

El *coaching* financiero es una persona que busca la solución de problemas relacionados con el dinero para poner en orden las finanzas personales y la consecución de metas y objetivos. El *coach* se centra en capacitar al cliente para que tome las decisiones más apropiadas y adquiera buenos hábitos en relación con el manejo del dinero. Este profesional cuenta con formación en finanzas, en educación, motivación y planeación estratégica capaz de elaborar planes de acciones financieras con objetivos medibles, realizables, realistas y oportunos.

El profesional en materia financiera realizará un análisis inicial que incluye un estudio de la situación financiera del cliente, incluyendo su estado de resultados conocido como P&G, el estudio de pasivos y activos, el balance general, la elaboración del presupuesto y el cálculo de la capacidad de ahorro. Igualmente analizará el estudio del riesgo y tendrá una cobertura financiera para emergencias e imprevistos. Este profesional ayudará al cliente en la identificación y cuantificación de sus metas y objetivos financieros y las estrategias necesarias para alcanzarlas.

Las deudas y las crisis financieras que se presentan en las personas de niveles de ingresos bajos y en los que más ingresos perciben, que si se enfrentan inteligentemente, es posible que traigan grandes desajustes y pérdidas que repercuten en todo el grupo familiar. Son pocos los que se atreven a hablar de este tema o actúan solos y muchas veces con decisiones que no aportan nada a la solución de dichos problemas. Cuestiones básicas como administrar correctamente el dinero, cómo elaborar un presupuesto, el generar hábitos de ahorro, invertir esos ahorros, definir metas y objetivos financieros, realizar controles y ajustes permanentes son de vital importancia para lograr las metas y tener en el presente y en futuro una vida con calidad y felicidad.

El asesor financiero da la solución a un problema concreto a una situación específica, pero el profesional en materia financiera da la formación para que el cliente sea el encargado de evitar que aparezcan esos problemas y, si aparecen, que él mismo los pueda solucionar.

Tercera parte
Recomendaciones para los préstamos

Todas las personas alguna vez en su vida se han sentido interesadas en solicitar un préstamo ante una entidad crediticia u otras personas. Es tentador proceder con un préstamo sabiendo que existen tantas cosas que nos llaman la atención y que, por lo general, no contamos con el capital suficiente para su adquisición. Tener dinero en una cuenta de ahorros genera sensación de libertad, de poder y seguridad.

Préstamos financieros

Antes de solicitar un préstamo, se sugiere analizar cuánto son los ingresos y cuáles son los gastos y así se evitaría un sobreendeudamiento. Es también importante conocer cuál sería el margen de maniobra para atender imprevistos o urgencias que se presentan y que, por lo general, siempre ocurren cuando las condiciones económicas no son fuertes.

Con la elaboración de un presupuesto mensual y anual, se determinará cuáles serían los gastos que se podrían evitar y formar el fondo de emergencias e imprevistos. Un préstamo no debería afectar este fondo porque sería probable que, ante una situación imprevista, la persona pudiera quedar sin fondos para atender el servicio a la deuda.

Como regla general, se debe pensar en saldar el préstamo cuanto antes si se tiene el dinero suficiente para pagarlo. De esta manera se estarían ahorrando unos gastos financieros innecesarios que, usualmente, son altos.

En la mayoría de los casos cuando se solicita un préstamo los asesores van a preguntar para qué se quiere ese dinero. Lo aconsejable es que se haga esa misma pregunta para determinar si en verdad se necesita ese dinero. Pedir préstamos para comprar cosas que no se necesitan no es una manera inteligente de actuar. Una buena recomendación sería pensarlo bien durante unos días antes de tomar una decisión. Tampoco pedir dinero para pagar otros préstamos entraría en una espiral que lo llevaría a situaciones cada vez más difíciles y sería el rumbo hacia el fracaso.

Cuando se tiene una situación financiera no sana es posible que se tengan varios préstamos como el de vivienda, el auto, libre inversión, vacaciones y de consumo. Al sumar las cuotas de cada uno de estos préstamos, el valor total sería tan grande que a veces da dificultad reunir el dinero para pagarlo. Generalmente, las personas recurren a un préstamo adicional para cubrir esas cuotas, y por supuesto, el problema se agrava más.

Si se va a hacer un préstamo, se deben leer detenidamente los términos incluyendo la letra pequeña, que es la que normalmente es la que tiene la información más importante. Es crucial cumplir con todas las condiciones estipuladas en los contratos para que no afectar el historial crediticio y no incurrir en sobrecostos por incumplimientos.

Los principales destinos de un préstamo son:

- Inversión. Para adquirir un bien o un derecho que genere un ingreso adicional o incremente su patrimonio.
- Emergencias o imprevistos. Para cubrir los gastos de un evento imprevisto.
- Consumo. Para comprar bienes de consumo cuando no se dispone del dinero suficiente.

Los préstamos se toman ante un banco o a amigos y familiares donde se compromete a pagar cuotas periódicas, generalmente mensuales, las cuales contienen una parte como abono a capital y el resto como los intereses generados. Para el caso de servicios o consumos de artículos, el préstamo puede ser mediante las tarjetas de crédito que permiten pagar montos mínimos calculados por el banco o en cuotas a conveniencia del cliente, más los intereses que, por lo general, son los más altos del mercado financiero.

Para calcular la capacidad de cuotas que se tiene antes de realizar un préstamo, se puede proceder de la siguiente manera: primero sumar los ingresos del mes, luego, restar los gastos del mismo mes, los pagos de las cuotas correspondientes a deudas existentes y el ahorro, y así se sabrá si se tiene la capacidad de pagar las nuevas cuotas del préstamo. Si al hacer la resta el saldo es negativo, no se tiene capacidad de adquirir ese nuevo préstamo. La decisión inteligente en este caso sería no proceder con dicho préstamo, pero lo sería más si logra reducir gastos y disminuir los préstamos existentes. Si se utilizan los préstamos para pagar la comida, posiblemente, se tiene una condición de sobreendeudamiento y de vivir por encima de las posibilidades.

Las entidades formales reguladas por la Superintendencia Financiera y Superintendencia Solidaria de Colombia que otorgan créditos son:

- Bancos y emisoras de tarjetas de crédito.
- Cooperativas y mutualistas.

La forma más eficaz de saber si una entidad financiera no conocida es legal en Colombia es llamando a los siguientes números:

Superintendencia Financiera: 018000-120-100

Superintendencia Solidaria: 018000-1280-430

Piensa si es una deuda buena que te generará una renta periódica. Si es deuda mala, descártalo

Para entender el significado de deuda buena, a diferencia de muchos inversionistas y emprendedores que piensan que deber dinero es una maldición, a veces, tener deudas es una buena opción. Una deuda es buena cuando aumenta el patrimonio con el tiempo porque puede generar ingresos, de tal forma que se pueda pagar el servicio a la deuda y queda algo para la persona. Si no queda algo; entonces, sería una deuda mala, ya que los ingresos que producen serían solo para el banco. Algunos escritores con un alto reconocimiento mundial sostienen que si los ingresos que genera la inversión al utilizar un préstamo son menores que el servicio a la deuda, esa deuda es mala. El autor de este libro piensa que no siempre es así, lo cual se demuestra con el siguiente ejemplo:

Juanita dispone de $150 000 000 producto de sus ahorros de los últimos años. Ella decide que es la hora de comprar un inmueble cuyo valor es de $300 000 000, luego, tendría que hacer un préstamo de $150 000 000, el cual le generaría una cuota de $2 100 000, más un seguro de vida. Esta cuota corresponde a una tasa aproximada de 1.2 % mensual y a un plazo de 15 años. Juanita piensa que es una inversión que le generará unos ingresos por el arriendo del apartamento. De acuerdo con el mercado, un apartamento de ese tipo podría generar un canon de $1 800 000 mensuales. Los autores que critican este tipo de inversión dicen: ingresos = $1 800 000 y los egresos =

$3 000 000, lo que significa un déficit de $1 200 000; por lo tanto, es una deuda mala.

Es una visión de corto plazo y en eso sí tienen la razón. Pero si se mira el mediano y largo plazo se tiene otra situación que se explica a continuación:

El primer año se pagaría al banco un valor de $2 100 000 × 12 = $25 200 000. El recaudo por el arriendo del apartamento sería = $1 800 000 × 12 = $21 600 000. Esto implica que hay una diferencia de $3 600 000 anuales o $300 000 mensuales en contra de Juanita. Si se estima una inflación de 8 % anual, el canon de arrendamiento se ajustaría en este valor así: $1 800 000 (1 + 8 %) = $1 944 000. La diferencia se ha reducido y ahora es = $156 000 mensuales. Para el siguiente año la diferencia sería de $480 en contra de Juanita, pero para el cuarto año ya la diferencia es a favor de Juanita en $167 482 y de ahí en adelante el saldo a favor se irá incrementando.

Se puede concluir que en el mediano plazo (5 años) y en adelante, los ingresos serán mayores que los egresos, luego la deuda se considerará como una deuda buena. En la tabla siguiente se presentan los valores por el servicio a la deuda anual, los ingresos anuales ajustados a una inflación de 8 % anual y la diferencia anual o mensual de cada año. Nótese que en el año 10 la diferencia mensual a favor de Juanita es de $1 498 208.

Año	Servicio a la deuda	Recaudo por arriendo	Diferencia anual	Diferencia mensual
1	25 200 000	21 600 000	-3 600 000	-300 000
2	25 200 000	23 328 000	-1 872 000	-156 000
3	25 200 000	25 194 240	-5760	-480
4	25 200 000	27 209 779	2 009 779	167 482
5	25 200 000	29 386 562	4 186 562	348 880
6	25 200 000	31 737 486	6 537 486	544 791
7	25 200 000	34 276 485	9 076 485	756 374
8	25 200 000	37 018 604	11 818 604	984 884
9	25 200 000	39 980 093	14 780 093	1 231 674
10	25 200 000	43 178 500	17 978 500	1 498 208

Para las personas que tienen un mayor conocimiento de matemáticas financieras, y calculan con la ayuda de Excel el VNA (valor neto actual = al valor presente de los valores de los diez años traídos a hoy y a una tasa de descuento del 20 %) los resultados serán:

VNA del servicio a la deuda = $105 650 297

VNA de recaudo por arriendo = $117 237 881

Lo que significa que el arriendo tiene un mayor valor de $11 587 584 sobre el servicio a la deuda. Es decir, que el arriendo paga el servicio a la deuda y les queda a valores de hoy $11.6 millones de pesos aproximadamente. Conclusión: es una deuda buena.

Las deudas buenas también tienen su riesgo y logran arruinar a la persona. Los préstamos son una herramienta útil para aumentar el patrimonio si —y solo si— se utilizan con cabeza fría y en forma correcta. De lo contrario, podría generar un gran susto.

Como dice un autor conocido, que algunos piensan que el que nada debe nada teme, y este autor completa la frase con «el que nada debe, nada teme, pero nada tiene».

Por consiguiente, una deuda es mala cuando se contrae el patrimonio y genera egresos adicionales. Generalmente, es para adquirir bienes o servicios que poco se necesitan y que no producen ningún ingreso. Por ejemplo, endeudarse varios años para salir una vez a vacaciones, y al pasar el tiempo, esas merecidas vacaciones serían un recuerdo; aun así, se deben pagar cuotas pendientes y posiblemente por un tiempo prolongado. Es una deuda mala que mantiene a la persona atada a pagar mensualmente parte de los ingresos, perdiendo cada vez más su libertad financiera.

Es también una compra poco inteligente comprar alimentos perecederos con la tarjeta de crédito a plazos mayores a un mes, porque estos alimentos se consumen antes de iniciar los pagos respectivos. Muchas veces no se ha empezado a pagar lo que ya se consumió y que se compró con tarjeta de crédito, y pronto se tendrán que volver a comprar de nuevo esos alimentos.

Un activo improductivo es aquel que no genera ingreso de dinero, pero sí salida. Cuando se decide comprar algo improductivo que no se puede pagar de contado, se está adquiriendo una deuda mala. Estas deudas hacen a la persona más pobre y se utilizan cuando se quiere comprar activos improductivos.

Muchas personas están convencidas de que comprar una casa nueva o un apartamento para ir a vivir allí es la inversión inicial y más importante de la vida. Estiman que es una inversión, porque en su declaración de renta figuran como parte de sus activos. Contablemente es correcto, pero no en la vida real. ¿Por qué se estima que no es una inversión? Ese bien inmueble lo que está haciendo es sacar plata del bolsillo para pagar al banco la cuota mensual que se acordó con ellos, más los impuestos prediales al gobierno. ¿Qué dinero le mete en los bolsillos? Entonces, lo que se tiene es un pasivo[6]. Se hizo un préstamo para adquirir un pasivo. Esto es desde un punto de vista de corto y mediano plazo. En el largo plazo cuando se termine de pagar las cuotas hipotecarias puede ser una inversión importante, además de bienestar que genera en el núcleo familiar.

¿Cuándo la compra de una casa con hipoteca es una inversión en el corto plazo? Cuando la cuota hipotecaria más los impuestos prediales es un valor menor o igual al valor de arriendo que la persona pagaría por vivir en un lugar similar a la de la casa hipotecada. En este caso estaría asignando un porcentaje menor o igual de sus ingresos a la vivienda por comprarla o arrendarla.

Pero lo más importante, y como tema principal de este libro, es definir si la compra de una casa para vivir en ella es o no es una compra inteligente. Es necesario separar el concepto de una compra inteligente y de una deuda buena. Una compra inteligente con deuda implica una deuda buena, pero una deuda buena tampoco significa que se realice una compra inteligente. La compra es inteligente cuando se realiza con los ingresos que generan las inversiones productivas y no se tocan los ingresos por el trabajo de la persona. Si la persona cuando duerme sus inversiones están generando ingresos, y estos los usa para comprar su casa, se puede decir que la persona compra inteligentemente[7]. Pero si tiene que trabajar todos los días para recibir un salario y parte de él lo destina a pagar su casa, su compra es poco inteligente. Si al comprar la casa con hipoteca paga de su salario un valor menor que si la tomara en arriendo, la deuda es buena.

Si el préstamo es para comprar un auto, igualmente es un pasivo porque en vez de generar dinero, está sacando del bolsillo para pagar los impuestos, las cuotas del banco, el combustible, los cambios de aceite y el mantenimiento preventivo o correctivo cuando se presentan las fallas mecánicas o desgaste de las piezas por el uso del auto.

---

6 Padre pobre, padre rico.
7 Warren Buffett.

Antes de adquirir un préstamo se debe analizar para qué se quiere, si se necesita, si genera otros ingresos, si se tiene capacidad de pago o si es una deuda mala. Si es una deuda mala lo más conveniente es descartar esa idea y desechar ese préstamo.

Si el dinero que se tiene programado para adquirir esos activos se ahorra y se invierte, posiblemente, esas inversiones van a producir ingresos y con ellos se podrá comprar la casa soñada, el auto añorado, las vacaciones que siempre se ha considerado tener y otros gustos más.

Nunca te apresures

Como dice el viejo refrán: de la carrera solo queda el cansancio. Se deben analizar detenidamente las condiciones financieras en que se encuentra la persona, si lo que desea adquirir es necesario o no lo es, si ofrece grandes ventajas como una gran rentabilidad, si se tiene capacidad para que aprueben el préstamo y para pagar las cuotas que se deriven de él y si se tiene otra alternativa que sea el no hacer ningún tipo de préstamo.

A veces el corazón hace que la persona se apresure a tomar decisiones que, por lo general, posteriormente, generan un gran arrepentimiento. Si se va a comprar una casa y la primera que ve le llena de satisfacción y procede a comprarla, días después verá que otra casa reúne mejores condiciones, y sería mejor opción, sea por sus especificaciones físicas o por el precio. Llega el arrepentimiento y se culpa por acelerado en tomar decisiones. Apresurarse es bueno solo cuando se tiene completa certeza de que sí es una verdadera ganga. Para ello se necesitan conocimientos, asesoría y disponibilidad de recursos necesarios. Las gangas se ven todos los días, luego apresurarse no es una buena decisión inteligente.

Se debe evaluar si lo que se desea comprar tiene un valor mayor que el préstamo, que en caso de que se vea en un apuro financiero grave, el valor del artículo que se está comprando sea mayor al monto de la deuda, y en el caso de venderlo pagar la deuda. Adicionalmente, debemos evaluar si hay facilidades de recuperar el dinero por la venta del artículo financiado, pues un apuro grave que requiere de disponer el dinero en forma rápida hace que de pronto las ventas de dicho artículo sean por un valor mucho menor y así se pierde una gran parte de nuestro capital.

Es importante analizar las tasas de interés que ofrecen las entidades financieras del mercado para escoger la de menor costo financiero (tasas de interés).

Hay que tener en cuenta que es fácil encontrar entidades que ofrecen préstamos, pero a tasas de interés elevadas. El costo financiero de una transacción de este tipo se estudiará más adelante en el caso colombiano.

Hay que tener absoluta claridad en que mientras se tenga vigente un préstamo, se compromete un porcentaje de los ingresos por mucho tiempo. Esa parte de los ingresos deja de ser propio para ser del banco. Por lo tanto, es primordial definir el plazo apropiado y acordarlo cuando se tome un préstamo.

Si se apresura a conseguir un préstamo se podría caer en las siguientes situaciones: tasas de interés más elevadas que las que ofrecen ciertas entidades financieras, créditos por valores menores o mayores a los requeridos, pagar comisiones sin necesidad u otros pagos como avales, papelería, estudios, etcétera, pago de cuotas por encima de la capacidad mensual, exigencia de codeudores o fiadores y plazos que poco se ajusten a sus flujos de caja.

Si se decide a financiar una parte de un vehículo que se desea adquirir, o un apartamento o casa, lo mejor es que se tome un tiempo en analizar bien esta opción, y evite dejarse presionar por el vendedor porque él hará todo lo posible para que se tome la decisión lo más pronto posible y asegurar su venta. Se debe evitar que las ganas se impongan a la hora de comprar algo nuevo, consultar expertos, leer mucho, informarse, sopesar los pros y los contras y escuchar los consejos de los que por allí ya pasaron. Siempre habrá más ofertas. El corazón a veces engaña a la razón. Es saludable que el corazón y la razón se entiendan para evitar lamentaciones futuras.

Relacionar el valor del préstamo y los ingresos con que se cuenta

El esquema de pagos más utilizado en el sistema financiero colombiano cuando se otorga un préstamo es el de cuota fija que se localiza al final de los periodos sucesivos durante el plazo acordado. Generalmente, el plazo más utilizado es mayor de un año. Un sistema poco utilizado por estas entidades financieras corresponde a cuotas que crecen a partir de la segunda en una cantidad fija. Esta modalidad es poco utilizada porque los deudores solo consideraban para sus cálculos el valor de la primera cuota siendo esta la menor de todas, ya que iba creciendo en el tiempo. A veces, después de unos meses de haber iniciado el pago de la deuda, los ingresos eran menores que las cuotas de las obligaciones en esta modalidad, convirtiéndose en cartera morosa con efectos funestos para todos y especialmente para los bancos.

Las tasas de interés que cobran algunos bancos son fijas y otras son variables, depende de la entidad financiera y del plazo del préstamo. Una tasa de interés variable es aquella que está expresada en términos DTF + unos puntos adicionales. Por ejemplo, una DTF + 8 % anual y significa que a la DTF si es igual a 4.0 % se suma el 8 % y daría como resultado una tasa anual del 12.0 % que se considera como efectiva anual.

DTF son las iniciales de depósitos a término fijo y esta tasa de interés es calculada como un promedio ponderado semanal de las tasas de captación diarias de los CDT a 90 días, pagadas por las entidades financieras de Colombia. Todas las entidades financieras le reportan a la Superintendencia Financiera de Colombia y le trasmite la información al Banco de la República y los publica los lunes de cada semana. Un CDT es un certificado de depósito a término fijo, es decir, un documento en el que consta que se ha dejado a cargo del banco un dinero por un tiempo determinado y que luego de que este tiempo transcurra se podrá recibir de vuelta junto a una suma adicional producto de la rentabilidad (BBVA).

Si se compromete una proporción mayor al 40 % de los ingresos mensuales de una persona en una deuda ante un banco, se está en problemas para el pago de las cuotas y quizás se está viviendo por encima de las capacidades, tal como se dijo en el capítulo anterior. Ahora, pasar de un 30 % de los ingresos dedicados a pagar préstamos es una locura y se va directo a problemas de morosidad en las obligaciones. Un 40 % es ya de por sí una enfermedad financiera.

Calcular la capacidad de crédito

Para saber la cantidad de dinero que vamos a solicitar en un préstamo ante una entidad financiera para hacer una compra, inicialmente, se debe elaborar un presupuesto con detalle de todas las obligaciones fijas y variables teniendo en cuenta que lo primero que se debe hacer es pagarse a sí mismo. El dinero que resulta de esta operación y que se dispone de él libremente es el valor de la cuota máxima que se podría utilizar para pagar las cuotas del préstamo. Se puede ingresar a las páginas de los bancos que ofrecen calculadoras gratis para calcular el valor de las cuotas según el plazo deseado y a diferentes tasas de interés. Al final de este libro se enseñará cómo calcular el valor de las cuotas.

Si, por el contrario, primero se hace el préstamo y luego se elabora el presupuesto, posiblemente, ese préstamo estará por encima de las capacidades de pago de la persona. Para cumplir con esta nueva obligación se tendría que renunciar o sacrificar algunos gastos de los antojos, y mantener así una gran fuerza de voluntad que usualmente genera un estrés grande.

El calcular, verificar y solicitar el valor adecuado es el orden para adquirir un préstamo. Si se hace así, es probable que se eviten los problemas financieros. Supongamos que se desea hacer un préstamo de $50 millones de pesos para comprar un vehículo nuevo y se cuenta con menos de un $1 millón de pesos producto del salario mensual para pagar las cuotas a un plazo de 5 años. Es tanta la alegría de estrenar carro que muchas veces se sueña con sacrificar ciertos gastos y creer que eso sería algo fácil de hacer, y así se podría reunir el millón de pesos que está considerando podría ser la cuota mensual. Se firman los documentos para la compra del carro, se paga la cuota inicial y luego se tramita ante el banco el préstamo de los $50 millones de pesos para terminar de pagarlo.

El banco dice que por la capacidad de crédito de la persona sí es posible prestar esos $50 millones y se brinca de alegría y se sueña ya con conducir el auto nuevo. Se firman los documentos y se va a la concesionaria feliz por tener ya el dinero para pagar el auto nuevo. La concesionaria termina los trámites de matricular el vehículo, lo alista para una entrega impecable y obsequia, quizás, una botella de vino para celebrar la compra del auto nuevo.

Al cabo de un mes a este cliente le llega la cuenta de cobro que dice: intereses corrientes = $500 000, abono a capital = $612 200, seguros y cargos adicionales (seguros) = $350 000, luego el pago mínimo = $1 462 200.

Si para reunir un millón de pesos se debían hacer grandes sacrificios, ¿qué se tiene que hacer para reunir un 46.2 % más? La respuesta es lógica: más problemas financieros.

Como se observa, se cometen dos errores graves que originan una crisis grande y posiblemente un deterioro de la salud del cliente al empeorar más las condiciones financieras: adquirir un préstamo por encima de las capacidades y comprar un activo improductivo con el dinero del salario.

Si se compra el auto nuevo y la cuota que se pague por un posible préstamo en el banco fuera el millón de pesos, y que no fuera necesario sacrificar otras compras, posiblemente, el cliente pensará que hizo una compra inteligente. Pero podría no ser así. Si el millón de pesos correspondiente al pago de la cuota del préstamo es tomado de los ingresos producto de su trabajo, el cliente estaría trabajando en parte para el banco, pues va a trasladar parte de su salario al banco y con una cara feliz.

Una compra inteligente de un auto nuevo o usado es cuando el dinero utilizado corresponde a los ingresos que genera una inversión. De esta manera no se estaría utilizando el dinero producto de un trabajo, es decir, del salario. El dinero estaría trabajando para la persona, y no la persona para el banco o para la concesionaria.

Ten en cuenta los planes futuros de nuevas inversiones

Todas las personas en algún momento quieren comprar muchas cosas como un carro, una moto, pagar unas vacaciones largas y maravillosas, equipos de tecnología nuevos, etcétera. El sistema financiero y, en general, el mercado brinda grandes facilidades para financiar la compra. Se ofrecen grandes promociones, facilidades de pago por cuotas, créditos con pocos requerimientos y de aprobación casi inmediata, que animan a las personas a comprar a veces sin ningún análisis sin considerar la verdadera capacidad de pago.

Es cierto que la financiación de un carro está al alcance de casi todos los bolsillos, pero hay que considerar que se debe pagar la cuota inicial, el pago de las cuotas mensuales, combustibles, repuestos, impuestos y seguros y provisionar ciertos gastos como son las llantas, plumillas, bombillos, y en general elementos que van sufriendo un desgaste que se debe reponer y no los cubre ningún seguro.

Supóngase que alguien que elabora un presupuesto del mes, revisa los gastos y los ingresos y concluye que sí hay capacidad de pago del bien que se está comprando, fija un plazo de un préstamo, decide comprar el auto y a estrenar se dijo.

Era tanta la alegría de estrenar auto que se le olvidó que también está pensando próximamente en adquirir un apartamento nuevo, porque el actual es pequeño y está ubicado en un barrio que es poco de su agrado, y su familia creció con la llegada de un bebé. El presupuesto que se elaboró inicialmente para la compra del auto era mensual, y faltó el anual, luego desconocía los planes de más de un mes.

Si dentro de los planes está también adquirir otros bienes o ir a unas vacaciones largas en familia, y no se tiene en cuenta cuando se compra el auto nuevo, posiblemente, la capacidad de pago se reduce con la compra del auto. Luego, la inversión en la casa o se tiene que aplazar o buscar una casa de menor valor o ubicación y quizás poco le agrade si procede a comprar otra diferente. También, sería aplazar o cancelar las vacaciones para disgusto de toda la familia. Lo que, posiblemente, no se quisiera hacer es vender el carro recién comprado para pagar la casa nueva que se va a adquirir. Si es poco el dinero disponible para cubrir los gastos que ya se tenían, pagar la cuota del nuevo carro y las cuotas de la nueva casa que se quiere comprar sería un problema grande. ¿Qué se debe hacer; entonces?

Esto puede pasar con la compra de una casa nueva y también con vacaciones, proyectos emprendedores, estudios en el exterior, etcétera. Para evitar situaciones similares, lo primero que se debe hacer es un presupuesto mes a mes y para todo un año, sin olvidarse de pagar primero. Si se hace así, evita ir directo a una caja llena de problemas, pues va a desatender demás obligaciones, y también sacrificará el ahorro y el camino hacia la libertad financiera, además de los problemas de salud que le van a resultar por el estrés al que se verá sometido.

Haz un cálculo del esquema de pagos

Se entiende por esquema de pagos la tabla que suministra información acerca de fechas para acordar los pagos de las cuotas, los intereses y las amortizaciones de cada cuota y los saldos finales en cada periodo. Si faltan los conocimientos para elaborar esta tabla, se puede solicitar a la entidad crediticia que, por ley, la deben suministrar.

Esta información es relevante para conocer los gastos financieros (intereses pagados) para llevar estos valores a la contabilidad para determinar las utilidades que se generan en cada periodo. Igualmente es útil para conocer la fecha de cancelación del préstamo y llevar este dato al presupuesto anual.

En los préstamos de corto plazo es fácil olvidar las fechas de cancelación de un crédito si no se tienen anotados en un presupuesto. La manera de evitar esto es anotar los gastos reales al frente del presupuesto y así se facilitaría constatar que efectivamente los pagos se realizaron en el momento adecuado.

Teniendo claro estas fechas igualmente se tiene mayor claridad en la elaboración del presupuesto y definir con precisión la capacidad de ahorro que podría utilizarse en la adquisición de activos productivos.

La mayoría de las personas que realizan préstamos a las entidades financieras solo se preocupan por el valor del préstamo, el plazo, el monto y el momento para recibir el dinero, pero poco en la composición de las cuotas en intereses y amortizaciones a capital. Los intereses que se paguen por conceptos de salud, educación o vivienda son útiles para disminuir los impuestos por retención en la fuente del salario. Esta reducción en la retención en la fuente puede generar un mayor ahorro y con el paso de los años conformar un capital que puede invertirse en activos productivos.

Se deben considerar los plazos que se acomoden al flujo de caja

Los préstamos con mayores plazos implican un mayor riesgo de insolvencia y las entidades crediticias ven esto como un criterio para aumentar las tasas de interés por dichos préstamos. Las ventajas de tener largos plazos radican en financiar inversiones de mayor cuantía y tener cuotas más moderadas o cómodas que se puedan ajustar más fácilmente a los flujos de caja. También existe la posibilidad de refinanciar o renegociar la deuda en cualquier momento.

Es clave elegir el mejor plazo en el momento de adquirir un préstamo y así controlar los flujos de caja que se destinarán para pagar el servicio a la deuda. Igualmente, el hecho de acordar plazos largos más de lo necesario impactará en los proyectos de inversión futuros.

Hay que tener en cuenta que a mayor plazo las cuotas son menores, pero se estará sometido a pagos que, por más tiempo que sí se tienen en cuenta en el presupuesto, se evitará dolores de cabeza e intranquilidad cada vez que se acerque la fecha de pagar las cuotas. También, es bueno considerar que con un mayor valor de las cuotas mensuales podrá traer grandes beneficios que se verán reflejados en el flujo de caja mensual en el tiempo, porque la obligación podrá terminarse más pronto, y tendrá la posibilidad de realizar otras inversiones en nuevos proyectos.

De acuerdo con la Superintendencia Financiera de Colombia, los plazos más elegidos por los clientes corresponden a 5 años con pagos mensuales, es decir, 60 meses.

Antes de definir un plazo con una entidad financiera para un préstamo, se debe consultar si esa entidad permite realizar abonos a capital en cualquier momento dentro del plazo acordado y sin ningún cobro por comisión o sanción. Usualmente, los bancos en Colombia no cobran dichas comisiones, pero lo mejor sería siempre consultar antes de firmar un pagaré que realmente esto se pueda hacer sin necesidad de pagar sanción alguna.

Se deben tener en cuenta las tasas de interés efectivo anual en las diferentes opciones

Ley 45 de 1990 de Colombia, artículo 64, parágrafo segundo dice: «Toda tasa de interés legal o convencional en la cual no se indique una periodicidad de pago determinada se entenderá expresada en términos de interés efectivo anual». También establece que todas las entidades financieras deben presentar las tasas de los créditos expresadas en términos efectivos anuales para evitar confusiones en aquellos clientes que carecen del conocimiento o del significado de estas expresiones. Si una de estas entidades presenta una tasa, por ejemplo, mensual, debe informar adicionalmente cuál es la tasa efectiva anual equivalente.

Si una persona solicita un crédito y se dirige a varias entidades financieras, seguramente, cada una de ellas exigirá una tasa diferente. El crédito más favorable sería aquel que presente una tasa de interés efectiva anual menor sin importar el plazo o la periodicidad de las cuotas. Algunas personas se preocupan más por los plazos que por las tasas de interés que cobran las entidades financieras.

Demos el caso que varios bancos locales cobran las siguientes tasas de interés para una misma cantidad de dinero: Banco *A* una tasa del 12.40 % EA (EA = efectivo anual); Banco *B* 12.50 % EA, banco *C* 12.68 % EA y ninguno de ellos exige pagos adicionales tales como comisiones, estudios, avales, papelería y elaboración del contrato. La mejor selección sería el banco *A* por cobrar una tasa de interés menor sin importar el plazo que se acuerde cuando se haga efectivo el préstamo.

El plazo y la modalidad de pagos, mensuales o trimestrales, sería después acordado con el banco. Generalmente, los pagos se realizan mensualmente y a algunos clientes especiales les aprueban pagos con periodos mayores como trimestrales, semestrales o anuales.

Verificar si se deben pagar comisiones, estudios, el aval del préstamo y otros valores

Como se indicó en el anterior numeral, al solicitar un préstamo lo más importante es conocer las tasas de interés que las entidades financieras cobran por los créditos. Antes de tomar una decisión, lo que también debe tener en cuenta son las comisiones, reciprocidades o arandelas que a veces varias entidades cobran para otorgar un préstamo.

Estas arandelas o pagos adicionales que se incurren al tomar un préstamo encarecen los créditos, y posiblemente, la decisión que un cliente tome, sin saber lo que implica cuando se cobran arandelas, no sea con la entidad financiera apropiada; aunque, ofrezca una tasa de interés menor, pero que exija el pago de ciertas arandelas. Si el cliente le solicita al asesor bancario que le calcule el costo financiero del crédito considerando los pagos adicionales, seguramente, no lo hará y le dirá que el costo financiero es la tasa que le está informando. Abogados de la Superintendencia Bancaria consultados sobre la legalidad de este procedimiento utilizado por algunas entidades financieras comentaron que no hay normas que la prohíban y que; por lo tanto, puede presentarse, siempre y cuando el usuario del crédito la acepte al firmar el contrato con la institución crediticia, en el que se especifiquen claramente las condiciones de la operación (Eafit).

Si se continúa con el ejemplo anterior, y se considera que el único banco que cobra arandelas es el *A* y los demás no lo hacen, al hacer el cálculo del costo financiero encontramos que la tasa real, por ejemplo, se sube a 13.00 % EA, luego la mejor decisión sería el banco *B,* pues sería la menor tasa de interés efectiva anual ofrecida por los tres bancos.

Otra arandela es el seguro de vida del deudor que constituye una garantía para las entidades financieras cuando otorgan un crédito. Con este seguro y en caso de que el cliente fallezca o quede incapacitado total o parcialmente como deudor, la deuda se pagará en su totalidad y el banco recibirá el beneficio del seguro que corresponde al saldo de la deuda al momento del siniestro. El cliente es quien asume el pago de ese seguro. Si el cliente compra de contado, no sería necesario el pago de estas arandelas, luego si es a crédito, estos pagos encarecen el costo financiero de la compra.

El seguro de protección de pagos es uno de los más costosos, pero depende de cada persona, su edad, profesión, riesgos laborales, monto del préstamo, plazos, etcétera. Al solicitar un préstamo bancario se debe investigar sobre los valores del seguro de vida y comparar entre las ofertas existentes en otros bancos.

Generalmente, en cada cuota del préstamo se incluye el pago por el seguro de vida afectando el flujo de caja de la persona. Se debe tener en cuenta este valor en el presupuesto para evitar que al final del mes se presente un descuadre en el flujo de caja, afectando el pago de otras obligaciones o, peor aún, la capacidad de ahorro de la persona.

Si se compra a crédito se debe investigar si se requiere un codeudor

Como se comentó en el libro de *Finanzas ¿un mito?* del mismo autor, el codeudor es otro deudor que, posiblemente, no tiene los mismos beneficios al no disfrutar el producto adquirido ni el dinero desembolsado en el momento del préstamo. Es un garante personal de ese préstamo. A todos nos han pedido que sirvamos de codeudor alguna vez en nuestras vidas y hemos hecho grandes esfuerzos de salir de ese compromiso por considerarlo incómodo, especialmente cuando estamos poco preparados para serlo.

A veces esa situación nos hace perder un amigo o una buena relación con ellos o con nuestros familiares porque todo el mundo se encuentra prevenido de que, si firma un pagaré como codeudor, existe la gran posibilidad de que sea a la final el pagador por algo que no disfrutó. La mejor decisión es evitar ser codeudor o fiador de préstamos bancarios.

Sí un banco para otorgar los préstamos te exige un codeudor, busca otro banco que no lo haga. La dificultad de encontrar a algún familiar o amigo que te sirva como codeudor o a perder una buena amistad o relación familiar, poco justifica acceder a un crédito como tal, a no ser que sea estrictamente necesario. Los bancos entienden esta situación tan incómoda y muchos de ellos han decidido prescindir del fiador o codeudor y más bien optan por respaldar los préstamos en un activo. Cuando se tiene el respaldo, el banco ve esto como un menor riesgo y puede ofrecer menores tasas de interés en los préstamos.

Generalmente, las entidades financieras cuando hacen un préstamo sobre un activo exigen que se haga una reserva de dominio. La reserva de dominio es el nombre que recibe el acuerdo que se establece entre el vendedor y el comprador cuando se realiza un préstamo a plazos para adquirir el bien. En el contrato se establece que la propiedad y el dominio del bien son del vendedor, mientras que el uso y la posesión son del comprador.

Hay que tener en cuenta que es difícil renunciar a ser fiador o codeudor, por cuanto la ley no contempla esa posibilidad. La única manera es conseguir un relevo, lo que es bastante difícil y complicado por las implicaciones que tendría esta figura.

Si la compra se va a realizar con un préstamo que exige codeudor o fiador para un activo improductivo, es decir, que no genere ingresos adicionales como una renta mensual y que sea innecesario ni resuelva un problema, la compra se estima que es poco inteligente. Esta compra afecta al presupuesto mensual y posiblemente sea un producto que con el tiempo la persona tendrá un arrepentimiento de haberlo adquirido.

La compra es inteligente cuando con un préstamo se adquiere un activo que genere una renta mensual que aporte a los flujos de caja de la persona después de pagar el servicio a la deuda.

Se debe verificar que la cuota no afecte el ahorro mensual para nuevas inversiones

Una persona con un alto coeficiente intelectual financiero (IQF) prioriza el ahorro por encima de cualquier otra obligación. Si la persona trabaja diariamente y su único ingreso corresponde al salario que le paga la empresa en donde se encuentra vinculado, lo más sensato sería que se pagara él mismo antes que todo y lo demás para el resto de las obligaciones adquiridas. Si lo hace así, podríamos decir que está evitando trabajar para los demás y sí para él mismo.

La gran mayoría de los empleados espera con ansiedad a fin de mes el pago de su salario para cubrir sus necesidades y pagar las obligaciones propias y las de su familia. ¿Qué le queda? Generalmente nada o queda en saldo en rojo dejando algunas obligaciones para pagarlas posteriormente sin importar las sanciones o sobrecargos que pueda incurrir. Espera que llegue ciertas oportunidades en donde recibe un dinero extra como ocurre con las primas de servicios a mitad y fin de año.

Al solicitar un préstamo debe calcular el valor de las cuotas, las comisiones o arandelas si existen, los seguros de vida y presupuestar el pago mensual de dichas cuotas. El valor del flujo de caja debe ser tal que el préstamo no interfiera con el ahorro mensual.

Lamentablemente, la mayoría de los préstamos bancarios son para el consumo, o para comprar un auto nuevo, para salir a unas lindas vacaciones, para comprar ropa, un móvil nuevo, o para pagar la compra de una casa nueva y tener en donde vivir sin tener que pagar un arriendo. Existe la creencia de que si se hace esto se está ahorrando inteligentemente, y considera que esa es la cuota de su ahorro programático. Grave error el confundir una provisión de un gasto como un ahorro. El ahorro es para invertir no para gastar.

Como lo hemos dicho, para calcular la cuota hacemos el siguiente cálculo: ingresos - ahorros - gastos fijos y variables y lo que quede sería tu capacidad de pago mensual, y teniendo en cuenta las arandelas a que haya lugar: comisiones, seguro de vida, etcétera.

Si carece del dinero suficiente para pagar de contado la compra que se quiere, y cuando el precio es menor al que le cobrarían cuando se usa tarjeta de crédito, se puede solicitar un avance en efectivo de una tarjeta de crédito y cancelar la deuda en el almacén y después vender la cartera a otro banco que ofrezca tasas más reducidas. Esto se hace siempre y cuando se tenga buen historial crediticio. Si se está en mora o tiene algunas moras por pagos, los bancos al constatar el puntaje financiero detectarían anomalías y no comprarían la cartera. En este caso, se debe continuar con los pagos de las cuotas de la tarjeta de crédito y a tiempo para evitar mayores cotos financieros. Esta opción es algo riesgosa por dos motivos: el primero es la dificultad de encontrar una entidad bancaria que esté interesada en la compra de esa cartera, y se pague una tasa de interés elevada. El segundo, que, por desorden, la persona se gaste el dinero que tenía asignado al pago de las cuotas del banco. Es importante anotar que se está asumiendo que la compra del artículo es para atender una necesidad, que, si no fuese así, la compra sería poco inteligente.

Al inicio de la compra, es recomendable negociar el transporte e instalación del equipo. La gran mayoría de los almacenes de equipos electrodomésticos o grandes superficies ofrecen el transporte y la instalación del nuevo artículo, sin costo alguno. Se debe acordar con estos almacenes que la responsabilidad de que estos equipos lleguen bien a la casa sea de ellos sin importar quienes sean los contratistas encargados del transporte.

Igualmente, cuando compra un auto nuevo, repetimos la última recomendación, y es el de elaborar un presupuesto e incluir el pago de las cuotas para verificar la capacidad de pago. Si los flujos de caja calculados y en la forma explicada en este documento presentan un flujo insuficiente para pagar las cuotas del nuevo préstamo, optar por la alternativa de prescindir de cualquier tipo de préstamo, ya que se estaría en condiciones difíciles y que posteriormente sea una cartera morosa.

Utilizan los préstamos para vacaciones

Salir de vacaciones es fundamental para darle un descanso al cuerpo y procurarle un bienestar al espíritu. Toda persona tiene derecho a disfrutar unas merecidas vacaciones, pues para eso se trabajó duro todo un año. La cuestión es cómo se van a financiar esas merecidas vacaciones: si es con recursos propios o con préstamos.

Si es con recursos propios es porque se tiene un orden financiero y el presupuesto le indica que sí lo puede hacer. Si es a través de un préstamo ante una entidad bancaria, debe verificar si el presupuesto le presenta la posibilidad de atender el servicio de esa deuda sin contratiempos.

Si una persona hace un préstamo para salir de vacaciones y se gasta un poco más de un salario completo, decimos que aproximadamente está trabajando varios días de cada mes para el banco y no para él. Los bancos felices y tratarán por todos los medios que sigas haciendo los préstamos necesarios para salir de nuevo a vacaciones.

¿Cuál sería la forma más inteligente, entonces, para salir a disfrutar unas merecidas vacaciones? Elaborar un presupuesto, pagarse primero con el mínimo de un 10 % de los ingresos e invertir estos ahorros en activos productivos que le generen una renta mensual en forma permanente. Con esa renta mensual darse gusto con unas lindas y merecidas vacaciones. Que el dinero trabaje para la persona y evitar que trabaje para los bancos.

Cuarta parte
Cómo realizar las compras de manera consciente

El lector podrá ver en este libro que comprar inteligentemente corresponde o equivale a realizar compras de una manera consciente. Todas las personas de una u otra manera han realizado compras de una forma poco conscientes, unas veces llevados por el impulso, otras por el antojo o simplemente por tener ese algo. En este capítulo se dan pautas para evitar caer en ese campo oculto de la inconsciencia y evitar realizar compras poco inteligentes.

Planifica tu compra

Las compras inteligentes son aquellas en las que estás preparado ante acontecimientos inesperados o en situaciones normales de la vida. Si lo que necesitas es producto de emergencias o imprevistos y tienes un fondo dedicado especialmente para ese fin, el proceso de compra no generará estrés y podrá llevarse a cabo sin mayores contratiempos siempre y cuando procedas a realizarla inteligentemente.

Si las compras no son debidas a situaciones imprevistas, se debe asegurar planificarlas como es debido. Muchos almacenes disponen de ciertas fechas en el año, como por ejemplo aniversarios, en que ofrecen grandes promociones, así que se puede estar atento a esas fechas.

Es usual encontrar personas en las grandes superficies que ven productos que llaman su atención, y sin vacilar ni calcular los flujos de caja disponibles, proceden a comprarlos y, peor aún, usando tarjetas de crédito a grandes plazos. Posteriormente, viene el arrepentimiento cuando se dan cuenta de que la capacidad de pago de las tarjetas de crédito ha rebosado su límite. Como ya no se puede devolver el producto, proceden a realizar préstamos adicionales para cubrir esos pagos. En este caso la capacidad de compra prácticamente se redujo a cero.

Si la persona planifica las compras teniendo en cuenta las fechas en donde aparecen las promociones, presupuesta ese gasto y verifica su capacidad de pago sin interferir con la capacidad de ahorro, se puede decir que es una compra inteligente.

Fijarse en los precios

Por lo general las personas siempre acuden a los mismos almacenes para realizar las compras en cualquier época del año. Unas personas lo hacen por sentimientos o apreciaciones que las redes sociales difunden sin ningún sustento. Por ejemplo, algunos dicen que ciertos almacenes se aprovechan de sus proveedores para lograr mayores utilidades y por esta razón realizan las compras en otras tiendas, a pesar de que ofrecen grandes descuentos en ciertas épocas del año.

También se encuentran otro grupo de personas que compran en ciertos almacenes por las apariencias, porque estiman que es un lugar bonito, con facilidades de parquear el auto, que son sitios cubiertos de sol y del agua, pocas filas o son pequeñas para pagar en las cajas o porque los propietarios son de determinada región. Las compras las hacen sin importar los precios. Si el flujo de caja disponible es suficiente para hacer las compras en este sitio, el comprador se puede dar el lujo de seleccionar el sitio que considere más apropiado para sus gustos. Pero en cambio, si el flujo de caja que presenta un presupuesto ordenado y claro le da señales de que las compras deben realizarse en forma inteligente, lo más recomendable es comparar los precios que ofrecen los diferentes almacenes en la ciudad. Usualmente, existe una gran diferencia de precios y fijarse en los precios con la información que brindan las páginas web de cada almacén puede ser suficiente para seleccionar los sitios que ofrecen mejores precios.

A veces se pueden ver productos con precios bajos y se procede a comprarlos sin recurrir a la comparación de precios en otras tiendas y descartamos la posibilidad de verificar si es la mejor opción. Comparar precios permite determinar si la oferta es la más adecuada o si, por el contrario, otras tiendas ofrecen mejores promociones con el mejor precio en el mercado.

El comparar precios te permitirá comprar inteligentemente un producto, y también le ahorrará tiempo sin necesidad de ir directamente a las tiendas. A veces el mismo producto lo ofrecen otras tiendas y a diferentes precios. Las actuales tecnologías dan una gran ayuda para encontrar los mejores precios y ahorrar tiempo. En la web existen varias opciones de compradores de precios en cualquier lugar. Algunas aplicaciones se instalan en los equipos móviles, que, con ciertos algoritmos, permiten memorizar los productos que más compra el usuario y así la búsqueda es más ágil. Algunas aplicaciones son: EncuentraPrecios, Amazon, Ebay, Asos, Zalando y Nike Store. El mercado no es uniforme y ofrece muchas alternativas conservando la misma calidad del producto. Comparar precios implica ahorrar dinero y tiempo.

No importa si se va a comprar algo sencillo como un artículo de aseo que un vehículo o una casa. Lo importante es considerar las diferentes opciones que el mercado presenta. Cada vez que se consulte con una tienda o una marca es conveniente anotar los datos en la lista que se tenga para tomar la decisión más apropiada: precio, lugar, características, calidad y durabilidad.

Establecer prioridades

Es usual que cuando se visita un centro comercial, sin planeación alguna, se realice una compra de algo que no estaba previsto, pero por su apariencia, o por la publicidad de una vitrina bien presentada simplemente se compra. Algunos, no logran controlar esos impulsos por comprar y piensan que les puede ser de mucha utilidad un poco más adelante.

La gran mayoría de aplicaciones gratuitas en los equipos móviles incorporan publicidad en donde se presentan muchas bondades y beneficios para la persona para que adquiera esos productos. Le crean nuevas necesidades a pesar de que esos productos poco le resolverán, por lo general, algún problema. Al igual que el producto que se compró en un centro comercial sin establecer prioridad alguna, al poco tiempo es probable que se arrepienta de esa compra y, generalmente, promete que nunca volverá a pasar. Lamentablemente, es una promesa que vuelve a fallar.

Para evitar hacer compras inesperadas es recomendable, si se visita un centro comercial, ir directamente al lugar que se planea ir sin detenerse en otras tiendas. Si se utiliza una aplicación en el equipo móvil, lo mejor es saltarse esa publicidad y evitar verla hasta el final. Si lo hace, es posible que la fuerza de la publicidad lo anime a hacer la compra. Luego, vendrá el arrepentimiento.

Si, por el contrario, el producto está ya contemplado en las prioridades porque realmente sí soluciona un problema, aproveche las ofertas que a menudo ofrecen los almacenes.

Para establecer las prioridades se debe tener en cuenta lo siguiente:

- Que se tenga un presupuesto para esa compra. Si carece de él, seguramente, no le resolverá ningún problema o no atenderá a una necesidad.
- Establecer una jerarquía a los artículos que se planea adquirir. Esto evitará comprar otros artículos innecesarios y comprometer la prioridad de los otros productos.
- Establecer si el producto es básico y diferenciar entre los deseos y las necesidades.
- Características del producto en cuanto a marca, proveedor, reputación del producto, durabilidad y utilización. Si es para conservarlo guardado, es mejor eludir esa compra. Guardar artículos es bastante costoso por el espacio que ocupan, y por los gastos que involucra la utilización de un espacio, su mantenimiento y conservación.
- Definir claramente los servicios que el artículo le va a prestar. Pagar por servicios adicionales que poco se utilizarán es un desperdicio de dinero. Por ejemplo, comprar un reloj de pulso que aguante una profundidad de 50 metros bajo el agua si nunca va a practicar buceo es pagar por un servicio inútil.
- Si el artículo requiere posteriormente servicio de mantenimiento o posible reparación, definir si el proveedor garantiza que sí se puede obtener ese servicio. En el comercio abundan productos desechables que son difíciles de reparar y obligan al cliente a comprarlo de nuevo si quiere conservarlo.
- Si el costo del artículo está por encima de las posibilidades y es imperativo adquirirlo, hacer provisiones con varios meses de anticipación hasta lograr reunir el dinero suficiente para proceder a la compra. Para definir este aspecto debe tener actualizado el presupuesto personal.
- Si se procede a comprar utilizando las tarjetas de crédito. Hacerlo si se está seguro de pagarla y a una sola cuota para evitar los intereses que encarecen la compra.
- Si va a comprar *online* es importante mirar los atributos de seguridad para generar confianza y proceder a la compra. La página debe mostrar la opción de establecer comunicación con un contacto, y antes de proceder a la compra, establezca una comunicación con esa empresa y verifique que no sea un fraude.

Evitar compras para guardar

Todas las personas en algún momento de su vida han comprado artículos para guardar y que nunca se utilizaron. En su momento, esos artículos parecían bastante útiles, lindos o especiales que hacían que las personas se sintieran diferentes a los demás. Estos artículos van desde el vestuario, la alimentación, tecnología, accesorios para vehículos, ornamentos para la casa, equipos y accesorios de fotografía, libros, juguetes, colecciones, música, videos, joyería, arte, electrodomésticos y utensilios de cocina entre otros.

En la actualidad los apartamentos o las casas se construyen en los parqueaderos, cuartos útiles para depositar artículos que en algún momento se utilizarán. Al hacer un inventario de todo lo que allí se deposita por años, seguramente, resultarán muchos artículos que están allí desde nuevos sin darle un primer uso. Estos elementos están ocupando un espacio costoso, y son de difícil venta; aunque sean venta de garaje.

Antes de comprar un producto, se debe pensar un poco más y plantearse si tiene un uso productivo en algún momento que justifique su compra. A veces un solo uso no amerita la compra. También pensar si algún otro artículo existente en ese famoso cuarto útil puede cumplir la misma función.

Hay infinidades de ocasiones en que una persona que compra cosas para guardar se olvida lo que compró tiempo atrás y cuando le vuelven a mostrar un producto similar, lo vuelve a comprar para guardar. Se acumulan y se acumulan ocupando espacio, gastando fortunas que podrían utilizarse con más inteligencia en inversiones que generen entradas de dinero y no salidas.

Un comprador inteligente antes de pensar en comprar artículos que le llaman la atención, elabora un presupuesto. Si este presupuesto le presenta flujos de caja positivos, razona si le soluciona un problema o le atiende una necesidad, o si lo que ya posee le puede prestar el mismo servicio.

Por ejemplo, una persona compró un vehículo último modelo que reúne todas las condiciones para sentirse feliz. Este vehículo usa llantas *run flat* que son las que tienen un refuerzo lateral para que, en caso de pinchadas, pueda llegar a un centro de atención para la reparación de la llanta. Ve en un almacén especializado de accesorios de vehículos que está en venta un gato eléctrico de buena capacidad, y lo compra pensando que le puede ser útil para el caso de una pinchada para levantar la llanta, y retirarla para su parcheo. Como el vehículo nuevo tiene un espacio insuficiente para guardar implementos que no se requieran en la operación normal de un vehículo, decide guardarlo en el cuarto útil (bodega) que es contiguo a su parqueadero. Pasan varios años y en ese tiempo solo una vez pinchó llanta, pero por las características de la llanta, siguió rodando el vehículo hasta llegar a un centro de servicios en donde le repararon la llanta que quedó en condiciones perfectas de rodamiento. El gato eléctrico seguía guardado en el cuarto útil todavía sin estrenar. ¿Esta persona obró inteligentemente? Por supuesto que no.

Si el lector hace un inventario de los utensilios de cocina que tiene guardados en la despensa, seguramente, el 25 % de las cosas las puede vender o regalar porque poco las necesita o porque nunca las ha utilizado y no piensa hacerlo en el futuro. Comprar para guardar no es una compra inteligente. Lo mismo puede hacer con el ropero, biblioteca, estudio, etc.

Comprar artículos de colecciones anteriores

Muchas empresas, especialmente las relacionadas con el vestuario, después de cierto número de días ofrecen promociones para vender el resto que sobró en la temporada respectiva. Lo que es tendencia en una temporada a la siguiente ya tiene poca demanda y las principales tiendas para darle salida, ya que la moda es perecedera, ofrecen grandes liquidaciones y a precios bajos. Estas promociones también se encuentran *online*.

A las personas les interesa adquirir productos de calidad a buen precio en tiendas, y también *online*. Comprar productos no perecederos como vestuario, aseo, limpieza es una manera de ahorrar y salirle adelante el aumento de precios. La idea es evitar comprar todo aquello que se presente, en su lugar, hacer un uso apropiado de las promociones. Se debe mirar bien lo que se va a comprar y elegir artículos de más calidad siempre y cuando se tenga presupuestada esa compra. Por ejemplo, los útiles escolares a fin de año suelen ser mucho más baratos dado que nadie los está buscando, o un aire acondicionado en invierno, o tiquetes de avión antes de la temporada de vacaciones que suelen ser baratos, quizás con ahorros mayores a un 20 %.

Los alimentos son quizás de los gastos más grandes en un hogar. Los especialistas dicen que comprar productos de temporada repercute en el sabor al ser más frescos y saludables, y también en el ahorro, ya que el mercado ofrece una gran cantidad con costos de producción más bajos y, por consiguiente, precios menores y bajos.

Los regalos correspondientes a fechas especiales o de temporada como es la Navidad, día de la madre o del padre, si se adquieren fuera de esas fechas también logran un ahorro apreciable. Los regalos se encarecen cuando llegan las fechas especiales que a veces superan el 30 %. Los compradores inteligentes se anticipan a esas fechas y logran mejores precios.

Si a última hora se va de compras es importante llevar una lista con las ideas que tienes y así te aseguras a dónde ir y en dónde comprar. Si el artículo es algo especializado costoso, es conveniente llamar antes para verificar si está disponible antes de ir al sitio. A última hora de lo que menos se dispone es de tiempo. Todo lo que queda faltando por hacer se debe proceder con mucha prisa para cumplir con los compromisos. Igualmente, es importante verificar si se compra *online* porque en ciertas épocas abundan estafas por la gran cantidad de transacciones bancarias que se realizan. Si la compra es *online*, como se dijo antes, es necesario verificar que la página sea segura, que ofrece la posibilidad de hacer contactos y que tiene una dirección y número telefónico.

En el mercado hay tiendas que, especialmente en las épocas de fin de año, ofrecen promociones de algunos artículos para aquellos que dejaron las compras para última hora. Algunas ofrecen pagos diferidos sin tasas de interés a través de tarjetas de crédito. En este caso, es importante verificar si las cuotas mensuales acordadas afectan el presupuesto y la capacidad de ahorro mensual para buscar la libertad financiera a largo plazo.

Verificar precios antes y durante las promociones

Los artículos que son promocionados con grandes descuentos pocas veces son los más baratos. No existe una tienda que ofrezca los precios más bajos en todos sus artículos. Es posible que en unos sí lo sean, pero no en todos. Algunas tiendas por su gran volumen a veces ofrecen mejores precios que las pequeñas tiendas en ciertos artículos.

Infortunadamente en el mercado existen tiendas inescrupulosas que antes de una promoción aumentan los precios para luego ofrecer descuentos atractivos y así obtener jugosas ganancias. Otros pocos, también informan que el valor comercial antes de la promoción es uno al cual le aumentaron de valor para que con la promoción se vea que es mucho menor. Un aumento de un 20 % en el precio de un artículo que vale $100, el precio que presentan en la ficha promocional será $120. Si el descuento es el 25 % el valor promocional sería, entonces, $90. Realmente, el descuento es el 10 %, y contrario al 25 % como lo muestra la ficha.

Las empresas comerciales, por lo general, presentan márgenes operativas mayores al 10 % de tal forma que un descuento real de 10 % es poco apreciable, sobre todo si se tiene en cuenta que las ventas normales han cubierto los costos fijos de esas empresas. Este ejemplo está claramente expuesto en el libro *La meta* del autor Eliyahu Goldratt.

Algunas personas consideran que hacer promociones va en contra de las utilidades de la empresa. En el siguiente ejemplo se verá que las promociones bien llevadas a cabo son una fuente de ingresos importante para las empresas en ciertas ocasiones.

La fábrica de camisas *Nubelarga* para la temporada de verano las ofrece a un precio de $1000 y los costos de producción (materiales, mano de obra) son $700 por unidad. Los costos indirectos son que corresponden a los servicios públicos, los implementos de aseo, la cafetería del área de producción, el canon de arrendamiento de la planta o de la maquinaria usada en producción, mano de obra indirecta, son iguales a $50 000. Los gastos administrativos son $30 000 y los gastos de venta $5000. La orden de producción es de 2000 camisas viendo que la época de fin de año se acerca.

Los equipos de la empresa se deprecian por el método de la línea recta y un valor mensual de $10 000. Los propietarios tienen una deuda en el banco y pagan por concepto de intereses $4000 mensuales.

En el mes de octubre faltando una semana para terminar ese mes, con las ventas hasta ese momento y lo que se prevé para el resto del mes, se estima una venta total de 1000 unidades. Luego el estado de resultados del mes de octubre sería el siguiente:

Camisas Nubelarga
Estado de resultados mes octubre
Ingresos por ventas = 1 500 000
- Materia prima y MOD - 1 400 000
- Costos indirectos - 50 000
- Gastos administrativos - 30 000
- Gastos de ventas - 5 000
= EBITDA 15 000
- Depreciaciones - 10 000
= EBIT 5000
- Intereses financieros - 4000
= Utilidad antes de impuestos **1000**
- Impuestos (35 %) - 350
= Utilidad neta 6.50

Este estado de resultados presenta una rentabilidad neta (utilidad neta/ventas) = 0.04 %

El gerente, considerando que la rentabilidad es baja y además sabiendo que la época de Navidad y fin de año está próxima, y que muchas personas organizadas financieramente compran camisas para su uso o para regalos a sus familiares y amigos, y que buscan promociones para lograr un ahorro en las compras anticipadas de aquellas que tienen programadas, discute con el jefe de mercadeo de la empresa un valor de descuento para la promoción de la última semana de este mes. El gerente propone un descuento del 40 %

El jefe de mercadeo, observando el estado de resultados, hace cálculos y propone que el descuento sea máximo el 20 % porque, si es mayor, incurrirá en pérdidas la empresa. Los cálculos los hace teniendo en cuenta la materia prima, la mano de obra, y los gastos de venta que aumentarían considerablemente y propone el siguiente estado de resultados con ese descuento, considerando que la materia prima y la mano de obra son componentes costosos de la empresa, que los costos indirectos aumentarían un 25 % y que los gastos de ventas, debido a que el personal tiene que dedicar más tiempo en vender más, se aumentan en $20.00:

	Descuento =	**20 %**	
	Ventas normales	**Oferta Última semana**	**Total mes**
Ingresos por ventas de 1000 camisas =	1 500 000	400 000	1 900 000
- Materia prima y MOD	-1 400 000	-350 000	-1 750 000
- Costos indirectos	-50 000	-25 000	-75 000
- Gastos administrativos	-30 000	-20 000	-50 000
- Gastos de ventas	-5000	-20 000	-25 000
= EBITDA	15 000	-15 000	0
- Depreciaciones			-10 000
= EBIT			**-10 000**
- Intereses financieros			-4000
= Utilidad antes de impuestos			**-14 000**
- Impuestos (35 %)			-
= Utilidad neta			**-14 000**

	Descuento = 20%		Total mes
	Ventas normales	Oferta Última semana	
Ingresos por ventas de 1000 camisas =	1 500 000	400 000	1 900 000
- Materia prima y MOD	-1 400 000	-350 000	-1 750 000
- Costos indirectos	-50 000	-25 000	-75 000
- Gastos administrativos	-30 000	-20 000	-50 000
- Gastos de ventas	-5000	-20 000	-25 000
= EBITDA	15 000	-15 000	0
- Depreciaciones			-10 000
= EBIT			-10 000
- Intereses financieros			-4000
= Utilidad antes de impuestos			-14 000
- Impuestos (35 %)			-
= Utilidad neta			-14 000

El gerente observa este estado de resultados y le dice al jefe de mercadeo que está en desacuerdo y le corrige unos valores, y presenta el estado de resultados que él cree es el correcto. El gerente le explica al jefe de mercadeo que el costo de la materia prima y la mano de obra se cobró en la venta de las 1500 primeras camisas y que es un error contabilizarlas de nuevo. 2000 camisas con un costo de materia prima y mano de obra directa (MOD) = 2000 × 350 = 700 000.

	3 primeras semanas	Última semana	Total mes
Ingresos, ventas de 1000 camisas =	1 500 000	300 000	1 800 000
- Materia prima y MOD	-700 000	-	-1 400 000
- Costos indirectos	-100 000	-25 000	-75 000
- Gastos administrativos	-80 000	-20 000	-50 000
- Gastos de ventas	-50 000	-20 000	-25 000
= EBITDA	70 000		250 000
- Depreciaciones			-10 000

= EBIT			240 000
- Intereses financieros			-4000
= Utilidad antes de impuestos			**236 000**
- Impuestos (35 %)			-82 600
= **Utilidad neta**			153 400

La rentabilidad neta (UN/ventas) sube al 9 %. El jefe de mercadeo se queda asombrado y queda impresionado que una promoción de un 40 % por unidad y, en una semana, logre grandes utilidades con un margen neto tan alto.

Evitar hacer compras solo por ser baratas

La gran mayoría de las personas se animan a comprar cuando las tiendas anuncian grandes ofertas. Estas compras, por lo general, son poco planificadas y siempre desajustan el presupuesto. Cuando las personas deciden comprar barato sin considerar si es un artículo necesario, creen que están haciendo un ahorro grande de dinero. Es usual ver en las alacenas o en los cuartos útiles grandes cantidades de artículos comprados en las promociones: aceites, productos de aseo, servilletas, papel higiénico, papel de cocina, esponjillas para lavar, cremas de dientes, enlatados, salsas, en fin, un sinnúmero de productos que comprenden un mercado hogareño. Estos productos, por lo general, serían suficientes para consumirlos entre dos y tres años sin necesidad de nuevos abastecimientos. Estas personas que normalmente tienen presupuestos ajustados, piensan en que si compran bastante porque está barato, hacen un gran negocio y calculan lo que están ahorrando como una utilidad. El resultado es un gran déficit en el presupuesto del mes y en muchas ocasiones recurren a préstamos costosos para cubrir las cuentas pendientes por pagar. El ahorro que lograron en comprar barato se va en el pago de intereses por las nuevas deudas adquiridas.

Comprar bastantes productos perecederos implica un riesgo de perderlos que, si se dejan para consumir un tiempo, se estropean. Además, controlar el depósito de ellos quita tiempo y espacio que son necesarios para otras cosas que sí lo requieren.

Las promociones se dan varias veces en el año. Comprar solo lo que se requiere mientras lleguen las siguientes ofertas en la mayoría de las tiendas sería una compra más inteligente.

Otro aspecto que es importante tener en cuenta es el de verificar la calidad de los productos que están en oferta. Comprar barato sin importar la calidad del producto puede, en muchas ocasiones, resultar más costoso que los que si presentan buena calidad. Antes de decidir por la compra de un artículo, es conveniente analizar la relación precio-calidad ofrecida para evitar los futuros arrepentimientos. Un producto que tenga la fecha de caducidad próxima a vencerse y se consume posterior a esa fecha, se estropeará y, quizás, haga lo mismo con otros productos que tenga en casa.

Existen en muchas ofertas las condiciones de que no se puede reembolsar el dinero si se regresa el producto a la tienda. Si eso le pasa a alguien, con seguridad perderá una buena cantidad de dinero y, si no aprende de eso, volverá a realizar compras solo porque son baratas. Estas escenas con plena seguridad se repetirán de nuevo.

La decisión más sabia es comprar inteligentemente, con calma, con lista en mano, disfrutando la compra y haciendo un balance de los pros y los contras antes de tomar una decisión y que dichas compras estén debidamente presupuestadas sin que afecten la capacidad de ahorro. Si se logra realizar compras inteligentes, se tendrán finanzas más sanas y podrás tener oportunidades de afrontar proyectos y, a largo plazo, se podrán realizar inversiones que generen ingresos para brindar una mejor calidad de vida.

Evite que las emociones afecten los gastos

En algún momento de la vida, todas las personas han realizado gastos emocionales que se realizan para mejorar quizás algún sentimiento negativo para tratar de sentirse un poco mejor o llenar un vacío. Un rompimiento de una relación amorosa, la pérdida de un ser querido, el despido de un trabajo, la aparición de una enfermedad, el resultado deportivo del equipo del alma, una discusión con su pareja o un familiar o el aburrimiento son sentimientos que a algunos los conduce a tomar malas decisiones en las compras. Al pasar el tiempo cuando se tiene conciencia de la compra realizada, viene un sentimiento de culpa y arrepentimiento.

Lo más aconsejable cuando estos sentimientos se producen es esperar un tiempo para decidirse a hacer una compra. Con plena seguridad, esa compra se realizará más inteligentemente. Es importante identificar cuáles son las emociones que inducen a gastar. Puede ser el simple cansancio, estrés, felicidad o tristeza.

También puede ser la adición a la adrenalina por vivir situaciones exageradas en las que el cuerpo segrega dicha hormona. Es una sensación interna profunda en la que algunas personas disfrutan los deportes extremos con una sensación de control. El **placer del riesgo y** la sensación de las **hazañas** no son para todos. Algunos buscan esas emociones practicando algunos **deportes extremos como:** paracaidismo, surf, alpinismo, *motocross*, parapente, automovilismo, rapel, *bungee jumping* y *wingsuit*. Cada uno de estos deportes extremos exige equipos costosos y, si carece de planeación y presupuesto, estas emociones afectarán al bolsillo de quienes lo practican.

La ruptura amorosa implica un proceso de duelo que puede conducir a realizar compras que se querían hacer cuando la relación estaba en buen camino, pero que no se dieron porque había un acuerdo mutuo de no llevarlas a cabo por no ser necesarias, ni presupuesto suficiente o porque existían otras prioridades. La recuperación de una ruptura de pareja implica tiempo que a veces puede durar varios años. El comprador inteligente da espera a que este tiempo pase y así controlar el impulso de hacer dichas compras. Sea el siguiente caso de una pareja que siempre postergaron la compra de un vehículo nuevo tipo SUV (*Sports Utility Vehicle*), ya que carecían de los recursos suficientes y tenían otras prioridades. Se da la ruptura de esta elación y el esposo decide comprar ese auto nuevo y toma un préstamo bancario a una tasa de interés, ignorando si tenía la suficiente capacidad de realizar la compra. Al cabo de pocos días, el exesposo con los pocos recursos que le dieron en la separación de bienes ve una gran dificultad en cubrir las obligaciones que le correspondía atender. La compra de ese auto nuevo fue lo menos inteligente que hizo con la ruptura amorosa. Se debe tener en cuenta que en las rupturas amorosas son los hombres los que más se demoran en superarlo y son las mujeres las que más sufren.[8]

Siempre revisar las facturas de las compras realizadas

Las facturas de las compras realizadas son la constancia que sirve de base para registrar las operaciones comerciales como soportes contables, y es por eso por lo que se debe tener especial cuidado en el momento de elaborarlos o recibirlos y verificar que si están de acuerdo con la transacción comercial efectuada.

Todas las personas en algún momento de sus vidas han detectado errores en las facturas que, por lo general, son debidos a fallas humanas no

---

8 https://www.elmundo.es/yodona/parejas

malintencionadas. En esos casos es recomendable verificar el valor de la compra realizada para luego registrar en el presupuesto, y así se evitará un error al no corregir el valor real.

Son pocas las personas que cuando reciben las facturas de los pagos realizados las revisan y confrontan que sí corresponde con la compra efectuada. Esto es debido a la confianza que se tiene con el vendedor, por lo general, son facturas hechas por computador y no a mano como se hacía en otras épocas. Como dice el dicho, *seguridad mató a confianza.*

En ciertas ocasiones las facturas generadas incluyen compras de artículos no adquiridos y, si se revisan detenidamente, es probable que se evite pagar un mayor valor. Las facturas con este tipo de error son usuales en restaurantes, bares y discotecas cuando se ordenan varios servicios contra la única cuenta. La mayoría de las veces cuando se presenta este error no son malintencionados, pero otras veces sí lo es. Para protegerse de errores, sean malintencionados o no, lo más conveniente es siempre revisar las facturas de las compras realizadas antes de proceder a pagarlas, porque después es bastante difícil que las reclamaciones sean efectivas.

Cuando se utilizan las tarjetas de crédito para pagar una factura, igualmente es recomendable siempre revisar la copia de Redeban que el vendedor expide para su contabilidad y control. Es posible que la factura esté bien elaborada, pero es bueno verificar si el pago lo es. A veces el error es por digitación del valor en el datafono y pocas veces por actos malintencionados porque, en caso de presentarse este evento, la reclamación presentando la factura y la copia de Redeban, normalmente, se atiende favorablemente. Si se revisa antes de pagar se ahorrará dinero y tiempo, ya que no sería necesario regresar al sitio donde compró el artículo.

En las compras *online* sí que es más importante hacer la revisión de las facturas de las compras realizadas, porque cualquier reclamo posterior requiere de mayores trámites y tiempo, y con absoluta certeza, el banco no solucionará estos pagos errados. El banco se ocupa de fraudes, pero no de las compras de sus clientes. Lo mismo sucede cuando por error se digita mal una cuenta corriente o de ahorros de destino, es el cliente quien debería hablar con el propietario de dicha cuenta para solicitar el retorno del pago equivocado realizado. El banco está exonerado en la obligación de comunicarse con el destinatario porque no es su función y tampoco suministra información acerca de los datos de la cuenta de destino, por protección de datos.

Devolver las compras que poco llenan las expectativas

El derecho de retracto se estipula en la ley 1480 de 2011, estatuto del Consumidor en Colombia, como una potestad unilateral del consumidor de terminar un contrato de compraventa a su arbitrio, así el proveedor esté en desacuerdo dándole la facultad al consumidor para que se arrepienta de la compra. Los gastos originados por una devolución son a cargo del vendedor.

Algunos compradores tienen la costumbre de realizar compras de algo imprevisto y menos presupuestado. Pero, al ir a un centro comercial, vieron algo que les pareció interesante y bonito y procedieron a comprarlo. Cuando llegan a casa, lo miran detenidamente, verifican que carecen del dinero suficiente, o su pareja le llaman la atención diciendo que hay poco dinero para pagar ese antojo, y que lo mejor es regresarlo a la tienda. Deciden regresarlo y solicitar el reembolso del dinero. Es doble tiempo perdido, el de la compra y el tener que regresar a la tienda para solicitar el reembolso respectivo.

Si la compra no llena las expectativas, lo mejor es regresarlo lo más pronto posible y recuperar el dinero gastado. ¿Se arrepintió de la compra y no sabe qué hacer? La explicación es la siguiente:

Cuando la compra se hace por internet, se tiene derecho al retracto en una compra fallida. Los consumidores *online* tienen derecho a devolver el artículo adquirido en caso de que este no haya llenado completamente sus expectativas respecto a lo presentado en la página en que se hizo la compra. Es decir, aplica en compras a distancia (correo, teléfono, catálogo o comercio electrónico) cuando no se tuvo contacto directo con el producto antes de adquirirlo. El consumidor debe informar al vendedor la devolución del dinero y el costo de transporte y correspondencia debe ser asumido por este vendedor.

Es importante revisar las políticas de cambio y devoluciones del portal en que se hizo el pedido para tener claro cuál es el plazo para hacer este proceso y sus condiciones (Periódico Portafolio).

El consumidor deberá devolver al artículo al vendedor por los mismos medios y en las mismas condiciones en que lo recibió. El término máximo para ejercer el derecho de retracto es de cinco (5) días hábiles contados a partir de la entrega, y el vendedor tendrá un tiempo de hasta treinta (30) días calendario para hacer la devolución total del dinero sin que pueda hacer descuentos o retenciones de ningún tipo (sic.gov.co).

Las excepciones del derecho de retracto son: cuando el precio del producto está sujeto a fluctuaciones del mercado que es difícil de controlar; confecciones hechas de acuerdo con medidas indicadas por el consumidor, contratos de apuestas y loterías, compras de bienes perecederos o implementos de uso personal.

Cómo usar las tarjetas de crédito

Si la persona recurre a un préstamo para cubrir sus gastos, con absoluta certeza, la persona va hacia condiciones cada vez más críticas y estará siempre trabajando para otros, pues el dinero que destine a pagar los servicios a la deuda será cada vez mayor.

Si la persona recurre a las tarjetas de crédito, debe tener en cuenta que las tasas de interés que cobran las entidades bancarias son las más altas en el mercado. Es usual encontrar que las personas cuando ven ofertas en alguna tienda o en Internet lo ven como una gran oportunidad o una ganga, y se originará un problema que a mediano plazo presentará saldo en rojo si gasta más de lo que gana.

Las tarjetas de crédito ofrecen ciertas ventajas a la hora de hacer los pagos, cubrir una necesidad o simplemente cuando se desea dar un gustico. La frontera entre utilizar una tarjeta de crédito inteligentemente y cometer errores es delgada y fácil de traspasar.

El error más común del uso de las tarjetas de crédito es financiar los gastos. Es un uso poco inteligente usarlas en gastos como en restaurantes, cines, bares o discotecas, mercado, etcétera, cuando se decide pagar en varias cuotas. El segundo error más común es el de llenarse de tarjetas. Lo mejor es tener solo dos para que en caso de falla de una la otra sirva de respaldo ante una compra. Nunca para usarlas las dos al tope. La compra sin ninguna planeación es un enemigo grande para endeudarse. Algunas personas poseen tres, cuatro o más tarjetas de crédito y se sienten felices y poderosos por la capacidad de compra sin saber que eso es un autoengaño. A veces llenan los cupos de las cuatro tarjetas y se ven en apuros para reunir el dinero y pagar a tiempo. Otras veces tienen que hacer préstamos por otros lados para reunir el dinero y pagar las cuotas de las tarjetas. Cuando esto ocurre, la persona tiene un nivel de endeudamiento voraz, y el estrés es tan enorme que, probablemente, afectará su salud. Prestar dinero para pagar tarjetas de crédito es una avalancha que se viene encima de la persona. Esa avalancha, como todas, crece cada día más y cuando le llega a la persona simplemente lo aplastará.

Otro error común es el hacer avances en efectivo para cubrir obligaciones y para un imprevisto o una emergencia. El interés es elevado y, por lo general, se difiere a un plazo de un año o mayor. Un tarjetahabiente que se demore en pagar las cuotas, el banco procederá con cobros prejurídicos, pero antes le embargará las cuentas de ahorro o corriente que tenga. Olvidar este tipo de cosas puede ocasionar graves problemas financieros. Un cobro prejurídico son todas las acciones de cobro que inicia el acreedor personalmente o por intermedio de otra persona como una oficina de cobro o un abogado, para recuperar la cartera antes de presentar una demanda judicial ante el respectivo juez de la república, cuando el deudor se encuentra en mora o con los plazos de pago vencidos[9]. El recargo por este tipo de cobro lo definen cada una de las entidades de cobro y es por lo general un 25 % del valor adeudado.

Las compras inteligentes las reflejan en forma precisa el estado de tus tarjetas de crédito. Si una persona permanentemente las tiene copadas, las finanzas son poco saludables y debe hacer un alto, mirar qué debe y tiene que hacer, y tomar las decisiones para corregir esa situación. Lo ideal es tratar de no sobrepasar más del 30 % de la línea de crédito de la tarjeta, porque el saldo también va al reporte de riesgo crediticio. Entre más riesgo percibe el banco, mayores son las tasas de interés.

Es usual encontrar personas que tienen hasta cinco (5) tarjetas de crédito y todas copadas ya sin capacidad de compra y, generalmente, recurren a préstamos o avances para cubrir el pago de la cuota mensual en forma oportuna de ellas. Esta es una de las señales más notorias de una condición poco saludable en las compras realizadas.

Hay que tener en cuenta que todas las entidades financieras tienen acceso a la información de los clientes, y cuando ven a alguien con cupos casi llenos, no se atreven a ofrecerle o aceptarle compra de cartera por temor a que se convierta en cartera morosa.

Una tarjeta de crédito es un medio de pago que permite hacer compras y cancelar el valor posteriormente. Se dice que es de crédito porque la suma de dinero que se usa cuando se hace una compra corresponde a un préstamo que otorga la entidad financiera.

La tarjeta de crédito es una tarjeta de material plástico emitido por un banco o institución financiera o comercial a nombre de una persona, la cual

---

9   https://www.google.com/search?q=cobros+prejur%C3%ADdico&sxsrf=AOaemvKGjwDRPMzocwoAptGS62_W0Yykyg%3A16

podrá utilizarla para realizar compras sin tener que pagar en efectivo y realizar el pago de los productos adquiridos en una fecha posterior. Usualmente, son tarjetas que son clásicas, de oro, platino, negras, entre otras. También puede ser una tarjeta *online* que es posible abrirla en un celular con un cupo previamente asignado. La principal característica de una tarjeta de crédito es la de permitir dividir los consumos en cuotas o realizar el pago directo de ellos. Las características físicas son que posee una banda magnética, un número de tarjeta de 16 dígitos, un número de control, una fecha de expedición y otra de vencimiento y un microchip.

La mayoría de las personas acuden a su banco para solicitar una tarjeta de crédito y negociar las condiciones. Los bancos suelen ceder cuando se trata de una persona que tiene domiciliada la nómina en su banco o tiene alguna cuenta abierta. Aunque las tarjetas de crédito las contratemos con una entidad financiera, el emisor de dicha tarjeta es externo. Generalmente, existen tres principales: Visa, MasterCard y American Express.

Las entidades financieras tienen unos requisitos específicos según el tipo de tarjeta, estos podrían ser ingresos mínimos, tipo de contrato laboral, años de vida crediticia o productos anteriores. De algunos de ellos depende que le otorguen la tarjeta.

Algunas tarjetas solo son válidas en el ámbito nacional y se habilitan internacionalmente por periodos específicos, generalmente 3 meses. El límite o cupo es una de las características principales de una tarjeta de crédito y se determina por el nivel de ingresos y la historia crediticia del tarjetahabiente. Las cuotas de manejo son cobradas por el uso de la tarjeta y se hacen cada uno, dos, tres o seis meses o un único cobro anual. El valor depende del tipo de tarjeta y de la entidad financiera.

Algunas tarjetas cobran comisiones que incluyen seguros de viaje, de salud, de robos o de equipaje. Cuantos más servicios ofrezca la tarjeta, mayor es el cobro de manejo. Algunas tarjetas ofrecen promociones de acuerdo con convenios con establecimientos comerciales en los cuales ofrecen descuentos por compras o por gastos en combustibles.

Para usar una tarjeta de crédito simplemente basta con mostrar la tarjeta de crédito en la caja y firmar un pagaré (también conocido como *voucher*), o pasarla por un sensor inalámbrico (datáfono) por la cantidad de la compra. La institución emisora del plástico, posteriormente, liquidará al comercio el importe de la compra a nombre de su cliente (previo descuento de un porcentaje de la compra).

Saber usar la tarjeta de crédito de manera inteligente es clave para evitar que se convierta en un arma de doble filo. Por un lado, mayor seguridad de un robo por no cargar efectivo, pero por el otro, si se compra para pagar en cuotas, se está aumentado el nivel de endeudamiento y muchas veces sin darse cuenta. La recomendación de cómo usar una tarjeta de crédito es hacerlo siempre a una cuota, y en contadas situaciones, con el menor número de cuotas posibles. Las personas suelen elegir más de 6 cuotas y a veces hasta 36. El interés de las tarjetas de crédito son las tasas de interés más altas que hay en el mercado financiero. Se debe tener en cuenta que el límite de la tarjeta de crédito no puede ir más allá que el sueldo del tarjetahabiente. Es decir, si la cuota para pagar al banco supera el salario del cliente, tendrá problemas financieros graves.

Los asesores de los bancos siempre estarán ofreciendo grandes plazos diciendo que se tiene un gran beneficio de pagar cuotas más bajas que mejorarían el flujo de caja mensual. Caer en esa trampa es costoso. Sin importar que el valor de las cuotas sea bajo, el costo financiero (tasas de interés) es el más costoso de todos. La idea es evitar hacer compras a 12, 24 o 36 cuotas si el producto o servicio no es realmente necesario, y menos si se tiene el dinero para pagarlo de contado.

Si la persona decide pagar a cuotas amplias, y desea usar correctamente la tarjeta de crédito, debe cumplir con las fechas de pago respectivo, de lo contrario los intereses que se generan son los llamados intereses de mora y son mucho más altos. Siempre se debe pagar el valor total de la cuota y no en forma parcial antes del último día que se vence el pago.

Otra recomendación para usar la tarjeta de crédito es saber la fecha de corte. Generalmente, las fechas son los 15 y los 30 de cada mes. Si la persona tiene una con corte el 15, lo mejor sería hacer las compras después de ese día para que el cobro fuera con un plazo mayor. Igual sucedería con la del corte los 30, comprar después de esa fecha para obtener mayor plazo de pago.

A veces las entidades financieras ofrecen ciertos beneficios como descuentos comerciales, puntos que es posible usar como medio de pago de otros productos, millas para utilizarlas en unas vacaciones, etcétera. Comprar con la tarjeta y a una sola cuota dejará de pagar intereses, y tendrá otros beneficios: acumular millas para luego utilizarlas en un plan vacacional reduciendo costos, teniendo en cuenta que los tiquetes de avión son elevados y encarecen las vacaciones; mejorar el historial crediticio para utilizar un préstamo en ocasiones de inversiones atractivas.

Siempre que se haga un pago, se deben guardar los recibos de pago y revisar los extractos, ya que a veces aparecen cargos indebidos o errores de los operadores, o una posible clonación de la tarjeta. Ante un hecho de estos, la persona debe comunicarse inmediatamente con el banco y notificar el hecho fraudulento. Aprender a usar inteligentemente las tarjetas de crédito es una buena estrategia, porque si no se sabe cuánto se gasta, en vez de ser una ayuda, se convertirá en una piedra en el zapato.

Si por alguna necesidad se requiere compra con tarjeta de crédito a más de una cuota, se debe considerar la tasa de interés que el banco le cobrará siendo quizás la más alta del mercado financiero. Las cuotas del banco estarán conformadas, una parte por el abono al crédito y la otra por los intereses corrientes que se generan.

Las cuotas cuando se realiza una compra a más de un mes con tarjeta de crédito se calculan de la siguiente manera:

Abonos al crédito (a) = valor de la compra (C) dividido por el número de cuotas n, Abonos = a =C/n.

Para calcular los intereses generados en cada cuota, se multiplica el saldo anterior por la tasa de interés mensual que cobra el banco. El saldo anterior se calcula así:

Saldo anterior = (Compra (C) - compra/# de cuotas) × periodo calculado

Intereses corrientes = saldo anterior × tasa de interés mensual

Sea el siguiente ejemplo:

Gloria va a comprar la nevera con su tarjeta de crédito. El valor de la compra es de $3 500 000 y pide que sea en 6 cuotas. El banco cobra una tasa de interés de 2.00 % mensual.

El esquema de pagos es el siguiente:

n	Saldo inicial	Saldo inicial × tasa de interés = Intereses	C/n = Abonos	Intereses+ abonos = Cuotas	Saldo inicial - abonos = Saldo final
0	3 500 000				3 500 000
1	3 500 000	70 000	583 333	653 333	2 916 667
2	2 916 667	58 333	583 333	641 667	2 333 333
3	2 333 333	46 667	583 333	630 000	1 750 000
4	1 750 000	35 000	583 333	618 333	1 166 667
5	1 166 667	23 333	583 333	606 667	583 333
6	583 333	11 667	583 333	595 000	-

$n = periodo$

El cálculo de la cuota tres será:

Saldo después de pagar la segunda cuota = C - C/n × 2
= 3 500 000 - 3 500 000/6 × 2 = 2 333 333,33
Intereses corrientes = saldo anterior × tasa de interés =
2 333 333,33 × 2 % = 46 667
Cuota 3 = a + intereses corrientes cuota tres
Cuota 3 = 583 333 + 46 667 = 630 000

El lector podrá realizar todos los cálculos de cada cuota y verificar los datos presentados en la anterior tabla.

En la tabla se puede observar lo siguiente:

- La primera cuota es la más grande, puesto que la deuda es mayor al comienzo. Luego de realizar abonos, la deuda irá decreciendo y, por consiguiente, los intereses corrientes también.
- El mes más crítico para Gloria; entonces, es el primer mes.
- Entre mayor sea el plazo de una compra, mejor le irá al banco, pues es una colocación de dinero costoso para el cliente.
- Algunos bancos y previo arreglo con algunos proveedores ofrecen compras a crédito con cero (0 %) de tasas de interés.
- Las cuotas con tasas d interés cero se calculan dividiendo el valor de la compra por el número de meses tomados.

No «comer cuento» con la publicidad

La expresión de «comer cuento» se entiende como quedar convencido de las bondades que el mercado ofrece con sus productos. Es dar por bueno algo que resulta poco razonable o creíble. La publicidad crea tendencias, indica cómo vestir, cómo comer o incluso cómo ser. Ese es el poder de la publicidad. Las empresas diseñan algoritmos para conducir a los clientes hacia su mercado. Una buena publicidad, con esos algoritmos, muestra lo que se necesita antes de que se piense. Crea una serie de ideales que son absorbidos por la mente del consumidor y en cierta forma lo dirigen a que consuma el producto anunciado.

Disciplinas como la psicología, la sociología, la economía juegan un papel preponderante en la publicidad ante una sociedad consumista y con una cultura de la imagen. Las grandes empresas incluyen eventos multitudinarios, campañas, plataformas publicitarias en lugares especiales con grandes audiencias y en forma repetitiva para aumentar las ventas y demostrarles a los clientes de la necesidad de sus productos.

Si come cuento, se llenará de productos que la mayoría de las veces son innecesarios y a la final, terminan en un rincón de la casa, y lo que no termina son las obligaciones de pagar el dinero que utilizó para comprar esos productos. El comer cuento es una actitud poco inteligente en relación con las compras conscientes.

Si se observa bien la gran mayoría de las app para los móviles son gratuitas, pero les incluyen publicidad. App como juegos, YouTube, Instagram, Ivoox, etcétera, interrumpen el programa para presentar alguna publicidad. La publicidad es lo que les genera ingresos a los propietarios, pues son muchas las personas que se deciden comprar los artículos que allí publicitan y, en la mayoría de las veces, sin ninguna necesidad de adquirirlos.

No impresionar a los demás

A algunas personas les gusta impresionar a los demás por diversos motivos: por negocio, presunción, por simple agrado, enamoramiento o enfermedad. El tratar de impresionar a los demás es tratar de que le admiren o le valoren.

La primera impresión que obtenemos cuando conocemos a una persona es decisiva porque define cómo van a transcurrir las primeras fases de una relación a pesar de que se sigue formando una opinión a lo largo del tiempo. Para continuar dando una mejor impresión después de conocer a alguien es insuficiente mostrar una imagen de simpatía y es necesario exponer otras virtudes como las siguientes:

- Entusiasmo. Una de las mejores impresiones que una persona puede tener de otras es el entusiasmo, la pasión por hacer las cosas y bien hechas.
- Respeto. En la comunicación verbal o escrita refleja la imagen de una persona. Es necesario saber escuchar y sin interrumpir al otro cuando es él quien habla. Se debe ser respetuoso con los superiores y con todas las personas sin importar el nivel social.
- Ser positivo. Escuchar las ideas de los demás sin ser egoísta, y usar un tono suave en la conversación. A veces es posible subir el tono de voz cuando se trata de algo en que se está en desacuerdo.
- Comprar inteligentemente y evitar aparentar otra imagen. La rimbombancia generalmente es repudiada por los demás.

Las personas que compran solo por aparentar son acumuladores, y suelen tener problemas financieros al obrar con poca inteligencia en las compras. No planean las compras, ni llevan un presupuesto y tienen problemas para cubrir las demás obligaciones.

Acuerdos con tu pareja

Tener una buena relación de pareja trae beneficios para la salud física y mental de ambos. Tener a alguien con quien compartir, hablar y sentirse querido ayuda a disminuir las preocupaciones que originan ciertas situaciones al disminuir el nivel de cortisol que es la hormona del estrés. A pesar de que en las relaciones de pareja se toleran ciertas cosas, hay otras que son de estricto cumplimiento especialmente cuando se refiere a temas monetarios como son las compras y las inversiones.

En las parejas es usual compartir gastos e inversiones para el beneficio mutuo. El presupuesto que se elabora es de pareja y como tal los compromisos se deben respetar. Generalmente, uno de los dos es más proclive a gastar más, a comprar sin medida y a darse los famosos gustos sin tener el con qué pagarlos. La fuerza y disciplina de su pareja lo hace más racional en las compras y respetar esos acuerdos es importante para lograr una relación harmoniosa y beneficiosa para ambos.

Crear un fondo de emergencia e imprevistos

Un fondo de emergencia es un tipo de ahorro financiero que a las personas les permite afrontar imprevistos y emergencias no presupuestadas de elevados importes y necesidades bien identificadas. El fondo de emergencias e imprevistos ofrece una gran tranquilidad, porque al surgir cualquier problema se puede afrontar con más éxito.

Un fondo de emergencias es aquella reserva a la que se tiene fácil acceso y que solo se debe usar en caso de una eventualidad, y se puede usar una tarjeta de crédito a una cuota, pero no endeudarse con un banco, amigo o familiar.

El primer paso para crear un fondo de emergencia es el de elaborar un presupuesto teniendo en cuenta que el monto debe ser equivalente entre 3 y 12 meses de los ingresos mensuales que tenga una persona o una pareja. El fondo de emergencias e imprevistos debe ser diferente al ahorro mensual que una persona haga para planear su futuro. Organizar el presupuesto y realizar los ajustes necesarios para que pueda realizar este ahorro es la clave. Una buena opción es destinar las primas (pagos en junio y diciembre para Colombia) para este fondo. Si se crea un fondo de emergencia le dará tranquilidad, se podrá cumplir con los objetivos financieros que se proponga y se podrán atender las emergencias con tranquilidad y seguridad.

Si se utiliza el fondo de emergencia para algo imprevisto, es recomendable recordar en reponerlo y llegar al valor fijado. No son imprevistos o emergencias las ofertas o promociones de las tiendas y compras que puedes cubrir con otro dinero, gustos en comidas fuera de casa, invitaciones a fiestas de amigos o familiares, regalos de cumpleaños o de Navidad.

Cuando se inició la pandemia originada por el COVID-19, muchos gobiernos decretaron cuarentenas casi de tres meses continuos en donde la mayoría de las personas debían quedarse en sus casas, esperando que se autorizara el regreso a los lugares de trabajo. A la gran mayoría de las personas las tomó por sorpresa y sin prepararse para afrontar los gastos diarios. Estas personas, por lo general, carecen de un fondo de emergencias e imprevistos, y en esa época su situación fue de mal en peor. Para aquellos que deben trabajar para ganarse el sustento diario, disponer de un fondo de emergencias les brindará tranquilidad y seguridad dependiendo del tamaño del fondo. Por eso se dice que el valor mínimo debe ser de tres meses, y preferiblemente 12 meses porque es un tiempo suficiente para que la persona tome decisiones y salga de esa situación de emergencia.

Al igual que las compras, el manejo del fondo de emergencia debe ser de una manera inteligente y no como un fondo de antojos y gustos poco planificados. Para calcular este fondo elabora el presupuesto mensual y a este valor lo multiplicas por 3 y obtendrás un valor correspondiente a tres meses tus ingresos. Si lo multiplicas por un valor mayor, mejor sería tu fondo de emergencias e imprevistos. Decídelo según tu objetivo y los riesgos que puedas tener de quedar cesante en tu trabajo.

No comprar los días de pago o antes de las vacaciones

En muchas empresas, a los recibos de pago de los salarios quincenales o mensuales, los empleados le llaman *la tira cómica*. La razón de este nombre es porque cuando reciben este reporte de pago dicen: «¿Esto es lo que yo me gano? Ja, ja, ja».

Sin embargo, son bastantes los empleados que cuando reciben su salario aprovechan ese día para hacer compras, muchas de las cuales no son presupuestadas y menos planificadas. El contar con dinero en la cuenta bancaria o en el bolsillo anima a comprar antojos o gustos que se ocurren en esos instantes, aduciendo que trabajan duro y que tienen derecho a darse ciertos gustos.

Al cabo de pocos días y frente a las obligaciones que se deben pagar, se dan cuenta de que ya les queda poco dinero y sin lograr pagar esas famosas obligaciones hasta el siguiente periodo. Luego, recurren a préstamos que de momento sí les solucionarán el problema, pero un mes después tendrán otro de mayor envergadura.

Lo mismo sucede unos días antes de salir a disfrutar unas lindas vacaciones en la montaña o en la playa. Se ocurren comprar artículos nuevos para usarlos en esas vacaciones. Como suele suceder, los lugares que visitaremos para las vacaciones se deciden unos pocos días antes de disfrutarlas. Luego, vienen las compras no presupuestadas con la idea de que hay que aprovechar esas salidas que escasamente se ven algunos días. Después de que transcurren las vacaciones, vienen las cuentas de las compras realizadas, los pagos de restaurantes, entradas a parques, discotecas, conciertos y las famosas tarjetas de crédito utilizadas para comprar los famosos *souvenirs*. Por supuesto, la mayoría de esas compras no se presupuestaron con anterioridad en forma debida.

Comprar en pequeñas cantidades

El consumidor puede hacer dos tipos de compras: una nueva compra menor o importante, y recompras menores o mayores. La nueva compra menor corresponde a los artículos nuevos que le solucionarán un problema o una necesidad. Para las importantes, dada su característica, el consumidor buscará a otras personas que ya han pasado por esa experiencia de comprar el producto deseado antes de tomar una decisión.

Las recompras menores son cuando el consumidor regresa a la misma tienda a menudo y vuelve a comprar el mismo producto sin pensar demasiado en otras opciones, ya que lo ha hecho infinidades de veces. Las recompras mayores es el consumidor el que tiene experiencia previa en la compra del artículo, pero las planifica y las estudia antes de tomar una decisión que puede durar un tiempo largo.

Las tiendas conocen el mecanismo del consumidor en los procesos de compras y buscan la manera de atraerlos y, en cierta forma, obligarlos a comprar. Unos lo hacen en grandes cantidades, especialmente si son ofertas de temporada, aprovechando el falso concepto de que comprar barato es un ahorro grande.

Las tiendas; por lo tanto, saben perfectamente cuándo realizar ofertas y promociones para atraer a los clientes. Las temporadas de promociones y ofertas se repiten cada cierto tiempo como ya se ha comentado, y por consiguiente lo más recomendable es, luego de hacer el presupuesto respectivo, comprar en pequeñas cantidades sin importar si los precios están bastante rebajados. Comprar en pequeñas cantidades le permitirá controlar más fácilmente los flujos de caja mensuales, evitar descomposición del producto si son perecederos, requerir menos espacio para almacenamiento y evitar el despilfarro.

Evita las condiciones complicadas en las entregas

Es importante estar atentos a ciertas fechas que se dan en un año, como el día de madres, de padres y Navidad porque los despachos suelen ser abundantes y puede resultar en verdaderos caos. Anticiparse a estas fechas puede evitar complicaciones de entrega a último momento.

Las entregas internacionales presentan, en algunas ocasiones, ciertas dificultades por restricciones sanitarias y de comercio de bienes, y a veces es necesario recoger los artículos en ciertas estaciones de recogida o en las tiendas autorizadas.

Cuando se realiza una compra o un pedido por vía telefónica, redes sociales, correo electrónico, es necesario conocer las características de entrega. Si las condiciones son complicadas, verifique la posibilidad de encontrar otro proveedor que ofrezca mejores condiciones de entrega. Así podrá evitar la posibilidad de perder ese dinero o de que llegue el producto a otra dirección que sea la incorrecta.

Mascotas

Si está pensando en comprar una mascota, lo primero que debe considerar es si está dispuesto a dedicar parte de su tiempo y contar con el dinero que seguramente la adquisición y la convivencia con ella le demandará. Dependiendo del tipo de mascota, el valor puede ser alto. Si se tiene un presupuesto para la compra, la alimentación, la atención, servicios veterinarios y medicamentos, podrá comprar la mascota sin problemas.

La mayoría de las personas que se deciden por comprar una mascota es porque se sienten solas, para tener una compañía o para que los hijos tengan con quien jugar. Es importante considerar todos los posibles escenarios que se puedan presentar cuando hay otras personas en la familia, especialmente niños. Hay mascotas a las que poco les gustan los niños y podrían ser peligrosas.

Otro aspecto importante para tener en cuenta es la posibilidad de que algún integrante de la familia, especialmente los niños, sean alérgicos por los pelos que la mascota puede soltar.

Se debe considerar si algún integrante de la familia puede sufrir por el simple hecho de querer tener una mascota en casa. Si todos, incluyendo a los niños, aceptan tener la mascota, deben entender las responsabilidades de cada miembro que conlleva el cuidado de ellas.

Si decidió por cuál mascota, antes de comprarla verifique los siguientes aspectos:

- Acudir a un criador especializado. Si se busca un animal con pedigrí, generalmente estos negocios tienen en regla los documentos que así lo acreditan. Esta persona igualmente podrá recomendar solucionar todas las dudas que se puedan presentar en el momento de la compra.
- No comprar animales exóticos que sean de difícil cuidado. Existen leyes que por protección a la fauna prohíben la comercialización y sostenimiento de ciertos animales.

- Compras *online*. A veces es inseguro comprar por internet las mascotas buscadas, pues algunas ocasiones la entrega es de una raza parecida pero no la seleccionada, o son ventas fraudulentas. Se debe desconfiar si ofrecen gangas. Si el vendedor exige el pago del 100 % del valor de la mascota antes de la entrega, desconfíe. Generalmente se pacta un porcentaje en el momento de la compra y el resto contra entrega.
- Tamaño. Generalmente las personas se enamoran de todos los cachorros al verlos pequeños y juguetones. Se debe considerar la raza porque al cabo de unos meses el tamaño puede ser considerable y si se vive en una vivienda pequeña, no sería una buena idea. Si la casa es grande y con jardines, una mascota de gran tamaño puede ser una agradable compañía.
- Desparasitación. Los animales requieren desparasitación periódica para evitar complicaciones de salud. A veces estos parásitos suelen trasmitirse a otros animales o a las personas que las rodean.
- Vacunación. El objetivo es prevenir ciertas enfermedades que, por lo general, originan gastos altos o el fallecimiento de estas mascotas.
- Esterilización. Cuando se considera evitar un aumento en la población de las mascotas, es aconsejable un proceso de esterilización. Los médicos veterinarios aconsejan que esto se realice antes del primer celo.
- Alimentación. Dependiendo de la mascota, se requiere a veces alimentación especializada para evitar complicaciones de salud. Si los gastos de alimentación faltan en el presupuesto, el flujo de caja mensual se verá afectado.
- Atención veterinaria. De acuerdo con el reporte del periódico *El Colombiano* de 8 de noviembre de 2022, los gastos de mantenimiento de una mascota son del orden de $750 000 mensuales. Algunas veces este valor puede ser mucho mayor, especialmente cuando la mascota sufre de ciertas enfermedades crónicas.
- Verifique si tiene suficiente espacio. Ciertas mascotas requieren espacios mayores como algunas razas de perros o aves.
- Reglamento de propiedad horizontal del lugar de residencia. Algunos reglamentos restringen la tenencia de mascotas de ciertas razas por el tamaño o por los riesgos de provocar daños a otras personas. Otras veces porque algunas mascotas producen ciertos ruidos que perturban la tranquilidad de los vecinos.

- Tener en cuenta el clima. Algunas mascotas se adaptan fácilmente a climas fríos o a calientes. Lo recomendable es adquirir una mascota en la misma zona donde vivirá.
- Las mascotas vienen sin garantía. Falta una reglamentación sobre las macotas (el tiempo) y cada tienda especializada puede tener su propio criterio y acuerdos pactados.

Compras obligadas

Por compras obligadas que no sean elementos que componen la canasta básica familiar, se definen aquellas que las personas deben realizar en ciertas épocas del año. Útiles escolares, artículos de aseo, combustibles, uniformes, dotación de empleados, vestuario y calzado.

Los útiles escolares, cuando existe al menos un integrante familiar que está en la etapa de colegio, se requieren a principio o a mitad del año, dependiendo del calendario escolar. Infortunadamente los colegios suministran el listado que los estudiantes deben comprar un poco antes de iniciar el calendario escolar. Es en esta época en donde los precios, por la gran demanda, son altos. Anticiparse a estas fechas puede lograr un buen precio y así obtener un ahorro apreciable. Para lograrlo, es necesario elaborar el presupuesto con anticipación y verificar la posibilidad de disponer el dinero para proceder con la compra respectiva.

Algunos textos escolares se deben comprar cuando se conoce la lista que publica el colegio de los hijos, que por lo general ocurre cuando se procede a realizar las matrículas. En este caso, para realizar una compra inteligente se deben comprar los precios entre tienda y tienda para seleccionar la más barata. Existen pequeños negocios donde se venden textos escolares de segunda en excelente estado, siendo una buena opción para hacer una compra inteligente.

Para adquirir los artículos de aseo, que por lo general son costosos, se deben buscar sitios especializados o mayoristas que usualmente ofrecen precios más moderados y productos de gran rendimiento. Por ejemplo, si se compra un jabón de ropa por $1000 que rinde para 20 lavadas en lavadora con carga completa, significa que por cada lavada el costo es de $50. Si se compara con otro producto por $700 que tiene las mismas especificaciones y condiciones pero que rinde por 10 lavadas, es decir, $70 por lavada, resulta más costoso que el primero, pues la diferencia sería de $20. Un menor precio no indica un ahorro. Es necesario hacer cálculos para verificar si realmente se ahorra al comprar el de mayor precio.

Para los combustibles cuando se requiere vehículo para ir al sitio de trabajo, se deben tener en cuenta varios aspectos: el precio de venta, el tipo de gasolina requerido, la mecánica del vehículo, el sitio de venta. Es posible encontrar, especialmente en las grandes ciudades, dos estaciones de gasolina ubicadas cerca entre sí. Por ley, estas estaciones deben publicar en un sitio visible los precios por cada una de las clases de gasolina que allí expenden. Seleccionar la estación más favorable y, con un buen servicio, puede ser la opción más inteligente.

Existe la creencia de que si al vehículo se le surte con gasolina de alto octanaje (es decir, que explote en su debido tiempo para evitar el famoso pistoneo y posibles daños mecánicos), la eficiencia del motor será mayor y por ende se tendrá un ahorro de combustible. Esto no siempre es así. Según las características del motor, se requiere gasolina extra o corriente (caso colombiano). Si el motor es de altísima compresión y se utiliza gasolina corriente que explota con mucha facilidad, se encendería la mezcla de gasolina y aire antes de tiempo y produciría el cascabeleo del motor, el cual indica que algo está mal. Para Colombia la diferencia de precios entre la gasolina corriente y la extra (alto octanaje) es de una relación 1 a 2.

Algunos conductores elijen la gasolina extra porque creen que le están haciendo un beneficio al motor, y no es así. Le están haciendo un daño al bolsillo, pues pagan el doble de lo que requieren. Lo más aconsejable es hablar con el técnico de la concesionaria para que le indique cuál es el tipo de gasolina más recomendable para la ciudad en donde se usará el vehículo. La altura sobre el nivel del mar de la ciudad o del sitio en donde operará el vehículo es importante porque, a mayor altura, es más fácil que explote la gasolina por las presiones atmosféricas mayores.

En caso de requerir uniformes para trabajar o estudiar, ropa y calzado, los fabricantes a menudo ofrecen tiendas tipo *outlet* con precios moderados en cualquier época del año. Comprar en un almacén de marca puede tener precios más elevados y se paga por la comodidad, un servicio más personalizado o por la fama que tenga el lugar. Buscar los *outlet* es lo más inteligente.

Los mismo sucede con la dotación del personal contratado para labores hogareñas. La dotación laboral son insumos o herramientas, vestidos y calzado para desempeñar de manera apropiada las actividades laborales que un empleador debe entregar a sus trabajadores, que deben suministrarse cada cuatro (4) meses si el salario es inferior a dos veces el salario mínimo legal mensual y haya cumplido más de tres (3) meses al servicio del empleador.

Caprichos

Capricho es una decisión o una exigencia que es arbitraria y cuyo origen se encuentra en un antojo que está fuera de la lógica o de lo razonable. Los antojos se dan porque se piensa que facilitan el trabajo y comodidad. Asistentes virtuales, sillas ergonómicas, robots de cocina, cualquier cosa que nos ayude a hacer el trabajo menos duro puede ser un buen motivador.

Los caprichos, los cuales están clasificados como compras controlables en el presupuesto, son las cosas que le dan calidad de vida a la persona, siempre y cuando tenga la capacidad económica de hacerlo. Para ello debe estar elaborado un presupuesto que indicará si es posible comprar esos antojos o, por el contrario, rechazarlos.

Las compras en caprichos, por lo general, son compras poco inteligentes. Si una persona en vez de comprar antojos ahorra el dinero y luego lo invierte, posiblemente con los ingresos que generen esas inversiones, posteriormente, logran darse ese gusto.

Colecciones

Las colecciones suelen ser de libros, antigüedades, bibliografías, cómics, videos, música, monedas, estampillas, monedas y billetes, vehículos, etcétera. Son tan variadas como los intereses de las personas. Una pieza de una colección puede considerarse como única, de ahí el gran valor que puede tener.

Las personas que siguen una colección invierten grandes fortunas por el inmenso placer de obtenerlas. Las personas que hacen grandes colecciones son ricas y se dan este lujo. Si la persona carece de los suficientes recursos para hacer, continuar o seguir en una colección, debe tener en cuenta el dinero disponible que el presupuesto le indique. Si elabora el presupuesto, y paga una buena cantidad por una pieza de colección, seguramente tendrá pocos problemas financieros un poco más adelante. En caso contrario, sí los tendrá.

Los coleccionistas, generalmente, evitan dejar su colección incompleta, pero algunas veces acaparan más de los que utilizan solo por la capacidad de hacerlo.

Equipos con conexión wifi

Los electrodomésticos inteligentes están ganando espacio en las cocinas en todo el mundo por el control que se tiene sobre ellos desde una tableta o un móvil al tener acceso a todas las funciones. Igualmente, puede tener acceso desde los equipos asistentes virtuales que funcionan mediante la voz, tal como lo hacen los equipos Alexa de Amazon y Google Home Mini.

Estos asistentes responden a dudas o búsquedas por voz, leer las noticias o notas de actualidad, consultar una agenda electrónica, reproducir música, establecer recordatorios o controlar el hogar al permitir la conexión con aparatos domóticos.

Los equipos con estas facilidades que se encuentran en el mercado son muchos y cada vez salen nuevos con más funciones de conexión inalámbrica. Los siguientes son algunos equipos con conexión wifi y algunas de sus funciones:

- Jarras inteligentes con filtro de agua para anunciar que el filtro se agotó o para recordar que la persona debe beber agua a determinadas horas.
- Cepillos de dientes con cámara para ver el interior de la boca.
- Botellas de vino para dar información de las características del vino a un móvil.
- Cubos de basura inteligente para abrir la tapa y para informar que la bolsa está casi llena o que se acerca la hora para sacar la bolsa y depositarla en el lugar adecuado para su recolección.
- Neveras para programar la temperatura de refrigeración o congelación, informar sobre las existencias cuando se está en una tienda mercando, o si por algún motivo la puerta quedó mal cerrada o desajustada.
- Lavadoras para programar la hora de funcionamiento, tiempos, capacidad, agua caliente o agua fría, etc.
- Secadoras para definir tiempo de arranque, duración y fecha y hora de operación.
- Cortinas para subir o bajar a determinadas ocasiones o a discreción de la persona.
- Luces y suiches inteligentes para prender o apagar, tiempo de funcionamiento e intensidad lumínica. También en aspectos de seguridad

al iluminar zonas oscuras que permitan ver a las personas que por allí transitan.
- Sonido. Programar música, noticias, narraciones deportivas permitiendo controlar el volumen desde el móvil, tableta o asistentes.
- Aires acondicionados para programar la operación, temperatura, encendido y apagado.
- Cámaras de vigilancia. Permiten desde un móvil o un equipo portátil observar, dirigir, aumentar o disminuir el *zoom* para mayor seguridad de una vivienda o local.
- Chapas electrónicas. Permiten con comandos de voz o de lectura de huella digital identificar a una persona.
- Vidrios electrocrómicos. Vidrio antireflectivo con revestimiento especial para cambiar de color oscuro a transparente desde un control remoto. Son vidrios que reemplazan las cortinas en una habitación.

La domótica en el hogar es un servicio que integra la tecnología en los sistemas de seguridad, gestión energética y comunicaciones que genera bienestar de una manera inteligente y remota. Contar con este sistema en el hogar es bueno, pero tiene un gran costo. Si la persona carece de suficientes recursos y adquiere un equipo con conexión wifi, estará sacrificando otras necesidades por tener uno de estos equipos. La nevera que la señora Gloria, la esposa de Martín, adquirió en una promoción tiene este servicio, pero lo ha deshabilitado, porque a menudo le estaba informando que le faltaban huevos, carne, verduras, leche y otros alimentos que, generalmente, compraba en sus mercados semanales y se cansó de recibir y escuchar esos mensajes tan repetitivos. Gloria pagó por este servicio de su nevera sin ser utilizado. Fue una compra sin ninguna planeación, llevada más por el antojo que por la necesidad. Comprar equipos electrodomésticos inteligentes sin presupuesto y planeación es un grave error que cuesta y que requiere de inversiones grandes que podrían emplearse en otras necesidades del hogar. Pagar más por especificaciones o funciones adicionales que quizás poco se utilizarán es un error que castiga fuertemente los flujos de caja de una persona.

Las personas que, como Gloria, adquieren equipos inteligentes que poco utilizarán las funciones remotas se arrepienten posteriormente y dicen que fue una bobada haberlo comprado. Es importante definir el objetivo de las conexiones inalámbricas de los equipos electrodomésticos antes de comprarlos para evitar pagar por servicios que poco se utilizarán.

Electrodomésticos con poco uso

El mercado ofrece una gran variedad de electrodomésticos y accesorios fabulosos que facilitan las tareas en el hogar o en la oficina, pero también es posible que se encuentren otros equipos o accesorios que hagan el mismo trabajo y a un costo menor. Muchos son los electrodomésticos que terminan guardados en un anaquel sin casi un uso. Se gasta un dinero que podría ser utilizado para satisfacer otras necesidades, y también ocupan espacio necesario para otras cosas.

Los siguientes son algunos electrodomésticos que suelen ser de poco uso en el hogar que podrían reemplazarse fácilmente:

- Exprimidor de naranjas. Este aparato puede utilizarse para exprimir limones y mandarinas. Si es para limones el mercado ofrece un aparato metálico manual práctico y a un costo mucho menor. Para las naranjas y mandarinas, el exprimidor es útil y facilita la labor de extracción del jugo de estas dos frutas. De acuerdo con los médicos que en la actualidad presentan documentales en las redes sociales, el jugo de naranja y el de mandarina son ricos en fructosa, que luego el hígado convierte en grasa. Esos médicos aconsejan consumir esas frutas no en jugo sino la fruta entera porque solamente estará limitando el consumo de fructosa, y perdiendo la fibra que le permitiría una digestión más suave y saludable. Lamentablemente, los productores anuncian el consumo de estos jugos como líquidos saludables y necesarios para adquirir energía durante el día, haciendo énfasis en las vitaminas que aportan esas frutas, especialmente la vitamina C. Lo que no indican es que es mayor el efecto que tienen sobre el hígado que el beneficio de las vitaminas que adquiere la persona. Un jugo de naranja por lo general es de 4 o 5 unidades dependiendo de la variedad y es una carga grande de fructosa. Se recomienda que una persona consuma una o dos naranjas por día para evitar un hígado graso, aumento en el índice de los triglicéridos o el ácido úrico. Si el consumo de jugo de naranja es ocasional, es recomendable en vez de un exprimidor eléctrico comprar uno manual cuyo costo es mucho menor.
- Aspiradora. Si el lugar de residencia es una zona polvorienta, cercana a una autopista o con corrientes de aire fuertes, el uso de una aspiradora sería de gran ayuda para las labores de aseo y limpieza del hogar. Si, por el contrario, la vivienda es un lugar alejado del polvo

y la suciedad, la aspiradora reposa más en un anaquel que el tiempo que funciona aportando los servicios de aseo y limpieza. Plumillas, escobas y trapeadoras o traperas son suficientes para realizar estas labores. El costo de las aspiradoras es alto y puede ser innecesaria en muchos hogares.

- Secadora de ropa. Existen varios modelos de secadoras; de bomba de calor, condensación y evacuación. Si se adquiere un equipo de estos es preferible que en la etiqueta tenga la marca energética A+++, el cual indica que es ahorradora de energía. Estos aparatos son útiles en invierno y en lugares fríos y con poca corriente de aire. Después de cada uso se debe limpiar el filtro y el depósito de aguas por las pelusas acumuladas durante el proceso de secado. Algunos equipos incluyen autolimpieza del filtro, pero a pesar de esta función lo más recomendable es limpiarlo con agua fría y quitar los restos de las pelusas que allí logran acumularse. Al cargar la secadora es conveniente verificar que no se incluyan prendas con partes plásticas porque se derriten con el calor generado en el proceso de secado. La ropa debe separarse dependiendo del tipo de tela, y teniendo en cuenta que la de algodón puro puede encogerse. Algunos fabricantes incluyen el programa «eco» que dan la idea de ahorrar energía, pero no es así, pues el tiempo de operación es largo. Por seguridad, nunca se debe dejar una secadora funcionando y salir de casa, porque es posible que se presenten fugas de agua, cortocircuitos y producir un incendio. Un detector de incendio sería una gran ayuda para evitar tragedias que, por lo general, son costosas. La normatividad exige que estos electrodomésticos se instalen en lugares ventilados por seguridad y protección de las personas que viven en ese sitio. Con la época de verano o con buen tiempo, la ropa se puede extender en el exterior si es una casa, si es un apartamento, por lo general, hay una zona de ropas para extenderla en un aparato llamado tendedero. Tender la ropa por la noche fresca y recogerla en la mañana hará que la ropa se sienta limpia y suave. Estos tendederos no requieren de ningún tipo de energía y su costo es mucho menor que una secadora eléctrica o a gas. Los tendederos son variados: simples cuerdas extendidas cuando se dispone de suficiente espacio y ser fijas o retráctiles; de piso, que la mayoría son retráctiles para guardar después de su uso; de techo, que son abatibles y de altura es variable dependiendo del lugar instalado y de la persona que extiende la ropa, y flexibles de pared que son extensibles.

- Tostadora de pan. Una tostadora o tostador es un pequeño aparato eléctrico que sirve para tostar rebanadas de pan. Después de tostar rebanadas de pan se le llama tostada generalmente utilizado en los desayunos, pero se puede usar para cualquier comida o para descongelar el pan. Las tostadoras más estándar son las del tipo vertical con dos ranuras para introducir las rebanadas de pan. Las tostadoras horizontales requieren mayor mantenimiento y limpieza por la facilidad de acumular migas acumuladas en su interior. También es posible utilizar hornos tostadores, los cuales tienen otras funciones, pero suelen ser más aparatosos y son mejores cuando se requiere tostar mucho pan.

Igualmente, los expertos en alimentación sana recomiendan que se evite consumir con frecuencia productos con gluten y harina de trigo por lo siguiente: el gluten produce inflamación intestinal y puede producir un intestino permeable. Adicional a este inconveniente, las personas celíacas (intolerancia al gluten o alérgicos) no deben consumir estos productos que son por lo general ricos en glucosa. Si lo consume una persona celíaca sufre diarrea, dolores de cabeza, depresión, problemas en la piel, problemas de peso, artritis, tiroiditis, diabetes y muchos problemas más. La harina de trigo le aporta al organismo una carga grande de glucosa (azúcar) y hace que el páncreas trabaje duro para producir bastante insulina. La insulina, a partir de ciertos rangos, puede producir grandes efectos en el organismo, como el Alzheimer y la diabetes. Los expertos recomiendan eliminar o reducir el consumo de pan integral o especialmente el blanco por los efectos que tiene en el páncreas. Si la persona hace caso a estos expertos, seguramente la tostadora será un electrodoméstico más que reposa sin trabajar en un anaquel, junto con otros más equipos.

Para algunas personas, el pan tostado es un alimento básico en su dieta al menos una vez en semana. En este caso y sin necesidad de comprar una tostadora, se puede usar una sartén antiadherente y tendrá el mismo resultado y a un precio mucho menor. Para familias con cierto número de integrantes y con una dieta diaria de tostadas de pan, el uso de un equipo tostador es útil y sería el equipo apropiado.

Gloria y Martín, que son prediabéticos, tienen en su alacena un par de tostadoras que ocasionalmente funcionan y que ocupan un gran espacio. Para ellos fue una compra más por impulso o antojo que por una necesidad. Fue una compra poco inteligente.

- Máquina para hacer crepes. Usualmente, los crepes son elaborados a partir de harina de trigo, lo que implica una carga grande de gluten y, por consiguiente, de glucosa. En la mayoría de los hogares, se preparan crepes ocasionalmente, y por lo general, son pocas las unidades que se preparan en cada ocasión. Luego, es un equipo más guardado la mayor parte del año, ocupando un espacio grande y con un costo alto que bien hubiese podido ese dinero utilizarlo para satisfacer otras necesidades. Al igual que la tostadora de pan, se puede usar una sartén antiadherente y tendrá el mismo resultado y a un precio mucho menor sin necesidad de malgastar dinero y ocupar espacio para su almacenamiento.
- Máquina palomitas de maíz doméstica. Estas máquinas calientan el maíz mediante un sistema de calefacción con una resistencia eléctrica, con lo cual el calor es expulsado con un ventilador que lo envía hacia los granos de maíz. En el mercado se encuentran máquinas de gran tamaño hasta pequeñas máquinas y con precios variados.

  El uso de este equipo es ocasional y las palomitas se preparan en un horno microondas, o se pueden comprar las palomitas de maíz ya listas en cualquier supermercado. Es una compra poco inteligente y que además de gastar un dinero en algo poco útil, el equipo ocupará un espacio para su almacenamiento, y peor aún, es un alimento poco saludable, pues genera una carga alta de glucosa y acelera la producción de insulina.
- Ralladores y cortadores de verduras eléctrico. Este equipo puede ser reemplazado por ralladores en acero inoxidable manuales y se consiguen a precio bajos. El aparato eléctrico es útil para restaurantes, que por su volumen, rapidez y presentación siempre la misma, podría ser un gran ayudante en la preparación de ensaladas y algunas sopas.
- Máquina trituradora de hielo o granizadora. Un granizado en un día caluroso es agradable. Tomar un granizado todos los días o varios en un mismo día es malo para la salud por la carga glicémica que implica la ingesta de ingredientes de una bebida como esa. El día de la compra de este aparato posiblemente tenga un gran trabajo, pero más por el antojo que por la necesidad. El precio de un equipo para el hogar puede variar entre varios miles de pesos colombianos y algunos millones. Para un negocio, sería un aparato de uso diario y comprar uno de trabajo pesado sería el indicado, y posiblemente rentable.

En días calurosos u ocasionalmente beber un granizado es agradable y satisfactorio. Sin embargo, la gran mayoría de neveras en un hogar tienen incorporado la función de granizar el hielo y con el mismo resultado si lo hace una máquina especial para esta función. Es casi seguro afirmar que en aquellos hogares que un buen día decidieron adquirir esta granizadora la guarden en una alacena ocupando un espacio de almacenamiento y un dinero gastado que nunca podrá recuperarse.

Compras inútiles

Si se hace una revisión de los objetos que existen en un hogar, seguramente la lista de compras inútiles será algo grande. Es una costumbre comprar objetos que llaman la atención, o están en promoción o que tienen una publicidad convincente, y sin un análisis de las necesidades u objetivos claros. El dinero gastado en esos artículos corresponde a una cifra alta que si se hubiese destinado para hacer inversiones productivas la situación financiera de muchas personas sería diferente o más sana. Esas compras se realizaron sin una planeación o presupuestación inicial. El antídoto para evitar compras inútiles es la elaboración de un presupuesto mensual y anual. La persona que decide hacerlo tiene los objetivos claros y procura evitar desviarse de lo planeado. Hace caso de las ofertas que las tiendas presentan cada cierto tiempo, de la publicidad en la prensa, en los móviles, radio o televisión y las omite con mucha facilidad. La persona que no elabore su presupuesto y ve una oferta o una publicidad en cualquier medio, posiblemente se detiene a mirar en qué consiste esa promoción, mira su bolsillo y si ve la manera de comprar ese artículo, procede a llenar el carrito y hacer la compra respectiva. Conclusión: es una persona que en su hogar está llena de cosas nada útiles; y siempre se queja de que no gana lo suficiente y espera algún día que su suerte cambie. Vive con un estrés permanente lamentándose de su mala suerte, y eso sí, antojado de muchas otras cosas que quisiera comprar.

Si a esta persona, por algún factor de suerte, le resulta un mejor trabajo con una mayor remuneración, mirará sus nuevos y mayores ingresos como una oportunidad de comprar artículos que no pudo comprar antes. Total, se hará cada vez con más artículos inútiles o poco útiles porque esa es su mentalidad. Mientras continúe con esa cultura, no cambiará su situación.

A continuación, se presenta una serie de artículos que para el autor son considerados inútiles, porque son fácilmente reemplazados por otros que son mucho menos costosos o simplemente poco se necesitan. En el mercado constantemente están saliendo nuevos aparatos manuales o eléctricos que podrían llenar una casa y con el pretexto de facilitar una vida más fácil y sencilla y llena de comodidades. Escribir sobre todos estos artículos es imposible, solo se limitará a algunos que son más representativos. El lector podrá verificar entre sus existencias cuáles objetos podrían ser considerados como unas compras inútiles y que se malgastó un dinero apreciable en ellos.

Cascador de huevos

Según la RAE, cascar significa romper, quebrantar o dar golpes con la mano u otra cosa. Luego, cascar un huevo es partir la cáscara y separar fácilmente la clara de la yema para facilitar alguna preparación en la cocina. La mejor manera de cascar un huevo se halla en dónde se golpea y la cantidad de fuerza utilizada. El punto para darle el golpe al huevo es en el centro produciendo una grieta grande que quepan los pulgares y pueda dividir la cáscara en dos. Sí se aplica una gran fuerza en el golpe, es probable que el huevo quede desperdigado en el suelo de la cocina, o la yema reventada y mezclada con la clara estropeando la cocción del huevo.

Los extremos son los puntos del huevo que más aguantan los impactos por la curva acentuada que tiene. La forma de comprobar esto consiste en tratar de romper un huevo haciendo fuerza al mismo tiempo con las manos en la parte superior e inferior sin tocar otras zonas del huevo. Si hace esta prueba, verá que no es posible romper el huevo.

Algunas personas ágiles usan una sola mano para abrir un huevo y utilizan las cáscaras para separar la yema de la clara. Son personas expertas y han practicado ese proceso miles de veces. Es importante tener en cuenta que las cáscaras de huevo son grandes fuentes de contaminación y si, por algún motivo, la clara o la yema hace contacto con la parte externa de la cáscara, el huevo se puede contaminar y hacer daño al comensal.

Un cascador de huevo cuesta varios miles de pesos colombianos y solo sirve para esa función. Es usual que si se va a preparar un solo huevo, el cascador se quede guardado en una gaveta y se utilicen las manos para romper la cáscara. De esa manera se evita tener que lavar el cascador después de su uso.

Vaporizador de espárragos

Los espárragos son ricos en ácido fólico (vitamina B9) y betacarotenos importantes para prevenir enfermedades del corazón e hipertensión arterial y se consumen preparados al vapor o guisados.

Los vaporizadores de espárragos son aparatos eléctricos para la cocción de espárragos, usualmente fabricados en acero inoxidable con tapa de vidrio templado y una cesta para los espárragos. Los espárragos al vapor es una de las maneras de preparar esta verdura y generalmente se hace al baño maría.

Los espárragos guisados también se preparan de diferentes maneras. Una manera es hornearlos con un poco de aceite de oliva y sal y se llevan al horno por dos o tres minutos a 200° C. También en un sartén antiadherente por un tiempo e ingredientes iguales.

El vaporizador tiene un valor de varios miles de pesos colombianos y su uso es exclusivo y requiere de un espacio en la cocina; así que si esta es pequeña, ese espacio se podría usar para colocar otro aparato que sí se necesite.

Una sartén antiadherente puede tener un precio también de varios miles de pesos, pero se puede usar para preparar muchos tipos de comida. No comprar el vaporizador puede implicar el ahorro de un dinero apreciable que podría utilizarse para inversiones productivas que generen otros ingresos.

Carpas o toldos autoarmables para proteger vehículos

En las redes sociales los fabricantes ofrecen una cantidad ilimitada de objetos que con buena publicidad atraen a los clientes. Es el caso de carpas para autos con doblado automático o a control remoto para protección del polvo, sol y agua.

Con el control remoto se pliega o se despliega automáticamente. Puede utilizarse para cualquier tipo de automóvil o camioneta tipo SUV. Si la carpa esta plegada se puede guardar en el maletero del vehículo o en el hogar. Si es en el maletero se debe tener en cuenta que esta carpa utilizaría un gran espacio disminuyendo la capacidad de portar otros objetos. Si es dentro de la casa, deberá estar en un lugar de fácil acceso para utilizarla en el vehículo.

Si en el hogar se cuenta con un garaje, el uso de esta carpa sería innecesario porque estaría ya protegido del sol, del agua y otros elementos como polvo, granizo, nieve, etc.

Accesorios y lujos de vehículos

Los accesorios y lujos para autos son piezas, elementos o dispositivos que se agregan al equipamiento de fábrica de un vehículo para personalizarlo modificando su diseño, comodidad, presentación y desempeño. Algunos accesorios son de estética, seguridad, sonido, mecánicos, eléctricos y luces en general.

Algunos accesorios mejoran la funcionalidad del vehículo. Por ejemplo, los sistemas de navegación, los sensores de estacionamiento, los portaequipajes, las barras de remolque y los soportes para bicicletas son accesorios que agregan comodidad y utilidad al automóvil, adaptándolo a las necesidades específicas del propietario. Algunos accesorios, como los sistemas de escape de alto rendimiento, los filtros de aire de alto flujo o los chips de rendimiento, logran mejorar el rendimiento del motor y aumentar la potencia del vehículo, lo que puede ser atractivo para aquellos propietarios que buscan un mejor rendimiento en su automóvil.

Dependiendo del tipo de accesorio y de cómo se instale, algunos aumentan el valor de reventa del vehículo. Por ejemplo, los sistemas de sonido de alta calidad, las mejoras en la suspensión o los kits de carrocería de marca reconocida hacen que el vehículo sea más atractivo para los compradores potenciales en el mercado de segunda mano.

Uno de los principales inconvenientes de los accesorios adicionales es que son costosos. Algunos accesorios suelen tener un precio alto, y si se suman varios, el costo total puede ser significativo. Además, algunos accesorios requieren instalación profesional, lo que aumenta aún más los costos. La instalación de accesorios adicionales en un vehículo puede afectar la garantía del fabricante. Si se instalan accesorios sin ser autorizados o se modifican componentes del vehículo, el fabricante puede invalidar la garantía original del vehículo, lo que podría resultar en costos adicionales si se produce un problema con el automóvil en el futuro.

Algunos accesorios comprometen la seguridad del vehículo o de sus ocupantes. Por ejemplo, la instalación de faros o luces no homologadas, o la modificación del sistema de frenos o de suspensión podría afectar la seguridad del vehículo y poner en riesgo la vida de los ocupantes.

Otros propietarios de vehículos le ponen ciertos lujos personalizados que, en vez de valorizar el auto, el precio se reduce porque a los demás posibles compradores no les interesan esos lujos y retirarlos puede llegar a ser costoso. Por ejemplo, se cambian los rines por otros más anchos para llantas superanchas con el fin de que se vean más deportivos, y puede que a un posible comprador no le interese ese tipo de llanta y prefiera las originales por aspectos de seguridad, funcionamiento, rendimiento y estética. En este caso las compras de dichos accesorios o lujos no son inteligentes, son producto de caprichos o gustos que son costosos y que no se recupera la inversión.

Máquina de pasta

La pasta es una masa maleable que se obtiene mezclando ingredientes sólidos y líquidos. Es un conjunto de alimentos preparados con una masa cuyo ingrediente básico es la sémola mezclada con huevos, agua y sal y aceite. Entre las pastas más famosos están los espaguetis, macarrones, raviolis, *fetuccini*, canelones, tallarines, etcétera.

En la elaboración tradicional de la pasta se usa la sémola de trigo duro que tiene mayor cantidad de gluten que el trigo común y le da una mayor maleabilidad. Entre el valor nutricional de la pasta, el principal componente es el carbohidrato que puede corresponder a ¾ partes de la pasta. La preparación es sencilla, pues se forma un volcán con la harina en una mesa, se agrega la sal, los huevos batidos y el aceite. Se amasa hasta lograr una masa homogénea y no pegajosa hasta conseguir que sea flexible, se deja reposar por una hora tapado con un lienzo y luego se estira utilizando una máquina manual o eléctrica y que la cortará para hacer la pasta deseada.

Si carece de una máquina, se estira en la mesa y con un rodillo se forma una lámina delgada y con un cuchillo o un corta *pizzas* se arman las pastas al gusto. Los países mayores comedores de pastas son Italia, Tunes, Grecia y Venezuela. Si en la dieta alimenticia no está considerada la pasta como una comida básica, la máquina de pastas estará engrosando la lista de aparatos guardados en una alacena. En los hogares que se acostumbra a comer pastas ocasionalmente, por lo general, estas son adquiridas en una tienda y no se elaboran en casa.

Comprar una máquina eléctrica o manual para elaborar pasta puede ser una compra poco inteligente e inútil, debido a que en las tiendas se encuentra una gran variedad de pastas y de muchos productores que satisfacen los gustos de las personas.

Desgranador eléctrico o manual de mazorcas

Consiste en un aparato que separa el maíz de la mazorca. También es conocida como trilladora de maíz. Consiste en una pieza de plástico que contiene una cuchilla en acero inoxidable dentada que separa los granos de la mazorca.

Una gran parte de la población está modificando la cultura alimenticia basada en comida chatarra hacia una alimentación sana. En las tiendas se encuentra gran variedad de maíces enlatados con conservantes y azúcares añadidos que afectan la salud de los consumidores. Esto hace que las personas que gustan de consumir maíces compren las mazorcas y luego separan los granos sin necesidad de conservantes y azúcares adicionales. Para el asado de las mazorcas, no es necesario la separación de los granos, luego una máquina, en este caso sería un aparato inútil.

Un simple cuchillo y una posición adecuada de la mazorca puede ser la solución de desgranarlas sin necesidad de adquirir un aparato manual o eléctrico. Igualmente, la frecuencia de desgranar las mazorcas es baja y no amerita comprar equipos que se van a utilizar poco. El dinero que cuesta un aparato desgranador de mazorcas podría utilizarse para hacer inversiones productivas que aumenten los ingresos en el mediano y largo plazo. Adicionalmente, estos aparatos requieren de un espacio para su almacenamiento importante, especialmente si la cocina es pequeña.

Lavar un cuchillo es una tarea mucho más simple, rápida y económica por utilizar menos agua y jabón que hacerlo con una máquina manual o eléctrica desgranadora de mazorcas.

Abridor de vino eléctrico

Un abridor eléctrico de vino puede ser un aparato útil porque facilitan abrir las botellas de una forma rápida, sencilla y sin esfuerzos, eliminando el riesgo de romper el corcho o que este se quede dentro de la botella. Es una tarea mucho más simple, rápida, que le dará un toque elegante a la mesa. Este abridor es útil para las personas que consumen vino con mucha frecuencia o para negocios que ofrecen una gran variedad de vinos. Para las personas que ocasionalmente beben vinos, un tirabuzón o sacacorchos manual, puede ser la solución más adecuada sabiendo que los precios entre el eléctrico y el manual son diferentes.

Máquina de quesadillas

Es un aparato eléctrico que prepara quedadillas de la siguiente manera: en el aparato se coloca una tortilla en el centro, luego se le añaden los demás ingredientes, especialmente el queso, y encima la segunda tortilla. Se cierra la tapa y se espera que en unos pocos minutos estén listas las quesadillas.

Hay que mezclar una tortilla en una sartén antiadherente y ligeramente engrasada, agregando el queso y los demás ingredientes sobre la tortilla y luego se dobla o se agrega una segunda encima. Se tendrá casi el mismo resultado y en el mismo tiempo.

Las quedadillas, así como muchos otros alimentos, se consumen ocasionalmente, luego una máquina de quesadillas que requiere más trabajo de limpieza, mayor inversión y mayor espacio para su almacenamiento, seguramente después de cierto uso, terminará guardada en la alacena junto con el resto de los aparatos inútiles que las personas acostumbran a comprar.

El costo de estos aparatos puede variar entre varias decenas de pesos colombianos a varios centenares. Dinero que en vez de gastarlo se ahorra, daría la posibilidad de invertirlos en algo productivo para aumentar los ingresos en el mediano plazo.

Abrelatas eléctrico

Es un aparato que utiliza un imán para sostener la tapa de los enlatados, una cuchilla que la mueve un pequeño motor y hace que la lata gire y corte la tapa. Es un aparato que usualmente está condenado a permanecer en una alacena ocupando un gran espacio, porque la mayoría de los enlatados vienen desde fábrica con tapas de fácil apertura con una lengüeta que tiene un orificio para pasar el dedo y hacer fuerza para desprender la tapa sin necesidad de ningún aparato o elemento adicional.

Fuente de chocolate

Es una torre de plástico de varios niveles con una base de acero inoxidable. Funciona llevando chocolate blanco u oscuro derretido desde la base hasta la parte superior de la torre. El chocolate debe contener alto porcentaje de manteca de cacao y es rico en azúcar. Luego, es un alimento poco saludable, especialmente para las personas que tienen sobrepeso, sufren diabetes o hipertensión arterial.

El costo de una fuente varía, pero siempre es de varios centenares de miles de pesos colombianos. Comprar una fuente de chocolate, a no ser que sea para un negocio, es una compra no inteligente y ocupará un espacio apreciable en la alacena.

Equipos de sonido alámbricos para el hogar

Los equipos de sonido en el hogar son siempre bien recibidos porque la mayoría de las personas aprecian la música y con mucha frecuencia la están escuchando. Existe una gran variedad y marcas de equipos de sonido en el mercado que se ajustan a las necesidades o gustos de las personas.

Para una casa o un apartamento pequeño, los equipos de gran potencia musical suelen ser molestos o a veces originan conflictos con los vecinos. El ritmo de la música, el volumen o la hora se aprecian de diferente forma, dependiendo de la persona que escucha.

Si una persona está concentrada en sus actividades y desea un buen silencio que le permita continuar así, la música a alto nivel o el ritmo de la música que no es de su gusto que alguien utilice en su equipo le puede interrumpir su interés en lo que está haciendo y con probabilidad de que se genere un conflicto entre ellos. En estos sitios comprar equipos de sonido de alta potencia puede ser inadecuado, y se perdería el sobrecosto que genera la mayor potencia de esos equipos. En el mercado se encuentran equipos de menor potencia que satisfacen las necesidades de volumen y calidad de sonido para pequeños espacios como la casa o el apartamento que estamos hablando.

Los hogares que cuentan con equipos de sonido de alta potencia y alámbricos, por lo general permanecen apagados porque son reemplazados por parlantes con *bluetooth* que ofrecen buena calidad de sonido y son portátiles. Es decir, se llevan a diferentes ambientes sin necesidad de cableados con los parlantes, ni alimentación de energía, puesto que llevan integrados en esos equipos baterías que permiten un funcionamiento continuo de varias horas.

Los precios de los equipos de sonido van desde varios cientos de miles de pesos colombianos a varios millones. Dinero que se puede aprovechar para gastar en otros artículos o para inversiones productivas.

Bomba a presión para lavar autos

Una bomba para lavado de autos utiliza la energía desde un motor eléctrico para hacer circular el agua a presión a una boquilla y lavar las partes empantanadas del auto con gran facilidad. En el mercado existen modelos alámbricos que utilizan largos cables para la conexión eléctrica, e inalámbricos dependiendo de las necesidades del cliente.

Si el lugar de residencia es en un edificio de apartamentos y con una zona de parqueaderos generalmente localizados en la parte baja del edificio, es altamente probable que el reglamento de propiedad horizontal contemple la prohibición de lavada de autos en esos parqueaderos. La lavada de autos en estos parqueaderos presentará barro, mugre y zonas húmedas que afectan a los demás residentes, y además utilizaría energía eléctrica que estaría contabilizada en el contador de energía común para todo el edificio, si se usa una bomba alámbrica. Es decir, todos los residentes asumirían este costo.

Por lo general, cuando se va a las montañas, a una zona de campo o se recorren muchos kilómetros de carretera, es posible que el auto termine con una buena capa de mugre o de barro. Lavar el auto después de uno de estos viajes sería cómodo si se utiliza una bomba presión para su lavado. Si el lugar de residencia es una casa independiente de las demás viviendas, una bomba de este tipo es una buena solución, pero siempre y cuando se decida hacer el trabajo en casa, pero si decide llevar el auto a un autolavado, la compra sería poco inteligente.

Lavar el auto si carece de los implementos apropiados, o so el sitio es inadecuado para esta labor, el tiempo que toma en terminar de lavar un auto puede ser de al menos un par de horas. En esta época donde el tiempo es oro, disponer de ese par de horas es algo difícil. Es dejar de descansar, de trabajar o hacer otras actividades más lucrativas por dedicarse a la limpieza del auto. Muchas veces no es tan bien hecha la lavada frente a los que lo hacen en un negocio de lavados de carros.

Martín se compró una bomba de presión inalámbrica para lavar su auto. El primer día preparó el sitio de la siguiente manera: usó su parlante *bluetooth* para escuchar su música preferida, una nevera portátil con cervezas bien frías, botas pantaneras para evitar mojarse los pies, camiseta sin cuello, bermudas, un plato de nachos con queso y otro de fruta picada, crema solar para el rostro y un sombrero. El tiempo que se tomó para lavar su auto fue de dos horas y media, empezando temprano en la mañana. Martín sacaba pecho por orgullo por su gran trabajo y le mostró el buen resultado a su esposa Gloria, quien le dio un gran abrazo y unas felicitaciones enormes por el trabajo realizado. Fue tanto el trabajo que Martín durmió toda la tarde recuperándose de semejante tarea.

El siguiente fin de semana y a la misma hora, Martín se preparó para de nuevo lavar su auto. Esta vez solo sacó un par de cervezas y, utilizando la misma indumentaria de la semana anterior, empezó a lavar el auto escuchando los boleros que tanto le gustaban. Igualmente, en esta oportunidad se tomó dos horas y media en terminar de lavar el auto. Llamó a su esposa Gloria para mostrarle de nuevo su tarea, quien lo volvió a felicitar por lo lindo y reluciente que estaba el auto, pero le preguntó si también se iba a dormir y dejarla sola el resto del día. Martín le dijo que solo iba a dormir un par de horas, y que luego saldrían a comer. Gloria se encogió de hombros como diciendo: «No creo en tanta belleza».

Al tercer fin de semana, Martín empezó una hora más tarde a lavar su auto. Esta vez sacó una sola cerveza y su parlante de sonido para escuchar música tropical, pues consideraba que los boleros los tenía que dejar descansar. Esa vez se tomó una hora y media pero el auto no le quedó tan lustroso como en las dos anteriores ocasiones, pues decía que así estaba bien, que era innecesario que quedara tan lustroso, pues se cansaba mucho y tenía otros compromisos familiares con su esposa Gloria. Ese día en la noche se acostó a dormir más temprano que de costumbre.

Al cuarto fin de semana Martín no lavó su carro, se quedó mejor viendo películas con su esposa y en las horas de la tarde lo llevó a un lavadero de autos pensando que esa labor no era para él, que era mejor pagar por ese servicio que hacerlo él mismo. Cuando le entregaron el auto lavado tomó la decisión de guardar en el cuarto de San Alejo la bomba a presión, pero casi no le encuentra espacio debido a que allí había una gran cantidad de objetos reposando tranquilamente por años sin ningún uso, pues el matrimonio se antojaba de muchas cosas y las compraban sin ninguna planeación ni presupuesto alguno.

En los días siguientes Martín se fue de espaldas cuando recibió la cuenta de agua y no lo creía, se gastó una gran cantidad de agua en la lavada del auto y se la estaban cobrando completamente. Recordó que el agua que se gasta del acueducto es la misma agua que le facturan por alcantarillado. O sea que, si no se ahorra agua, la cuenta que le llega es alta.

Las empresas de acueducto para facturar los valores de alcantarillado toman el mismo valor de consumo de agua. Es decir, si el consumo de agua fue de 30 m^3 el de alcantarillado también será de 30 m^3. La tarifa dependerá de la firma que suministra el agua.

El costo de una bomba de presión para lavar autos puede variar de varios centenares de miles de pesos colombianos a más de un millón de pesos. Dinero que si se utiliza en mejores inversiones podría facilitar mejor calidad de vida de la persona.

Maletín de herramientas

Sin duda alguna, disponer de algunas herramientas básicas en un hogar es una buena idea. Son muchas las ocasiones que se presentan ciertos daños en casa que con una simple herramienta esta puede repararse. Entre estos están: un martillo, unos alicates, juego de destornilladores y unas pinzas. Estas herramientas son fáciles de utilizar, no requieren que la persona sea un experto a pesar de que, si algunas de ellas se usan mal, lo más seguro es que se estropeen.

El mercado ofrece una gran variedad de maletines de herramientas, unas más finas que otras, pero que prestan servicios similares y con contenidos amplios para una gran variedad de usos. Algunos maletines contienen un voltímetro que es un aparato de medición de tensión (voltaje), corriente (amperios) y continuidad (ohmios), función que se escoge con un selector de perilla o digitalmente.

Entre las diferentes llaves se encuentra la *torx,* que es una llave con cabeza de tornillo en forma estrellada de seis (6) puntas, la cual es diferente a llaves hexagonales que también se incluyen en el maletín. El maletín contiene espátulas, escuadras, medidores de ángulo, ceguetas, marcadores, llaves de expansión, llaves inglesas, lupas, taladros, brocas para madera, hierro y cemento, formones, pelacables, tijeras, almádanas, herramientas de alineación, regla de acero inoxidable, cintas aislantes, copas tipo *ratchet,* llaves *bristol,* alicates diversos, dispensador de lubricantes, flexómetro y otras herramientas especializadas.

Para las personas que se dedican a mantenimientos electromecánicos un maletín de este tipo es una gran ayuda y les facilita el trabajo y el trasporte de bastante herramienta en un solo contenedor: el maletín. Si la persona tiene poco conocimiento y experiencia del manejo de esta herramienta especializada, es altamente probable que el maletín permanezca guardado en una alacena ocupando un espacio importante, sobre todo si se dispone de poco espacio para las demás cosas.

Martín tiene en su alacena un maletín con toda esta herramienta que compró hace unos pocos meses, pues en una oportunidad vio en las redes sociales que estaban ofreciendo en promoción ese maletín. Lo compró porque pensó en que algún día le sería útil cuando tuviera un daño en su hogar de algún equipo electrónico o mecánico, empezando por su carro SUV que compró hace unos pocos meses.

La camioneta SUV de Martín tiene una garantía de 6 años, luego cualquier daño que sufra será reparado y sin ningún cargo para Martín debido a esta garantía. Esto nos hace pensar que el maletín poco se usará en los siguientes seis (6) años en su auto nuevo.

Martín confunde tensión con amperios, luego el voltímetro que contiene su maletín tampoco lo podrá utilizar en las reparaciones eléctricas de la casa. Este voltímetro será una herramienta que estará guardada también por mucho tiempo. Las herramientas que sí puede utilizar con cierta pericia son el martillo y los destornilladores, pero para ciertos trabajos sencillos. Lo demás, desconoce cómo utilizarlos, y es probable que poco se use en muchos años.

El costo de un maletín de herramientas puede variar entre varios centenares de miles de pesos colombianos y millones, dependiendo del fabricante y la cantidad de herramientas que contenga. Si la persona es como Martín que carece del conocimiento y la experiencia en el manejo de esos elementos, es mejor que ese dinero lo destine para otras inversiones que le generen unos ingresos adicionales, y en las situaciones que se presenten daños, contratar los servicios de personal especializado y evitar hacerlo porque puede sufrir un daño personal, o agravar la situación por un mal uso de esos implementos.

GPS

El sistema de posicionamiento global (GPS) es un sistema de radionavegación de los Estados Unidos de América, basado en el espacio, que proporciona servicios de posicionamiento y navegación en todo el mundo.

Un GPS portátil no requiere conexión ni instalación para su correcta operación, pero sí se requiere que el equipo se encuentre en un área despejada para la conexión satelital, los cuales rastrean la posición, calculan el tiempo y la velocidad de desplazamiento. Hace algunos años tener este servicio requería de la compra de un equipo GPS con precios que variaban entre varios centenares de pesos colombianos y algunos millones. Actualmente, los dispositivos GPS están incluidos en múltiples aparatos desde móviles hasta cámaras de fotos, relojes, inteligentes, drones y vehículos. Por consiguiente, es una compra poco inteligente si se adquiere este equipo solo para conocer la posición de un lugar específico porque los celulares ya lo traen incorporado.

Teléfono fijo

Un teléfono fijo, también conocido como línea fija o línea principal, es un teléfono que requiere conexión por cable a una caja de distribución de propiedad del proveedor, y se usan para la comunicación de un lugar a otro en donde ambos están instalados de una manera permanente. El sonido se transforma en una señal eléctrica que se transporta por un cable o por una fibra óptica hasta una central telefónica, el cual direcciona la señal hacia otro usuario con un número marcado. En el otro extremo se encuentra un aparato similar, el cual recupera la señal eléctrica y la transforma en sonido.

Los teléfonos fijos (alambrados) fueron también reemplazados por nuevos aparatos que utilizan la tecnología inalámbrica, pero no dejaban de ser un servicio fijo, pues la señal tenía un alcance local limitado, es decir, no funcionaban fuera de una casa, oficina o de un apartamento.

Hace unos años, quizás un par de décadas, la telefonía fija era el sistema de comunicación más utilizado en el mundo, pero el sistema celular ha ido reemplazando la red de telefonía fija, de tal forma que en muchas ciudades ya no se presta este servicio y solo se cuenta con el sistema celular, el cual puede ser suministrado por alguno de los diferentes proveedores disponibles en el mercado. Los proyectos inmobiliarios actuales, a diferencia en los desarrollados anteriormente, eliminaron los diseños y tendidos de redes telefónicas y asumen que los nuevos propietarios empleen las líneas celulares para establecer comunicaciones con todo el mundo de una forma rápida y de excelente calidad.

En edificios de apartamentos o unidades residenciales controladas por una portería central, la planta de citofonía fue reemplazada por las comunicaciones IP a través de un equipo celular. Este celular se conecta con los copropietarios, quienes reciben llamadas en sus celulares sin importar en qué sitio se encuentren. Este sistema permite un ahorro en inversiones en citófonos, en mantenimiento, cableado y brinda control en la unidad residencial. Entre las funcionalidades están: mensajes de texto, comunicación con la recepción o con otros copropietarios, alarmas, ahorro de espacio y comunicación por grupos.

A cada equipo que se conecta a Internet se le asigna una dirección IP, útil para identificar de forma única ese determinado dispositivo para diferenciarlo de otros equipos conectados a la red.

El desarrollo tecnológico de los sistemas de telecomunicaciones e informáticos hace que cualquier sistema actual sea reemplazado rápidamente por uno nuevo, con mayores servicios y menores costos.

Comprar un teléfono fijo en el día de hoy para uso residencial puede ser poco inteligente si se puede hacer vía celular.

Cámaras de fotografía digitales

La fotografía es un proceso de registro de imágenes en una superficie fija o en un sensor que permite comunicar lo que es más importante y conservarlo por un tiempo prolongado.

Las primeras cámaras fotográficas utilizaban un rollo o película que, mediante un proceso en un laboratorio, se convertían en negativos para luego imprimir las fotos en un papel especial para la fotografía. Estos rollos tenían una capacidad de 12, 24 o 36 fotos.

En la década de 1900 salen las cámaras digitales que rápidamente reemplazaron a las de rollo. La capacidad de estas cámaras es mucho mayor, no requerían película y, por consiguiente, se eliminó el negativo. Solo se requería un computador y una impresora que mediante papeles de excelente calidad se imprimían las fotos.

Las cámaras de rollo o las digitales contaban con una gran cantidad de accesorios de acuerdo con las necesidades del fotógrafo. Lentes, filtros, *zoom*, trípodes, etc., de una amplia variedad de calidad y precio.

En las dos últimas décadas, el mercado ha ofrecido teléfonos celulares que incorporan cámaras cada vez de mejores especificaciones para fotografía y videos, que; aunque, no son trabajos profesionales, sí son de buena calidad. Esto ha hecho que los clientes aficionados a la fotografía prefieran adquirir un buen celular con una buena cámara que comprar además del celular la cámara digital con todos sus accesorios.

Si el fotógrafo está interesado en tomar fotografías como un verdadero profesional, el celular poco le será útil y compraría la cámara digital. Para esa persona su compra sí sería una compra consciente e inteligente. Para el resto, un buen celular bastaría para lograr sus objetivos. Es usual ver en muchos eventos como conciertos, desfiles, partidos de futbol, turismo, o accidentes automovilísticos que las personas toman fotos haciendo uso de sus celulares.

En la compra de un celular, usualmente las personas ven como un factor muy importante los megapíxeles que tiene la cámara.

Un píxel es la superficie homogénea más pequeña de las que componen una imagen, que se define por su brillo y color (RAE). Es decir, un píxel se codifica mediante un conjunto de bits de longitud determinada que admite hasta 256 variaciones de color (2^8 posibilidades binarias). Un bit es una unidad de medida de cantidad de información, equivalente a la elección entre dos posibilidades igualmente probables. Estas dos posibilidades son 1 y 0. Uno (1), es decir, hay señal y cero (0) que falta señal en un intervalo de tiempo. Para definir el color de un píxel se usan tres bytes que equivalen a 24 bits. 1 byte = 8 bits.

Un (1) píxel = $2^{8 \times 3}$ = 16 777 216 variaciones de color

Un megapíxel equivale a 1 millón de píxeles. La cantidad de megapíxeles que tenga una cámara digital define el tamaño de las fotografías que pueda tomar y el tamaño de las impresiones que se puedan realizar. Como es una distribución en un área bidimensional, se puede concluir que la calidad de la imagen no es proporcional con la cantidad de megapíxeles que posea la cámara.

A mayor cantidad de megapíxeles, menor es el tamaño del píxel. Los celulares con cámaras de bastantes megapíxeles ofrecen una gran versatilidad y sirven para tomar fotografías grandes cuando hay buena luz. Si se desea procesar archivos pequeños, una cámara de baja resolución puede ser la más adecuada y quizás permite capturar imágenes a mayor velocidad. En conclusión, se puede decir que la mejor cámara es aquella que se ajusta a las necesidades del fotógrafo.

Multivitamínicos y suplementos

Un multivitamínico es un suplemento dietético que aporta vitaminas, minerales y otros elementos nutricionales, y vienen en diferentes presentaciones, cápsulas, polvos y líquidos. El objetivo es tratar de suplir las deficiencias de vitaminas causadas por trastornos digestivos o para tratar una alimentación deficiente de nutrientes.

Las vitaminas y minerales se encuentran en forma natural en los alimentos, y es el organismo el más eficiente para tomarlas para un correcto funcionamiento. Por esto, la alimentación debe ser sana y balanceada. Con la alimentación es difícil lograr un exceso de vitaminas o minerales en el organismo.

La gran mayoría de las personas, especialmente los adultos mayores, consumen suplementos vitamínicos sin ser recetados por un médico o un nutricionista, o por un amigo o por una publicidad en televisión o en redes sociales.

Los suplementos vitamínicos ayudan a controlar ciertas enfermedades como la anemia, osteoporosis, obesidad, raquitismo, deficiencia en la visión nocturna, alteraciones de la coagulación de la sangre, etcétera cuando la persona presenta una deficiencia nutricional o vitamínica.

Es importante tener en cuenta que los excesos de vitaminas por el consumo excesivo de suplementos originan problemas en la salud del paciente. Puede producir cálculos renales, problemas gástricos, convulsiones, intoxicaciones, confusión mental, palpitaciones, cáncer o la muerte.

Los nutricionistas y médicos recomiendan que algunos pacientes sí deben tomar suplementos vitamínicos como las mujeres en embarazo, menopáusicas o en su ciclo menstrual, los vegetarianos y veganos, deportistas de alto riesgo, personas con osteoporosis, celíacos, las personas con anemia, o las personas con ciertas deficiencias en algunos minerales. Lo que sí debe quedar claro es que los multivitamínicos no reemplazan a los alimentos.

Si la persona consume una alimentación sana y balanceada, los suplementos vitamínicos le serían inútiles o quizás le puedan generar problemas de salud antes que solucionarlos. Si esta persona compra suplementos multivitamínicos sin una prescripción médica, sería una compra poco inteligente e inútil.

Garantías extendidas

Cuando se compra un electrodoméstico, es probable que el vendedor pregunte si se desea comprar una garantía extendida que se inicia en el mismo momento que expira la garantía inicial del fabricante. El cliente decidirá si acepta o no esta garantía extendida.

Una garantía extendida es un contrato de servicio que cubre los costos de algunos tipos de reparaciones o la sustitución del equipo y para un tiempo adicional, generalmente un año, a la garantía inicial que determine el fabricante.

Antes de decidirse por una garantía extendida se debe evaluar la probabilidad de daño del equipo comprado, si las reparaciones son costosas o si el tiempo de fallas del aparato es corto o frecuente, o si las reclamaciones son complicadas o que se tiene que esperar mucho tiempo para recibir un reembolso. Esta información la puede obtener de otras personas que también compraron el mismo equipo. Si es un electrodoméstico, como por ejemplo un televisor, y se va a instalar en un sitio rural alejado y con una red eléctrica inestable o poco confiable, la garantía extendida puede ser una buena opción para recuperar la inversión en caso de falla o de cubrir los gastos de la reparación.

Al adquirir esta garantía, es importante verificar si tiene costos ocultos como los deducibles u otros cargos que debe pagar cada vez que solicite un servicio al producto. Entre los costos escondidos está el de envío hasta el sitio de reparación y el retorno al propietario; el cargo que se cobra si trasfiere la garantía a otra persona cuando se vende el equipo a un tercero y con vigencia de la garantía, y si se tiene una limitación para los montos reembolsables. También es importante saber quién es el responsable de la cobertura y cuánto tiempo está operando en estas reclamaciones, porque es posible que cuando se vaya a solicitar una reclamación esa empresa ya **no** siga operando, especialmente cuando se compra *online* un equipo. Se debe verificar en Internet si hay comentarios negativos del servicio. Una forma sencilla de averiguar es digitar el nombre de la compañía adicionando la palabra *review* o *complaint* (quejas).

Un inconveniente en la adquisición de garantías extendidas es la correspondencia indeseada y permanente de ofrecimientos de nuevos equipos o de otros servicios.

Memorias USB

Un dispositivo USB, conocido también como dispositivo de memoria o *flash,* es utilizado para almacenamiento, respaldo de datos y transferencia de archivos entre dispositivos. Estas memorias por su tamaño y versatilidad fueron utilizadas en todo el mundo. Su uso es bastante sencillo y solo requiere conectarlo a un puerto USB de un equipo u otro dispositivo y grabar o recuperar archivos de diferentes programas: Excel, Word, fotos, canciones, aplicaciones y programas específicos. Son memorias rápidas y de un excelente apoyo para respaldar información que puede ser valiosa para la persona.

Las memorias USB se clasifican en cuatro tipos según la velocidad de transferencia de datos: baja velocidad, mediana, alta y superalta velocidad.

El reemplazo de las memorias USB se llama «nube». El almacenamiento de la nube es un modelo de computación que ha reemplazado a los dispositivos físicos para el almacenamiento de datos y archivos en Internet a través de un proveedor de computación público o privado. Por lo tanto, la nube es un conjunto de servidores a los que se accede a través de Internet para almacenar o recuperar todo tipo de archivos y funciona como un disco duro virtual.

El costo del servicio en la nube depende de la capacidad requerida. Va desde varios miles de pesos colombianos a cientos de miles de pesos. Algunos programas ofrecen almacenamiento en la nube para bajas capacidades, que, con una utilización bien planeada puede ser suficiente para almacenar los archivos de trabajo o de información que se desea recuperar después, o en otros sitios donde se encuentre disponible la conexión con Internet.

Si se requiere almacenar archivos de gran tamaño o programas que exigen buenas prestaciones en una máquina, lo mejor es utilizar estas memorias y no la nube. Hoy en día se extiende cada vez más el intercambio de información y archivos en la nube que en memorias *USB*.

DVD y CD

El CD es un disco óptico compacto de una sola capa, conocido con ese nombre, CD, por las siglas en inglés y utilizado para almacenar datos en formato digital como imágenes, videos, documentos, música y otros tipos de archivos.

El DVD es un disco versátil digital similar a un **CD** pero de mayor capacidad hasta 6 veces más, porque su lectura es por capas. Luego de varios años, los **DVD** y los equipos reproductores entraron en desuso y fueron reemplazados inicialmente por las memorias USB, y posteriormente por la nube o por empresas proveedores de videos, películas e Internet.

El costo de un **CD** o un **DVD** puede ser similar al precio mensual de un servicio de música o de películas y no requiere de equipos reproductores especializados.

Un **CD** o un **DVD** puede ser una solución buena cuando se desea llevar la información a algún sitio que falte una conexión con Internet. Cada vez es más amplio el cubrimiento de conexión a Internet que el uso de estas unidades, prácticamente ha desaparecido.

Vestidos de novia

Un vestido de novia puede costar desde varios centenares de miles de pesos colombianos hasta varios millones y posiblemente para un solo uso. El resto del tiempo después del primer uso estará guardado ocupando un espacio y sería un costo muerto.

Algunas chicas, el vestido de novia lo guardan como algo preciado con gratos recuerdos sin importar el dinero invertido, pero al cabo de los años con algo de tristeza, salen de él por el espacio que ocupan o por el deterioro sufrido por el tiempo y por el poco uso.

Un vestido de novia, por lo general se usa solo una vez. Si el matrimonio tiene un final poco feliz, es altamente probable que la novia evite usar de nuevo el vestido que usó en su primer matrimonio para un segundo, porque le puede generar sentimientos negativos, y por eso desearía cambiar de vestido. Vida nueva, vestido nuevo.

Para los hombres no sucede lo mismo, pues un traje como un esmoquin se puede utilizar en otro tipo de celebraciones a pesar de que también son pocas las ocasiones que se usa este tipo de vestimenta.

La solución para las novias se encuentra en las tiendas de alquiler de vestidos de novia. Allí también se encentran los trajes para los hombres si se desea invertir poco y por una sola vez.

En el mercado existen varias tiendas de alquiler con una amplia gama de vestidos ofrecidos para novias, para reuniones tipo cóctel, ceremonias de etiqueta con joyería, etcétera. El alquiler de vestidos de novia es una práctica frecuente que permite un ahorro significativo que puede ayudar en la elaboración de un presupuesto. Si se alquila un vestido de novia es porque también se tiene planeado una ceremonia con una buena decoración, diseño de tarjetas de invitación, bebidas y licores, y una cena elegante. Además del vestido, se pueden arrendar zapatos, el velo, guantes y demás accesorios para completar el conjunto.

Es posible alquilar el vestido de primera postura de acuerdo con los catálogos de la tienda, o mandar a confeccionar el vestido al gusto de la novia. Esta opción es la más costosa, pero el valor es mucho menor que la compra del vestido nuevo. En el valor de alquiler del vestido es posible que la tienda se encargue de hacer las modificaciones a gusto de la novia.

Freidora

La freidora es un electrodoméstico usado en la cocina para preparar en aceite algunos alimentos. Estos aparatos tienen una fuente de calor eléctrica o a gas. Generalmente, las freidoras a gas son para uso industrial.

Este aparato de cocina posee un contenedor de aceite el cual se calienta para freír el alimento. Los nutricionistas y médicos endocrinólogos sostienen lo siguiente: los aceites poseen átomos de carbono y, dependiendo del tipo de aceite, los enlaces de estos átomos de carbono son de cadena larga o de cadena corta. Son de cadena larga cuando tienen más de 12 átomos de carbono y se encuentra en la mayoría de los lípidos (grasas), y los de cadena corta menos de 8 carbonos. Entre mayor sea el número de carbonos, mayor es la probabilidad de generar problemas de salud en el consumidor.

Existen tres tipos principales de saturación en los aceites: saturados, insaturados y poliinsaturados.

Los aceites saturados no tienen enlaces dobles entre sus átomos de carbono, y están «saturados» con la cantidad máxima de átomos de hidrógeno posible. Estos aceites son los más estables frente al calor y tienen una mayor durabilidad. Esta es la razón por la cual es utilizado en la alimentación comercial a pesar de su insalubridad. Entre estos aceites se encuentra el de palma y el de coco.

Los aceites insaturados contienen al menos un enlace doble ente sus átomos de carbono, indicando que no están saturados con átomos de hidrógeno. Estos aceites son más propensos a la oxidación y volverse rancios con mayor facilidad que los aceites saturados. Por eta razón, no es utilizado en los *snacks* y en muchos alimentos ultraprocesados. Los aceites saturados se dividen en dos categorías: monoinsaturados y poliinsaturados.

Los aceites monoinsaturados presentan un solo enlace doble en su estructura. El aceite de oliva y el de aguacate son un ejemplo de este tipo. Son consideradas como grasas saludables. Es importante considerar la procedencia del aceite de oliva, porque en diferentes medios se ha informado que la gran mayoría no son aceites puros sino mezclados con aceites vegetales de baja calidad. Generalmente, los aceites de oliva puros vienen en botellas de vidrio de color oscuro para evitar que la luz estropee el aceite, presentan fecha de elaboración y fecha de vencimiento. Una prueba casera para determinar la pureza del aceite es someter una o dos onzas de aceite al congelador por una hora, tiempo en el cual el aceite se solidifica presentando un color parejo. Si presenta zonas de otro color, el aceite es mezclado. En ese caso lo mejor es descartarlo.

Los aceites poliinsaturados presentan múltiples enlaces dobles en su estructura. Algunos ejemplos son el aceite de girasol, de maíz y de pescado.

Los aceites industriales derivaron en la creación de aceites trans con el proceso de hidrogenación para volverlos sólidos y darles mayor vida útil, pero afectan la salud del consumidor. Se debe evitar su consumo. Están presentes en las margarinas, los cruasanes, palitos de queso, pasteles hojaldrados; en general, todo producto de panadería con base en hojaldre. Usan una margarina industrial llamada vitina. Un comprador inteligente evitará a toda costa el consumo de estos productos a base de pasta de hojaldre.

Los omega 3, 6 y 9 son ácidos grasos esenciales para la buena salud. Los ácidos grasos omega 3 son un tipo de grasa polinsaturada que ayuda a mantener el corazón sano y protegido contra accidentes cerebrovasculares. Son antiinflamatorios. El omega 6 se encuentra en todas partes del cuerpo para el buen funcionamiento celular. Si son excesivos produce inflamación celular. La proporción entre omega 3 y 6 debe ser 1:1 para evitar la inflamación celular. El omega 9 puede reducir los niveles de colesterol y fortalecer el sistema inmunológico.

Los aceites más utilizados para las freidoras son aceite de palma, de girasol o maíz. Estos aceites son ricos en grasas saturadas, bajos en omega 3 y altos en omega 6. Con el uso frecuente o con la reutilización de estos aceites, puede producir efectos sobre la membrana interna de las venas (endotelio) generando problemas cerebrovasculares.

El consumo de aceite de oliva virgen extra prensado en frío o del aguacate son grasas saludables y no producen los efectos dañinos que sí hacen los aceites utilizados en las frituras.

Otro inconveniente además de los problemas de salud en las freidoras es el proceso de lavado después de su uso. Los aceites que quedan en los contenedores después de su uso son lavados con jabón y esas grasas despegadas producen contaminación del agua. El aceite, por las recomendaciones de los nutricionistas, debe reutilizarse como máximo tres veces para freír alimentos. El aceite descartado es un gran contaminante. Se deben recoger y depositar en lugares adecuados para su recolección por parte de empresas especializadas en el tratamiento de estos productos. Si no se necesita consumir aceite, lo mejor es evitar usar cualquier clase, porque muchos alimentos tienen grasas que el organismo procesa en forma adecuada. Comprar freidores, cuyo valor varía en varios cientos de miles de pesos colombianos, se puede catalogar como una compra poco inteligente o inconsciente.

Gloria vio hace un año en un programa de televisión la promoción de una freidora eléctrica de 1000 vatios y una capacidad de 1.1 litros de aceite, y salió a comprarla pensando que le facilitaría freír sus famosas empanadas que tanto le gustaban a ella, a Martín y a su familia.

Meses después y de acuerdo con los resultados de laboratorio, su médico le ordenó reducir el consumo de alimentos fritos porque su colesterol estaba alto, al igual que el de Martín, su esposo, quien aprovechó también para hacerse ese mismo examen. Desde ese momento, la freidora se encuentra guardada en una alacena junto con otros electrodomésticos que dejaron de usarse hace tiempo.

Libros

La lectura de libros estimula la creatividad de la persona. La persona que lee poco generalmente es una persona callada cuando se encuentra en un círculo de amigos con un buen grado de educación. Esta persona aporta poco en las discusiones, y generalmente comete errores conceptuales en los temas que poco entiende.

En las reuniones sociales, es usual ver a personas que emiten críticas en temas de política, deportes, ciencia y economía sin estar preparados o con pocos conocimientos sólidos que sí puede proporcionarles la lectura de un buen libro.

La persona que poco lee es una persona que solo vive su vida y una sola vez y es considerada como una persona analfabeta, así sepa leer y escribir, pero con toda seguridad, leerá, escribirá y hablará deficientemente. La persona que lee es una persona que vive muchas vidas, escribirá bien y se expresará con claridad y sabiduría.

Según la ciencia, leer trae muchos beneficios al estimular otras habilidades, ejercitar la memoria y la inteligencia, fomentar el interés por conocer más sobre diversos temas, desarrollar poder de concentración y crear grupos de amigos valiosos al activar la empatía. Aumentar el vocabulario para lograr una mejor comunicación social, mantener el nivel cognitivo y expresarse mejor y más eficientemente.

La lectura puede ayudar a controlar el estrés y combatir el insomnio. Un buen libro calma la ansiedad y las preocupaciones de las personas además de mejorar el pensamiento y en cierta forma disminuir el riesgo de enfermedades mentales. Una familia que lee es una familia unida y feliz. Si los padres son buenos lectores, posiblemente sus hijos también lo sean, pues son ejemplo y cultura del hogar. La mayoría de los grandes emprendedores de un país son personas que dedican mucho tiempo a la lectura, y prefieren libros de biografías de personajes exitosos, de eventos de actualidad, libros de autoayuda, psicología y liderazgo. Si se dedica a leer 30 minutos diarios, esto lo pondrá en la cabeza porque la mayoría de las personas poco leen.

El nivel de lectura en la gran mayoría de los países de Sudamérica es realmente pobre. La siguiente tabla presenta la cantidad de libros que una persona en promedio lee en un año:

País	Promedio anual de libros por habitante
Argentina	1,6
México	1,7
Colombia	**1,9**
Venezuela	2,0
Brasil	2,5
Perú	3,3
Chile	5,3
Estonia	6,0
Portugal	8,5
España	9,9
Corea	11,0
USA	12,0
Canadá	17,0
Francia	17,0

Fuente: lectupedia.com

Comprar un buen libro es una inversión, no un gasto, dicen los expertos. Pero es importante saber comprar libros. Lo primero que se debe hacer es presupuestar una partida para este tipo de compras y sin dejarse llevar por el deseo de comprar muchos libros que quizás no los lea y permanezcan en un armario por siempre. Muchas personas se suscriben a publicaciones de libros y revistas más por esnobismo que por leerlos. Son compras poco inteligentes si se hace por esta razón.

Muchos libros se pueden encontrar en tres presentaciones: pasta dura, pasta blanda, *e-book* (libros electrónicos). El precio sigue ese mismo orden de tal manera que el electrónico puede ser la mitad del precio del libro de pasta blanda.

Si se compra el libro electrónico se debe considerar que es poco probable que se comparta con otras personas, amigos o familiares, y que se requiere un dispositivo, computador, tableta o Kindle con conexión a Internet. Todos los dispositivos electrónicos pueden averiarse o estropearse. Las ventajas de este libro son: requieren espacios físicos pequeños, no hacen falta anaqueles que soporten buen peso cuando se acumulan buena cantidad de libros; no se deterioran con el tiempo y no los afecta la luz o la contaminación ambiental; se entregan con un solo clic en cualquier parte del mundo; por lo general los dispositivos son de bajo peso, que cansan menos que el libro impreso. Hay también una protección del medio ambiente, ya que no se utilizará pulpa de madera necesaria para producir el papel.

Con los libros electrónicos se puede subrayar, resaltar o anotar comentarios al margen como se hace con un libro impreso, y se puede ajustar el tipo de la letra y el tamaño a gusto del lector. También tienen la ventaja de que nunca se van a agotar y siempre estarán disponibles al lector.

Es usual que cuando se termina de leer un libro y días después se desee buscar una frase o palabra en ese libro, y le queda fácil encontrarlo. En el libro electrónico es una gran ventaja porque con un solo clic puede lograrlo. Con este tipo de libros, los editores trabajan con una gran cantidad de autores y con una amplia variedad de temas (guiauniversitaria.mx).

Los libros electrónicos también tienen sus desventajas: requieren un aprendizaje inicial, no pueden ser firmados por el autor, no son fáciles para hacer regalos, cansan más a los ojos, ni tienen olor y se pierde el tacto con el papel, al cual la mayoría estamos acostumbrados.

Una desventaja de un libro electrónico es una ventaja del libro impreso. Es la persona quien evaluará si es conveniente un libro electrónico o uno impreso. Lo importante es saber si la compra es inteligente o no. Si es por esnobismo, como se dijo antes, es poco inteligente la compra. Si es por acumular libros, también es una compra poco inteligente. Si es para disfrutar, aprender de la lectura y si se tiene presupuestado, con plena certeza, es una compra inteligente.

Es recomendable elegir si se desea que el libro sea de pasta dura o pasta blanda. El de pasta dura es algo más costoso y es utilizado en la mayoría de las veces cuando se desea hacer un regalo a una persona en especial. Si es para conservarlo después de su lectura, un libro de pasta blanda puede ser suficiente, además de la facilidad en su manejo, pues cuando se tiene algo de cansancio en sostener el libro, doblar la pasta hacia atrás puede ayudar a descansar un poco la mano que sostiene el libro.

Las suscripciones de revistas y periódicos tienen el mismo concepto de los libros, porque son digitales o impresos. La gran ventaja de las revistas y los periódicos es que cuentan con un gran alcance entre el público y una gran credibilidad. Sus costos son menores a los de los libros; aunque algunas revistas selectivas suelen tener un costo apreciable.

Algunas de las desventajas son el gran banco de anuncios en casi todas las páginas, y la información o noticia es tardía cuando llega al público, que, por lo general, está ya informado. Las revistas y los periódicos pueden resultar no una buena referencia para mantenerse informado, pero sí son interesantes para ampliar en detalle algunos sucesos.

Si se cuenta con un presupuesto para gastar en periódicos y revistas, sería una compra inteligente, siempre y cuando se lean y no se acumulen en un cesto de revistas y periódicos para leer en otros ratos cuando se tenga el tiempo para ello. Si estas suscripciones son digitales, se estará cuidando el medio ambiente por la no utilización de papel. Así como en los libros, las suscripciones digitales requieren de dispositivos electrónicos con conexión a Internet. Si la persona que tiene la suscripción está pasando una larga temporada en una finca de recreo, probablemente no se tenga la facilidad de que el repartidor de periódicos y revistas llegue a esos sitios, de tal manera que, al finalizar esa temporada de descanso, se tenga acumuladas esas suscripciones, que por lo general se descartan o se arrojan a la basura sin leerlas previamente.

Pólizas de estudio

Los padres de familia preocupados por la educación de los hijos, y ante posibles eventos de enfermedades o cesación de su contrato de trabajo, recurren a pólizas de estudio o seguro educativo el cual permitirá pagar las matrículas correspondientes a los estudios universitarios.

El seguro educativo puede utilizarse para pagar hasta diez (10) matrículas o semestres en una universidad colombiana o en el exterior siempre y cuando se ubique dentro de los parámetros asegurados. Si los padres toman el seguro en pesos colombianos, el valor total de cada matrícula o semestres será el que resulte de multiplicar la tasa de cambio oficial o TRM (tasa representativa del mercado del peso por dólar americano) por un valor fijo en dólares americanos.

El valor en dólares representa la posibilidad de seleccionar una de muchas universidades en el mundo. Si el programa académico es mayor a 10 semestres, la póliza solo cubrirá los primeros diez semestres sin importar la inflación anual que se obtenga cuando se inicie el programa de estudio. Si el programa académico es menor a diez semestres, por ejemplo 8, los dos restantes se utilizan para adelantar un posgrado o parte de él. Las aseguradoras brindan cierta flexibilidad en el manejo del tiempo y establecen un mínimo y un máximo para que el beneficiario inicie y termine sus estudios. Si se extiende el periodo académico, los costos serán cubiertos por el beneficiario o sus padres. El tiempo mínimo para comenzar el ahorro puede variar entre tres a cinco años.

En los casos que el beneficiario logre una beca por sus altos rendimientos académicos, las compañías de seguros le reconocerán el valor de la matrícula por el tope contratado para que disponga libremente de ese dinero.

Generalmente esos seguros educativos tienen ciertas restricciones como el suicidio, ingesta de drogas sicoactivas o estupefacientes o prácticas de deportes extremos. Estos seguros educativos tienen en el momento, un costo entre $90 millones de pesos y $140 millones dependiendo del año esperado a ingresar en la universidad. Entre más rápido ingrese, mayor es el aporte mensual. Es decir, si ahorra mensualmente y durante 5 años, le correspondería desembolsar alrededor de $1 500 000 a $2 500 000 por hijo.

Algunos padres de familia deciden comprar esas pólizas para asegurar el estudio de sus hijos, y eso les brinda tranquilidad y seguridad. Esta decisión es buena y en ningún momento sería reprochable. Pero si los padres arriesgan un poquito más, logran pagar los estudios de sus hijos en las mismas condiciones que si en vez de pagar la póliza ahorran el dinero y lo invierten sabiamente. En un seguro educativo el cliente deja de percibir beneficios a partir de la fecha de vencimiento, es decir, se consumió el ahorro que esas compañías le manejaban y ahí cesaría toda intervención de la compañía. En una inversión en bienes inmuebles no se tiene fecha de vencimiento.

En el libro *Finanzas ¿un mito?* del mismo autor, el lector puede observar el riesgo que se tiene con inversiones en inmuebles.

Sea el siguiente ejemplo para ilustrar este concepto.

Tasa de interés =	1,25 %	mensual
	Saldo final	
Ahorro mensual	36 meses	60 meses
2 000 000	$ 90 231 011	$ 177 149 016
4 000 000	$ 180 462 022	$ 354 298 031

Si el padre de familia realiza el presupuesto mensual, y dentro de sus gastos incluye el pago del seguro educativo para su hijo, y durante 5 años, es probable que con esos beneficios que le reconozca ese seguro, pague las matrículas de los 10 primeros semestres académicos. Si la cuota del seguro es de $2 000 000 mensuales, al cabo de tres años y a una tasa de interés que la compañía le reconozca de 1.25 % (tasa estimada), tendría un saldo de $90 231 011 y con base en este valor la compañía de seguros le calcularía el valor de la matrícula que le reconocería en cada uno de los 10 semestres. Si los pagos son durante 5 años, el saldo sería de $177 149 016 y el valor de las matrículas sería mucho más alto y, así, el hijo podría elegir cualquier universidad.

Ahora, si el padre de familia reúne esa cuota del seguro más el ahorro del 100 % de sus ingresos que también lo estimamos en $2 000 000, al cabo de los tres años y a la misma tasa de interés de 1.25 % mensual, el ahorro de $4 000 000 mensuales equivaldrían a un saldo a tres años de $180 462 022 que fácilmente podrían ser el valor de la cuota inicial, a hoy día, de un inmueble que se puede destinar a producir una renta mensual. El inmueble se compraría en planos, es decir, en proceso de ventas y construcción que por lo general toma un tiempo estimado de tres años. Durante este tiempo los constructores dan la facilidad para que los clientes puedan pagar la cuota inicial diferida sin ninguna tasa de interés.

Si el inmueble tiene un valor aproximado de $380 millones de pesos, y la cuota inicial del inmueble es de $180 millones de pesos se tomaría una hipoteca de $200 millones de pesos. El precio del apartamento en tres años, fecha en que termina de pagar la cuota inicial, podría estar en $550 millones, el cual fácilmente podría obtener un canon de arrendamiento de $3 500 000 mensuales.

El apartamento tendría una deuda hipotecaria de $200 millones de pesos, y la cuota hipotecaria se calcula en $2 600 000 mensual fija durante todo el plazo del préstamo (15 años = 180 meses), incluyendo el seguro de vida.

El canon de arriendo menos la cuota sería $1.1 millones mensuales a favor (3 500 000 - 2 600 000 = 1 100 000) en el primer año de arriendo.

La cuota inicial del inmueble se recogería en tres años, luego se analiza dos años de arrendamiento para comparar el mismo tiempo que se requiere para pagar el seguro educativo. Es decir, se estima que el hijo inicie estudios universitarios en 5 años.

Al cabo de 5 años el canon podría estar en $4 400 000 considerando una inflación anual de 13 %. Esto equivaldría a tener un superávit de $1.8 mensuales (en millones sería: canon de arriendo menos cuota deuda 4.4 - 2.06 = 1.80). Ahora, los $1.1 millones disponibles en los primeros 24 meses después de pagar la cuota inicial, si se invierten en renta fija, podría generar a una tasa de interés mensual de 1.25 %, un saldo de $30.5 millones de pesos.

Si la matrícula; en ese entonces, fuera de $20 millones de pesos, estaría cubierta la matrícula de dos o tres semestres. De ahí en adelante, el valor del canon de arrendamiento ajustado a la inflación le permitirá pagar los gastos de matrícula en forma holgada.

La ventaja de esta alternativa de inversión en un inmueble en vez del seguro educativo radica en que cuando el hijo termine de estudiar o curse los 10 semestres que cubre el seguro, el saldo sería cero en la póliza, pero en la inversión del inmueble, este seguiría generando ingresos pasivos y el 100 % del canon estaría disponible para lograr una mayor calidad de vida. Otra ventaja es que si el hijo selecciona una carrera o estudios de posgrado que requiera el pago de más de 10 semestres, podría hacerlo porque contaría con el dinero para hacer los pagos respectivos. Existen otras ventajas que son importantes como el caso de que el hijo decida retirarse y no continuar estudiando, o una enfermedad o invalidez.

El lector deberá analizar su situación para tomar una decisión inteligente. Para invertir en un inmueble, la persona debe considerar los aspectos que se enunciaron en el capítulo de bienes raíces y disminuir los riesgos, los cuales son mayores que un seguro educativo.

Equipos tecnológicos

Los equipos tecnológicos son dispositivos diseñados y creados por el hombre de manera consciente para solucionar necesidades o resolver problemas o para facilitar la ejecución de tareas, empleando las virtudes de la ciencia. La mayoría de estos dispositivos consisten en una combinación de componentes electrónicos organizando circuitos con el propósito de realizar algún proceso informático de las señales eléctricas y controladas de una manera eficiente y eficaz. Otros dispositivos combinan la parte electrónica con la mecánica para cumplir con ciertos procesos como es el sistema de transporte.

Existe una gran cantidad de equipos tecnológicos y describirlos aquí sería una tarea compleja. En este libro solo se van a referir algunos de ellos, los más sutilizados por la sociedad en general.

Teléfonos móviles

Los teléfonos móviles son equipos con procesadores de alto rendimiento, pantallas de buena calidad y con una cámara incorporada. Las especificaciones de la cámara, la capacidad de almacenamiento de información, el tipo de procesador electrónico, la velocidad de operación dado en GHz, la memoria que usa el dispositivo mientras esté funcionando que se conoce como memoria RAM, el tipo de lente y la batería son por lo general las características que diferencian un equipo de media y alta gama.

Sin importar la gama a la que pertenece el celular que genera una comunicación o que la reciba, todos brindan la posibilidad de establecer un enlace telefónico con otro usuario. Este fue el objetivo inicial de los proveedores de telefonía celular. Con el desarrollo de nuevas tecnologías, a los equipos móviles se les fue adicionando otras características para satisfacer las necesidades de los clientes y lograr ventas atractivas con jugosas ganancias para los fabricantes y proveedores de este servicio. Se ha estimado que la vida útil de un celular es entre un año y cinco años si se mantiene en buenas condiciones.

Muy posiblemente cuando una persona decide comprar un equipo móvil de última tecnología, a los pocos días ya habrá en el mercado otro dispositivo con mejores y mayores prestaciones. Seguir el paso del mercado con este desarrollo vertiginoso sería una locura por lo costoso.

Siempre en el mercado habrá fidelización de algunos clientes con ciertas marcas. En el libro de Simon Sinek, *Empieza con el porqué*, el autor explica la importancia de la razón de ser de las empresas para atender al cliente por encima de las utilidades que le generen un negocio, y esto hace que se mantenga una fidelidad con el paso de los años. Es menos costoso un cliente antiguo que un nuevo cliente. Un cliente fiel siempre espera que el proveedor saque al mercado un nuevo producto para reemplazar el que ya posee. El precio puede ser una característica poco importante, como sí lo es la posesión de lo «último».

Estas personas que adquieren equipos para estar en la vanguardia no son conscientes del costo porque prima la pasión por encima de la razón. No es una compra inteligente.

A algunas personas, especialmente aquellas sexagenarias o mayores, poco les interesa la tecnología y esperan mejor que su móvil sea lo más sencillo de operar, que tener muchos otros servicios que poco o nunca van a utilizar. Si le ofrecen un móvil con una cámara de ultra o gran angular, una lente de cierta marca, sensores de movimiento y estabilizadores de imagen y posibilidad de imprimir en grandes formatos, la probable respuesta es que poco le interesa, que eso no lo sabe manejar, que su actual móvil es fácil de usar y es lo que él necesita.

Si la persona es joven y amante de la tecnología, probablemente estaría contemplando la posibilidad de cambiar su equipo móvil por el más reciente, pues los nuevos servicios que obtendría serían de su interés. Ahora, si la compra es por esnobismo como muchos lo hacen, la mayoría de los servicios nunca los utilizará. Se debe tener en cuenta que el esnobismo es enemigo de las compras inteligentes. El uso de todos los servicios que ofrece un equipo móvil de alta gama es, por lo general, bajo. Hay personas que durante todo el tiempo que poseen un equipo de estos, nunca utilizarán la mayoría de los servicios que contienen y se paga por ellos en el momento de la compra.

Si las nuevas especificaciones de un equipo móvil nuevo suple las necesidades de la persona y su valor es presupuestado sin afectar el ahorro mensual, es probable que la compra sea inteligente.

Computador personal o tableta

Un computador personal es un equipo para cumplir tareas comunes de informática como navegar por internet, estudiar, escribir textos, realizar trabajos de oficina o educativos o científicos mediante operaciones complejas y confiables. Se denomina portátil cuando ofrece la facilidad de moverse o transportarse con gran facilidad y ejecutan los mismos trabajos que un computador de escritorio.

La vida útil de un computador portátil puede ser con un cuidado adecuado hasta 7 años.

Las características que debe tener un buen computador portátil son las siguientes:

- Puerto USB preferiblemente 3.1 que ofrecen gran capacidad de transferencia de datos.
- Procesador mínimo Core i3, que significa que el procesador posee tres cerebros para realizar varias tareas simultáneamente. Entre mayor sea el Core (i5, 17, etc.) mejor es el procesador.
- Pantalla full HD o ultra HD que presente una buena resolución de la imagen. El tamaño debe ser mínimo de 14". Cuanto mayor sea la resolución de pantalla menor será el efecto de parpadeo.
- Batería para una autonomía de al menos 10 a 12 horas continuas de trabajo.
- Que sea ni demasiado grueso ni demasiado delgado.
- Una memoria RAM mínimo de 8 GB de capacidad. La memoria RAM es la memoria de acceso aleatorio para almacenar la información que un programa necesita mientras se ejecuta.
- Conectividad WIFI inalámbrica para la transferencia de datos con eficiencia y velocidad.
- Disco duro SSD que son más pequeños y rápidos y consumen menos energía. Es un disco de estado sólido sin partes mecánicas.

Las tabletas son dispositivos de informática móvil con la pantalla sensible al tacto, y que, con los dedos o lapiceros especiales, se escribe en ella. La pantalla ocupa casi todo su tamaño y en el que carece de un teclado físico. Los usos más frecuentes son ver presentaciones, participar en videoconferencias, leer libros electrónicos, ver películas, compartir fotos, interactuar con redes sociales, tomar notas en clases y mucho más. Es deseable que la tableta tenga buena capacidad de memoria y que el tipo de procesador sea de al menos cuatro núcleos.

Si se cuenta con un presupuesto para comprar una tableta sin afectar el flujo de caja mensual y menos el ahorro, y es para atender una necesidad, se puede concluir que la compra es inteligente. Si es por esnobismo o para utilizarla de vez en cuando, no se considera una compra consciente porque esta tarea la puede realizar un computador portátil que tenga la persona. Si se tienen computador portátil y tableta, se debe evaluar si con uno de los dos es posible realizar las tareas que requieren servicio informático. Cuando sobra alguno de los dos, se concluye que la compra del que sobra fue una adquisición poco inteligente.

Planes de vacaciones

Las vacaciones son un derecho que todo trabajador tiene a disfrutar de un descanso por cada año continuo de trabajo, tiempo en el cual continúa recibiendo el salario respectivo.

Para muchas personas el trabajo es un factor desencadenante de estrés, a pesar de que en casi todas las oportunidades generan satisfacción cuando se ven resultados positivos. El cansancio acumulado, la presión de entregar oportunamente resultados, los requerimientos de un jefe retador o autoritario y las constantes y crecientes exigencias de los clientes hace que las vacaciones sean un remedio infalible para recuperar fuerzas y continuar laborando eficientemente, con mayor productividad y con un mayor sentido de pertenencia. Las vacaciones repercuten en la salud y el bienestar de las personas, incrementa la creatividad, revitaliza el cerebro y son un buen antídoto contra la depresión.

Los destinos de playa son los más preferidos por los turistas en sus épocas de vacaciones y las agencias de viajes, conocedoras de los intereses vacacionales, diseñan planes y proyectos para atraer clientes. Entre estos planes se encuentran viajes solo para mujeres, ecoturismo, avistamiento de aves, experiencias en helicóptero, turismo de lujo, entre otras.

Las agencias de viajes ofrecen varias alternativas con asesorías personalizadas de los destinos, la documentación necesaria para el ingreso a otros países o parques nacionales, los medios de transporte y los cuidados a tener en cuenta durante las vacaciones.

Las vacaciones son un tiempo ideal para descansar, pasarla bien y gastar mucho dinero. Por todos es conocido que, durante el periodo de vacaciones, se gasta en todo momento desde el inicio hasta el fin de ese periodo. Por lo general, en las vacaciones se presentan otros gastos imprevistos como son las propinas, eventos sociales como espectáculos, encuentros con personas que demandan ciertas atenciones que no se tuvieron en cuenta al inicio del periodo de descanso, y cambios en los vuelos. Es importante calcular el presupuesto de estas vacaciones para evitar gastar más de lo apropiado e incluir una partida de imprevistos que seguramente se presentarán.

Para disfrutar unas merecidas vacaciones se debe hacer un presupuesto para determinar el monto posible a gastar, y luego hacer un plan a conciencia, el cual se describirá un poco más adelante. Si el dinero proviene de los ingresos que generen las inversiones productivas, con absoluta certeza serán unas vacaciones conscientes e inteligentes.

Para las vacaciones es usual que se incurra en uno o varios de los siguientes errores financieros:

Dejar todo para el último momento

Puede ser que se hayan planeado las vacaciones, pero, si se decide a última hora a dónde ir y cuánto gastar, se pierde un precioso tiempo para ahorrar y reunir los fondos necesarios para cubrir la totalidad de las vacaciones. Si con suficiente tiempo se ahorra mensualmente una parte de los ingresos para pagar los tiquetes de viaje, los gastos de hotel, las comidas en restaurantes, entrada a parques o museos, eventos culturales y realizar algunas compras, las vacaciones serán un tiempo de descanso y de relajamiento que producirá bienestar en la persona.

Otro beneficio de planear los viajes a tiempo es la de lograr tarifas más bajas, especialmente, si las compras se hacen en temporadas frías en donde los hoteles y las empresas de transporte ofrecen promociones a tarifas favorables. En caso de imprevistos o contingencias, contar con un plan separado con suficiente tiempo permitirá hacer cambios de hotel, visitas a parques o museos, o excursiones que por factores externos como mal tiempo, accidentes, inundaciones o problemas de orden público no sea posible realizar. Hacer modificaciones a tiempo es una buena solución para disfrutar las vacaciones. Igualmente, el planear las vacaciones con tiempo permitirá investigar todo lo relacionado con los lugares que se desean visitar.

Martín y Gloria, que carecen de la cultura del ahorro, siempre que sacan las vacaciones lo hacen a última hora, y se pierden espectáculos, entradas a parques y a deliciosas comidas en restaurantes de tres tenedores por no disponer de los suficientes recursos. Al regresar de las vacaciones y en reuniones con sus amigos enseñan con orgullo las fotos de los lugares visitados, los monumentos, edificaciones y paisajes visitados. Jorge, el compañero de oficina de Martín, que hace unos pocos meses visitó la misma ciudad, les pregunta si fueron al restaurante contiguo al museo Moderno, que allí la comida y la atención es propia de reyes. Martín hace un movimiento de su cabeza indicando que no y sacó la disculpa de que le faltaba tiempo para entrar. Pero lo que realmente sucedió es que su presupuesto poco les permitió ingresar a un restaurante visitado; los turistas se dan ese gusto de entrar y comer en ese famoso restaurante.

Planeación y pagar con demasiada antelación

Elaborar un plan financiero de las vacaciones es una excelente idea, pero si es con demasiada antelación, puede ya no serlo. El interés de ir a un sitio en especial es posible que cambie con el tiempo, y puede darse en unos 6 meses o quizás en un año. Hacer modificaciones de un plan ya adquirido con anterioridad puede ser altamente costoso. También es posible que los nuevos sitios que se desean visitar o ciertas actividades no estén ya en los planes de todo incluido que ofrecen las agencias de viaje.

En la planeación de demasiadas actividades en el periodo de vacaciones y con mucha antelación, modifican o resultan vuelos o *tours* cancelados o retrasados que afectan la alegría de las vacaciones. A veces se deja llevar por la emoción y se compran planes especiales que se presentan como maravillosos pero un tiempo después se cancelan o se modifican, y al final se gasta más dinero del presupuestado.

No tener un plan o tener demasiados planes

- Si no se sabe por dónde empezar la elaboración de un plan de vacaciones, puede ser algo estresante para algunas personas. A veces las ocupaciones de un trabajo exigente hacen que no se cuente con suficiente tiempo para elaborar un plan de vacaciones, y delegan en otra persona o en una agencia de viajes, quienes planean todo, desde un comienzo y hasta el final de la temporada. Aceptan los sitios de interés, los hoteles, los restaurantes o comidas y las excursiones.

- Para elaborar un plan de vacaciones es necesario tener en cuenta los siguientes pasos:

1. Elaborar un presupuesto. Verificar si se tiene suficiente capacidad de dinero y que no afecte el plan de ahorros ni las demás obligaciones. Verificar si el presupuesto para vacaciones es ajustado o de lujo.
2. Definir si las vacaciones son de descanso o de aventura. Si es de descanso un plan todo incluido puede ser la solución perfecta. Si es de aventura, un plan todo incluido no es el apropiado, pues hay poca aventura en los sitios que ofrecen este tipo de servicio. Si es de aventura es posible excursiones, actividades al aire libre como montañismo, alpinismo o escaladas, ciclismo, senderismo, buceo, *trekking*, *kayak*, *safari*, entre otros. La aventura acarrea algunos riesgos y estar a merced de sucesos imprevisibles.
3. Verificar si el sitio seleccionado requiere visa o vacunas. En caso de requerirlas, revisar el pasaporte y los certificados de vacunas para que estén al día.
4. Reservar los tiquetes de avión, tren o transporte público.
5. Reservar el alojamiento para todo el viaje que presente una buena relación calidad-precio.
6. Definir lo sitios en dónde comer y tomar algo.
7. Seleccionar los sitios que se deseen visitar y cómo llegar a esos sitios.
8. Verificar si se requiere efectivo y cuánto llevar. Las facilidades de pago con tarjeta de crédito o disponer de cajeros electrónicos para obtener dinero en efectivo.
9. Si se desea ir a la playa o montañas, contar con el vestuario y calzado apropiado, teniendo en cuenta si es época de invierno, verano, otoño o primavera.
10. Se deben buscar los vuelos al mejor precio, con aerolíneas reconocidas que sean cumplidoras y responsables. Procurar obtener el pasabordo por Internet.
11. Reservar un auto si se requiere para movilizarse en ese tiempo considerando que con antelación los precios son menores.
12. Se debe hacer una lista de cosas gratis que ofrecen los planes vacacionales.
13. Seleccionar los parques famosos para visitar, las mejores rutas, los *tours* por la ciudad con los itinerarios definidos.

14. Cuando se viaja siempre se debe llevar seguros de viaje, de salud, porque en caso de algún evento de salud, estar protegido será de mucha ayuda.
15. Verificar las conexiones a Internet, *roaming* para su proveedor de telefonía celular y lograr comunicaciones con familiares y amigos.
16. Cómo hacer la maleta o la mochila. Verificar que lo incluido sea lo suficiente pero tampoco que no alcance dependiendo de lo que se desea hacer en cada sitio.
17. Hacer copia de los documentos más importantes.
18. Decidir con quiénes viajar y elegir el destino a gusto de quien. Cuando se elabora el plan se definen los lugares a visitar y cuáles son las mejores excursiones que hay en los sitios a visitar.

Exceso en el equipaje

- Es la capacidad sobrepasada en el equipaje que no es permitido por las compañías de transporte, especialmente las aéreas. Las compañías aéreas han impulsado el uso cada vez menor del equipaje, obligando al pasajero a controlar más lo que guarda en su maleta e incluir prendas más livianas y en menor cantidad dependiendo del tipo de tiquete adquirido. Los más económicos solo permiten equipaje de mano y que no sobrepase los 10 kg de peso.
- Si el tiquete aéreo es de clase económica y solo permiten un equipaje de mano, es poco probable que se puedan hacer compras para el viajero o para sus familiares o amigos, debido al poco espacio y capacidad de peso.
- Es usual encontrar que el equipaje de las personas que no elaboran un plan de vacaciones contenga más elementos de los que se necesitan. Esto puede originar un mayor valor por exceso de equipaje porque las aerolíneas son estrictas y es parte de su negocio cobrar los excesos. Con exceso en el equipaje hay un mayor riesgo de que se pierdan o se dañen algunas prendas o artículos, especialmente, aquellas que no se utilizaron durante las vacaciones. Un gran equipaje puede tener un peso que presente cierta dificultad e incomodidad en su manejo. No es lo mismo manipular una maleta de bajo peso que una pesada.
- Para evitar pagar por exceso de equipaje de acuerdo con las políticas de la aerolínea seleccionada para viajar, lo mejor es adquirir una báscula de equipaje y chequear que no se sobrepase del peso máximo permitido. El precio de una báscula de equipaje es mucho menor que el

sobrecosto por equipaje cuando se viaja, y seguirá sirviendo para futuros viajes y así evitar un sobrecosto en cada viaje. Si se va a viajar con un equipaje liviano, lo mejor sería que se utilizara una maleta también liviana. Una maleta de material duro, herrajes y rodachinas metálicas tiene mayor peso que una de lona con herrajes y rodachinas de plástico.

No elaborar un presupuesto

Los tres grandes aliados para disfrutar unas lindas vacaciones son la planeación minuciosa, la elaboración de un presupuesto y la forma de financiar el viaje. Todas las personas anhelan y con cierta ansiedad salir a vacaciones con la familia y quizás con algunos amigos. Si no se elabora un presupuesto es posible que terminen en una gran pesadilla y conflictos con los demás miembros que integran los viajes de vacaciones. Los problemas se presentan cuando se hacen gastos que se salen de la capacidad financiera y lo que pintaba como una gran aventura termina con peleas con la pareja, hijos o amigos.

No elaborar un presupuesto puede llevar a que la persona se gaste los ahorros que se tenían previstos para hacer inversiones productivas que le puedan generar ingresos adicionales. Es un sacrificio costoso en el mediano y largo plazo. Posiblemente, se utilizarían tarjetas de crédito que demandarán pago de cuotas altas también no presupuestadas.

Si la persona no elabora un presupuesto para planear sus vacaciones, es probable que tampoco realice presupuestos para cubrir sus necesidades mensuales. En esos casos, el resultado de los ingresos menos los gastos presentan valores negativos. Es decir, mes a mes se queda en saldo en rojo, y para cubrirlos se hace uso del presupuesto del mes siguiente o se realizan préstamos de libre inversión, que, en el medio actual, es uno de los préstamos más costosos en el sistema financiero. Estos préstamos producirán un mayor déficit en la balanza de pagos de la persona, y todo por no hacer un presupuesto con su debida antelación.

- Viajar en vacaciones con la familia y algunos amigos demanda ciertos gastos que, si no se tienen presupuestados, controlarlos es una tarea difícil.
- Para elaborar el presupuesto de las vacaciones, lo primero que se debe hacer es el presupuesto de gastos del mes que incluya los ingresos, los gastos obligatorios y los controlables, y siempre teniendo en cuenta que el primer gasto es el ahorro. Construir el presupuesto anual

(flujo de caja anual) permitirá conocer cuál es la cantidad de dinero máximo que se podrá destinar a las vacaciones sin afectar el fondo de emergencias e imprevistos y cuánto dinero queda para hacer inversiones productivas.

- El presupuesto de las vacaciones debe estar completamente alineado con el plan de vacaciones descrito en este libro. Es importante tener en cuenta que, si hay escalas, se incurren en gastos de alimentación que también deben presupuestarse.
- Adquirir un programa vacacional con presupuesto es una compra inteligente, y se disfrutará plenamente todo el tiempo, así que la persona cuando regrese a su trabajo, lo hará con una gran satisfacción de lo vivido, y verá que el presupuesto es la mejor herramienta para evitar dolores de cabeza posteriores a sus vacaciones. Si, por el contrario, no lo hace, regresar al trabajo será una carga y pensará que, por culpa del trabajo por no tener un salario más alto, tiene estrés para pagar las deudas contraídas. En otras palabras, el culpable es el patrón y no la persona. Estas personas suelen pensar que, si el patrón disfruta de unas vacaciones lujosas, ellos también tienen derecho y gastan sin medir las consecuencias. Elaborar un presupuesto con suficiente antelación puede permitirles a las personas disfrutar también de vacaciones con cierto lujo sin afectar las obligaciones, el ahorro mensual y las futuras inversiones.

Hacer préstamos para tomar las vacaciones

Existen varias formas de adquirir deudas para tomar vacaciones. La más usual y fácil de hacerlo es usando las tarjetas de crédito para pagar a largo plazo. La siguiente es realizar un préstamo de libre inversión en una entidad financiera. La primera es quizás la más costosa porque los bancos cobran una tasa de interés alta en las compras que se ejecutan a más de una cuota. Se debe recordar que, para el pago de las compras con tarjeta de crédito a una sola cuota, los bancos no cobran ninguna tasa de interés.

Cuando se hace un *ahorro* mensual para organizar las próximas vacaciones y, llegado el momento, se organiza la salida, los tiquetes de avión y los hoteles y a disfrutar unos días de aventura o descanso. La persona considera que dicho ahorro es suficiente como planeación y que no necesita más detalle ni más preparación. Así se está dejando muchos detalles al azar que resultan sorpresas desagradables.

En primera instancia, ese ahorro no es propiamente un ahorro. Es una provisión de un gasto que se va a tener en unos pocos meses adelante. El ahorro es para invertir, no para gastar. Y, en segundo lugar, tal como se vio, la planeación de las vacaciones requiere de muchos más detalles para evitar tener amargas experiencias por no seguir concienzudamente un verdadero plan.

Si se hace un préstamo de libre inversión, con plena certeza es una deuda mala. Se debe recordar que una deuda buena es la que mete dinero al bolsillo, y la mala, lo saca. Al regresar al trabajo después de las vacaciones en donde se gastó el dinero del préstamo más las tarjetas de crédito al rojo vivo, no se ha empezado a pagar ni siquiera la primera cuota. La persona tendrá que trabajar para pagar el valor de las cuotas del préstamo y de las tarjetas de crédito, es decir, tendrá que trabajar para el banco y no para él.

Gloria y Martín, que nunca hacen planes de vacaciones, pero sí préstamos y compras con tarjetas de crédito, tienen que trabajar para el banco una semana cada uno. En otras palabras, el 25 % de su salario lo deben destinar al pago de las cuotas por las deudas contraídas para sus vacaciones. Las compras poco inteligentes, la falta de elaboración del presupuesto mensual y la falta de planeación en sus vacaciones, hace que ellos estén siempre en saldo en rojo en relación con sus ingresos.

Copar las tarjetas de crédito

El uso de las tarjetas debe ser solo para dos ocasiones: pagar todo a una cuota que no genere ningún cobro por intereses y contar con el suficiente dinero para el pago correspondiente en el mes siguiente, y solo para emergencias cuando no se tiene el dinero en efectivo. Las compras a más de una cuota son deudas malas y costosas. Si la persona hace compras a más de una cuota, es porque le falta capacidad de pagar de contado y está viviendo por encima de sus posibilidades.

Las personas que usan las tarjetas de crédito para pagar los gastos que les ocasionan sus vacaciones, por lo general, tienen varias tarjetas de crédito y casi todas copadas al límite. Un gran porcentaje de su salario va destinado al pago de las cuotas al banco por el uso de las tarjetas de crédito. Es decir, trabaja la mayor parte del tiempo para el banco.

Si se va a pagar con la tarjeta de crédito alguna compra o gasto durante las vacaciones y se tiene más de una tarjeta de crédito, y el flujo de caja no es positivo, se puede considerar la posibilidad de hacer pagos con la tarjeta que tenga la fecha de corte cerca y anterior al momento de usarla; esto para que el reporte en el banco le dé un plazo de al menos un mes y medio. Estos pagos así facilitan el manejo del flujo de efectivo, pero siempre teniendo en cuenta el presupuesto del mes siguiente para no hacer uso del dinero que se va a destinar para pagar las obligaciones de ese mes.

Si se tiene varias tarjetas de crédito y con diferentes fechas de corte para la facturación mensual, se puede jugar con esas fechas para que el plazo para pagar la única cuota sea el mayor posible y facilite el control del presupuesto mensual.

Si durante las vacaciones se hacen compras con tarjeta de crédito y por cantidades no presupuestadas, se estará cometiendo doble error financiero y tarde o temprano se sufrirán las consecuencias. Si los gastos están presupuestados y no afectan el ahorro mensual, la compra podrá considerase como inteligente y consciente.

Aumentar los gastos hormiga

Las hormigas son insectos de tamaño pequeño, pero para todos es conocido que su picadura es a veces dolorosa dependiendo del tipo a la que pertenece. Muchas veces se dice que las pequeñas pican más duro. También es sabido que a las hormigas les gusta el azúcar o sustancias melosas, y si en una casa alguien deja azúcar, probablemente al poco tiempo tendrá hormigas llevando terrones para su hormiguero.

Los gastos hormiga, por lo tanto, son gastos que a veces las personas realizan cuando van de compras de un artículo y van a un centro comercial, y ven una tienda de dulces, de helados, postres, café o de *snacks* en general y entran a consumir uno o varios de esos productos. El dulce llama la atención, pues desde pequeños los padres acostumbran a sus hijos a consumir productos basados en azúcar. El azúcar es bastante aditivo y dejar de consumirla es una tarea de titanes, y a veces imposible. El azúcar genera problemas de salud como obesidad, diabetes, presión arterial y daño en el genoma el cual repercute en una menor calidad de vida y menor longevidad. Por lo tanto, el azúcar afecta las finanzas personales y comprar productos basados en esta sustancia es considerada como una compra inconsciente y menos inteligente.

Las pequeñas compras hormiga pasan desapercibidas para la mayoría de las personas, pues consideran que no vale la pena abstenerse de algo delicioso y de bajo valor. Sin embargo, al igual que las hormigas pequeñas, una sola es poco el dolor que produce, pero, si son bastantes, el dolor es agudo. Lo mismo sucede con los gastos hormiga. Un solo gasto puede que el efecto sea despreciable, pero al sumar los gastos del mes, es posible que sean demasiados y su efecto financiero sí es alto.

Las hormigas tienen una gran capacidad de organización y los gastos hormiga de desorganización financiera. Las hormigas beben agua y los gastos dinero. Existen hormigas voladoras y los gastos vuelan más alto. Existen gran variedad de hormigas, y los gastos aún más. Las hormigas huelen a través de las antenas y las heladerías y cafeterías, huelen a los clientes y los saben atraer. Cada colonia de hormigas tiene un olor particular, lo mismo que los postres, las cafeterías y heladerías. Las hormigas construyen nidos complejos y las heladerías y cafeterías ambientes familiares y acogedores.

El comer un postre dulce, un helado o algo dulce no es un problema grande. El organismo está diseñado para recuperarse y funcionar correctamente, y desde el punto de vista financiero, es posible que este gasto, cuando es ocasional, no afecte el flujo de caja de la persona. El problema es cuando es frecuente su consumo y es posible que el cuerpo reaccione presentando problemas de salud, al igual que el financiero.

Lamentablemente, son pocas las personas que elaboran un presupuesto mensual. Otros que, si lo hacen, raramente incluyen los gastos hormiga como una cuenta aparte. Si al elaborar el presupuesto se tiene un flujo de caja negativo, es decir, un déficit presupuestal, con los gastos hormiga el desbalance es mayor. Por consiguiente, se puede concluir que las compras de productos basados en azúcar, y en general, los gastos hormiga no son compras inteligentes o conscientes.

Comprar presentes para los familiares y algunos amigos

La gratitud es un sentimiento de estima y reconocimiento que una persona tiene hacia quien le ha hecho un favor o prestado un servicio, por el cual desea corresponderle. La diferencia entre gratitud y agradecimiento es la acción que surge de la gratitud y es capaz de transformarnos y a nuestro entorno.

El amor filial reúne los afectos que existen entre padres e hijos, y se puede extender a otros familiares como hermanos, abuelos, nietos, primos y sobrinos, dependiendo de la forma en que se crece, se educa y se hace parte del grupo familiar rico en valores, afectos y seguridad.

No son necesarias las palabras para demostrar el afecto hacia los familiares y amigos. A veces un simple abrazo, un beso y un ademán suelen ser suficiente.

Un regalo tiene la capacidad de fortalecer un vínculo, mostrar amor y gratitud, o simplemente hacer que alguien se sienta especial, sea familiar o amigo.

Los lazos afectivos que nos unen con los familiares y amigos nos demandan a veces realizar compras para fortalecer ese vínculo cuando se está de visita en otra ciudad o se tiene una temporada de vacaciones. Un dulce, un detalle o un *souvenir* puede ser suficiente para demostrar los afectos a las personas de su entorno familiar o social. Un dulce es un gasto hormiga y, si es ocasional, el efecto puede ser el de fortalecer un vínculo, pero no es inteligente.

Los presentes para familiares y amigos son inteligentes cuando se han considerado dentro del plan de vacaciones y este, a su vez, como resultado de un buen presupuesto. Es común encontrar que las personas que se encuentran disfrutando unas lindas vacaciones en otras ciudades, y especialmente en otro país, compren regalos para algunos familiares y amigos especiales. Si estas compras, al igual, estaban presupuestadas, se consideran inteligentes.

Utilizar el ahorro mensual

La gran mayoría de las personas que ahorran parte de sus ingresos producto de desarrollar un trabajo en una empresa, lo hacen para comprar un auto nuevo, disfrutar unas lindas vacaciones, comprar equipos de tecnología especialmente para juegos, ropa y calzado, para regalos en la época de Navidad, cumpleaños de padres, hermanos o para sus parejas. Realmente, estos ahorros son provisiones de un gasto futuro. Luego, lo correcto es dejar de decir que sean ahorros porque no se van a utilizar para inversiones productivas que generen ingresos mensuales para que la persona pueda tener una mejor calidad de vida.

Las familias que tiene hijos universitarios suelen guardar parte de sus ingresos para pagar los gastos de matrículas semestrales que suelen ser altos. Los valores guardados tampoco son considerados como ahorros, pues serán destinados para gastos de educación, los cuales suelen ser altos. Igual sucede con las matrículas anuales de los colegios para sus hijos. Ese dinero tampoco debe considerarse como ahorros.

En el presupuesto existe una partida en los egresos obligatorios llamada educación. En esta cuenta se debe calcular la provisión mensual de las matrículas de colegios o universidades de los hijos que aún se encuentran en la etapa de educación escolar o universitaria. De esta manera se logra evitar hacer uso de los ahorros mensuales para destinarlos a la educación de los hijos.

Si se usa el ahorro mensual que supuestamente está asignado a las inversiones productivas, para pagar la educación de los hijos, para otros gastos o para las vacaciones, se estará cometiendo un error en la planeación financiera. También es un error financiero pagar los gastos en las vacaciones con tarjetas de crédito para después pagar las cuotas en los bancos con el dinero ahorrado. Contar con un ahorro a veces estimula a las personas a gastar más de los presupuestado en sus vacaciones, porque se siente con un respaldo y cree hacerlo sin ningún problema. Si se toma conciencia de que esta decisión no es correcta, hará que la persona tome decisiones más inteligentes.

No contar con los festivos locales

Si se desea disfrutar de las vacaciones en otro país, es necesario tener en cuenta si alguno de los días serán festivos en ese país. A veces esos días tienen cerradas algunas localidades como restaurantes, museos, almacenes, bancos, institutos de educación y oficinas del gobierno. Cualquier trámite que se requiera hacer con una de estas localidades puede originar un mayor gasto en las vacaciones, y debe tenerse en cuenta en la planeación.

Unos días más que se prolongue unas vacaciones puede generar traumas costosos como la pérdida de un vuelo, alojamiento de un hotel que no estaba incluido dentro de un plan vacacional, los gastos de sostenimiento, etcétera, y malogran las lindas vacaciones. Los días festivos de cada país se encuentran en las páginas de Internet.

Características de los planes de vacaciones todo incluido

La mayoría de los viajeros lo que buscan es relajarse durante todo el tiempo que duren sus vacaciones. Para muchos, la idea de tomar unas lindas vacaciones todo incluido es una tentación grande por el control de gastos desde el primer día. Siempre se sabrá cuánto se va a gastar en esas vacaciones y, por lo general, ese rubro estará presupuestado. Un paquete todo incluido le permitirá al turista relajarse y disfrutar.

Un paquete de viaje todo incluido le permitirá al turista decidirse si el hotel llena plenamente sus aspiraciones y, despreocuparse de lo demás como dónde ir a comer, trasladarse de un sitio a otro, qué licores beber, qué excursiones tomar, etcétera. Si se viaja con niños, por lo general esos sitios cuentan con zonas de juegos, grupos de animación, talleres, espectáculos y restaurantes con menús especiales para niños.

Un plan todo incluido no es ideal para las personas con espíritu aventurero, que poco les gustan de servicio bufé en las comidas porque las encuentran insípidas, y al tercer día las encuentran poco atractivas y sosas. Para las que les gusta que todo esté incluido desde un comienzo, es común ver que abusan de las comidas y bebidas y sentir pesadez estomacal o ganar unos kilos de más y tener resacas que les obligan a estar en cama buena parte del día siguiente.

Fincas de recreo

Una finca de recreo es un activo representado en tierras con vivienda, dedicada a finalidades lúdicas que usualmente no generan ingresos y es solo para el disfrute de sus propietarios. Es posible que estas fincas dispongan de más de una edificación, y si tienen alguna actividad agropecuaria, es para el consumo de los visitantes, o para hacer ventas que generen ingresos. Adicionalmente, es probable que también tenga construcción de instalaciones deportivas.

Las fincas de recreo normalmente son utilizadas para pasar los fines de semana con la familia y algunas veces con amigos, para disfrutar los placeres que brinda el campo.

El principal problema que afrontan las fincas de recreo es la violencia o la seguridad de las personas (el tiempo), factor importante a la hora de decidir comprar una finca.

Para algunas personas su principal objetivo es el de comprar una finca de recreo, especialmente si tiene varios hijos pequeños que puedan jugar libremente en el campo y con una atmósfera menos contaminada que la de la ciudad. Ahorran por largo tiempo hasta reunir una cantidad de dinero que les permita pagar la cuota inicial, luego, hacen un préstamo hipotecario de largo plazo y sacrifican otros gastos con la idea de que vale la pena hacerlo.

Después de pagar los gastos de escritura, y quizás alguna comisión que le pagarían a un tercero que les ayudó a encontrar la finca de sus sueños, vienen los demás gastos. Las reformas en la vivienda, las adecuaciones de todos los espacios para acomodar al grupo familiar, la dotación de muebles y equipos electrodomésticos, la iluminación y sistemas de sonido, animales de granja como caballos, vacas, gallinas, perros, adecuación del jardín, etcétera.

Mensualmente, se aumentan los gastos de sostenimiento de la finca de recreo como son los servicios públicos, personal de aseo y de jardín, mercado y alimentos para los animales de granja, servicio de internet, vigilancia, impuestos prediales, gastos de transporte, praderas, cercas, sanidad, reproducción y muchos otros más dependiendo de los servicios adicionales que el nuevo propietario desee implementar. Si se tienen árboles frutales, se requiere el control de plagas que podrían generar algún ingreso adicional para el sostenimiento de la finca.

Otras desventajas en las fincas de recreo son las siguientes: suelen estar ubicadas en zonas rurales, lo que puede significar que estén alejadas de las comodidades y servicios urbanos, como tiendas, hospitales o centros educativos. Además, la accesibilidad puede ser un problema si la finca está ubicada en una zona remota con malas vías de acceso; suelen ser propiedades grandes con terrenos extensos y requieren un mantenimiento y gestión constantes. Esto puede implicar la contratación de personal para el cuidado de la finca, la gestión de cultivos o la supervisión de actividades recreativas, lo que puede ser una carga adicional de trabajo y responsabilidad. Las regulaciones y restricciones en zonas rurales cambian con el tiempo y afectan la forma en que se puede utilizar una finca de recreo.

La cuota inicial para adquirir una finca de recreo puede obtenerse de varias formas: ahorros del salario mensual, y hasta lograr la cantidad necesaria; ahorros provenientes de ingresos de inversiones productivas o ventas de algunos activos. Si se obtiene con el ahorro de los ingresos, producto del trabajo, podría ser una inversión inteligente si la finca es para que genere ingresos por arriendos, producción agropecuaria o explotación minera. Si es solo para disfrutar en familia los fines de semana, y faltan de los recursos para cubrir todos los gastos holgadamente, la compra pude definirse como poco inteligente. Si la adquisición es con dinero producto de otras inversiones, y no afecta el flujo de caja mensual para cubrir la totalidad de las obligaciones, se dice que es una buena compra que le brindará mayor calidad de vida a todo el grupo familiar.

En el momento en que se requiera dinero para cubrir una emergencia o atender una gran oportunidad, se debe tener en cuenta que, si solo se tiene la finca como única inversión y se pretender venderla, es difícil de lograrlo en el corto plazo y, posiblemente, se pierda la ganga o sea necesario recurrir a préstamos bancarios para atender la urgencia.

Si la persona es juiciosa y mensualmente ahorra el 10 % de sus ingresos, pero ante el deseo de adquirir una finca de recreo hace uso de ese dinero, estaría renunciando a la alternativa de invertir en algo productivo para gastarlo en algo que le ocasionará más gastos. En este caso la compra se puede catalogar como poco inteligente. Antes de proceder a comprar una finca de recreo, es aconsejable que inicialmente tome en arriendo la finca con opción de compra para que al cabo de cierto tiempo esté seguro de que eso es lo que desea hacer. Si en ese tiempo se da cuenta de que no era lo que estaba esperando, tiene la gran facilidad de hacer entrega del inmueble y evitar un gasto mayor y una gran dificultad de vender después. Algunas personas dicen que el que desee comprar una finca de recreo, se pasa la mitad de la vida ahorrando para comprarla, y la otra mitad tratando de venderla.

Juguetes para los niños

Los juguetes tienen un propósito para desarrollar habilidades y para la diversión de los niños. Unos serán más útiles que otros o más adecuados para ciertas edades o situaciones. Algunos juguetes son considerados como inútiles o inapropiados. Algunos de ellos son:

- Juguetes bélicos que incitan a la violencia o la promueven como son las armas de juguete. Si los padres guardan armas en sus casas y a los niños les regalan arma de juguete, en algún momento es posible que los niños confundan los juguetes con las armas reales y originan una gran tragedia en la familia.
- Juguetes de un solo uso o que se rompen fácilmente contribuyendo al desperdicio y a la contaminación ambiental.
- Juguetes de alto riesgo para la salud y seguridad de los niños que, por su tamaño, ocasionan asfixia.
- Juguetes que son los inadecuados para la edad del niño, porque poco promueven el desarrollo de habilidades y estimulación al aprendizaje.
- Juguetes costosos en donde los padres deben sacrificar otras necesidades por darle gusto a un niño. Por ejemplo, juegos electrónicos o videojuegos, tecnología para mayores, equipos móviles de alta gama, bicicletas o motocicletas eléctricas, etcétera.

En el mercado se encuentran disponibles una gran cantidad de juguetes que facilitan el aprendizaje de los niños de una manera divertida y educativa, como los bloques de construcción, rompecabezas o puzles, juegos de artes y manualidades, como las plastilinas, crayones y pinturas. También están los juegos de mesa educativos para promover el aprendizaje social, emocional y cognitivo en los niños.

La utilidad de un juguete puede variar según las preferencias e intereses de cada niño. Lo que le puede interesar a uno, puede que así no lo sea para otro niño. Siempre se debe considerar la seguridad, la edad, las necesidades del niño y la capacidad financiera de los padres. Si se compra un juguete que le ayude al niño a su desarrollo integral y el gasto está contemplado en un presupuesto, puede decirse que la compra es inteligente.

Equipos deportivos

Los equipos deportivos más utilizados varían de acuerdo con la región, la cultura y los gustos personales. Algunos de los equipos más utilizados en todo el mundo son:

- Balones de futbol y baloncesto. El futbol y el baloncesto son juegos populares y ampliamente practicados en el mundo.
- Raquetas de tenis.
- Bicicletas.
- Patines.
- Palos de golf.
- Tablas de surf.
- Equipos de esquí.
- Equipos de deportes acuáticos.
- Equipos de escalada.

El costo de los equipos puede variar ampliamente y no todos los equipos costosos son necesariamente los mejores o adecuados para todos los niveles de habilidad. Es importante investigar y comparar opciones antes de realizar una compra siempre considerando las necesidades, el nivel de habilidad requerido y el presupuesto.

Algunos implementos deportivos se encuentran en los gimnasios, escuelas deportivas, clubes sociales que se utilizan, sin necesidad de comprarlos. Las personas que se antojan de comprar implementos deportivos sin antes considerarlos en un presupuesto, al cabo de cierto tiempo, terminan guardados en un armario ocupando un gran espacio.

Complementos nutricionales

Los complementos nutricionales o vitamínicos son productos que concentran gran cantidad de nutrientes y sirven para complementar la ingesta alimentaria en ciertas situaciones para el normal desarrollo y mantenimiento de un organismo sano. En ningún momento se deben considerar como un sustituto de una dieta saludable.

Los médicos recetan complementos nutricionales cuando una persona presenta ciertas deficiencias que no se suministran por una dieta alimenticia normal. Además de vitaminas y minerales, los complementos nutricionales contienen aminoácidos, ácidos grasos esenciales, fibra, diversas plantas y extractos de hierbas (quirosalud.es).

Un multivitamínico debe usarse de una manera responsable y preferiblemente con la supervisión de un médico porque también tienen algunas desventajas potenciales.

- A diferencia de los medicamentos, los complementos nutricionales no están estrictamente tan regulados por las agencias de salud, en cuanto a pruebas de eficacia, o que estén libres de otros compuestos que son algo nocivos, o que no cumplan con las afirmaciones de sus etiquetas.
- Suelen producir efectos secundarios o interactúan con otros medicamentos que se estén consumiendo, cuando se utilizan altas dosis.
- A veces se asumen unos costos altos innecesarios porque es posible obtener los mismos nutrientes con una alimentación bien balanceada.
- Algunos suplementos nutricionales carecen de evidencia sólida que respalde los beneficios para la salud.
- Consumir dosis altas de estos suplementos puede originar problemas de salud.

Las personas que compran suplementos vitamínicos como sustancias liposolubles deben considerar los siguientes aspectos para evitar daños en la salud. Se entiende como sustancias liposolubles las que tienen la capacidad de disolverse en grasas y aceites, pero no en agua. Estas sustancias se disuelven y transportan a través de las membranas celulares y otros tejidos que contienen grasas para ser absorbidas por el organismo.

Algunos suplementos liposolubles son la vitamina A, D, E y k, los cuales son esenciales para el funcionamiento adecuado del organismo como la regulación del sistema inmunológico, formación y mantenimiento de los huesos, la coagulación de la sangre y la protección contra los radicales libres (Wikipedia).

Es importante tener en cuenta que si se consumen en exceso, debido a su capacidad de acumulación en los tejidos del organismo, pueden tener efectos tóxicos. Por lo tanto, es importante consultar con un médico para seguir las dosis y pautas de consumo en la ingesta de estas sustancias.

BITCOIN y criptomonedas

Una criptomoneda es un medio digital de intercambio que utiliza criptografía fuerte para asegurar las transacciones, controlar la creación de unidades adicionales y verifica la transferencia usando tecnología de registro distributivo (Wikipedia). La adquisición de criptomonedas como el BITCOIN se realiza en las casas de cambio mediante un registro en la plataforma completando un proceso de verificación de identidad y enlazando una cuenta bancaria para realizar las transacciones. Para la venta de estas monedas se utiliza una mina de criptomonedas que implica la resolución de complejos algoritmos matemáticos para brindar seguridad a los compradores, y evitar que alguien pueda hacer copias. Las monedas no existen en forma física y se almacenan en una cartera digital. Minar una criptomoneda significa resolver con éxito los problemas matemáticos que se presentan.

El BITCOIN no está regulado ni controlado por ninguna institución y sin requerir intermediarios en las transacciones. La base de datos utilizada y descentralizada es el *blockchain*. Cuando se inicia una transacción con BITCOIN, no es posible cancelar la operación poque el *blockchain* no permite borrar datos. Para revertir una transacción es necesario ejecutar la contraria.

El valor del BITCOIN varía en función de la oferta y la demanda y del compromiso de los usuarios. Es importante tener en cuenta que los bitcoins son instrumentos complejos, que no son adecuados para personas sin los conocimientos suficientes, y cuyo precio conlleva un alto componente especulativo que puede suponer incluso la pérdida total del dinero pagado para comprar las criptomonedas[10]. Antes de adquirir criptomonedas, es importante investigar y comprender los conceptos básicos de las criptomonedas, como la tecnología *blockchain*, la seguridad de las transacciones y los riesgos asociados.

---

10 https://www.santander.com/es

Los grandes inversionistas recomiendan que la asignación de capital en inversiones tan especulativas no sobrepase al 20 % del patrimonio de la persona. Invertir una cantidad mayor no es recomendable por el alto riesgo.

Semanas compartidas

El tiempo compartido surge como un procedimiento para comercializar un inmueble destinado para alojar turistas en sus periodos vacacionales, y básicamente dividido en semanas para ocupar una parte del inmueble, por un precio menor que el alquiler de toda la propiedad. También existe la posibilidad de arrendar a terceros el tiempo asignado si la persona desiste uso del derecho. De esta manera puede recuperar alguno de los costos de la inversión inicial. Es usual que los sitios destinados a vacaciones por semanas compartidas tenga convenios con otros sitios y así puede darse un intercambio y visitar otros lugares cada periodo de vacaciones.

Un tiempo compartido ofrece la garantía de disponer en sus vacaciones de un lugar atractivo con actividades de entretenimiento y buenos restaurantes. No se considera como una inversión el tiempo compartido porque resulta difícil vender el derecho, y quizás después de ciertos años la propiedad vuelve al desarrollador del proyecto.

Si no se usa el tiempo asignado en un periodo determinado, el desarrollador no está en la obligación de hacer compensaciones, y ese tiempo se pierde totalmente. Los desarrolladores de este proyecto hábilmente le presentan a los posibles clientes las grandes ventajas de adquirir este tipo de servicio. Le demuestran con cálculos la gran cantidad de dinero que puede ahorrarse en cada periodo de vacaciones y comparando con las instalaciones que en la mayoría de las veces son de excelente calidad y presentación.

Aunque el tiempo compartido puede ser más económico a largo plazo, suele requerir costos iniciales significativos, adicional a los pagos de las cuotas de membresía, mantenimiento y gestión de la propiedad. Los contratos de membresía suelen ser de largo plazo y salir de ese contrato puede ser complicado y costoso y tiende a perder la inversión. Es importante investigar y considerar cuidadosamente los términos del contrato de tiempo compartido antes de tomar una decisión para su adquisición.

Las personas que en algún momento adquirieron un contrato de tiempo compartido, al cabo de varios años se sienten cansados de visitar el mismo lugar, de comer lo mismo de siempre y ver los mismos espectáculos. Si se desea ir a otros sitios como lo anuncian antes de la venta del servicio, se darán cuenta de que no es tan fácil lograr un intercambio y, finalmente, tendrá que ir de nuevo al mismo lugar de siempre.

La primera semana de tiempo compartido siempre es genial, la segunda es encantadora, la tercera es buena, la cuarta ya cansa, y la quinta en adelante son aburridoras. Muchos de los que adquirieron el servicio de semanas compartidas con el tiempo abandonan el servicio o dejan de pagar las membresías porque estaban dispuestos a perder lo gastado inicialmente con tal de no saber nada más de ese sistema.

Programar vacaciones haciendo compra de servicios de tiempo compartido es considerado como una compra poco inteligente por las razones ya expuestas. Es más inteligente presupuestar las vacaciones con su debida anticipación sin que se afecte el flujo de caja mensual, y menos la capacidad de ahorro para las inversiones en activos productivos. Con plena certeza, las buenas inversiones generarán ingresos que luego podrán utilizarse para disfrutar unas lindas y merecidas vacaciones sin afectar los flujos de caja mensuales de la persona o de su grupo familiar.

Cigarrillos y alcohol

Algunos especialistas en salud sostienen que beber vino con moderación es saludable porque trae ciertos beneficios, pero para otros expertos, el consumo del alcohol trae más desventajas que ventajas, es decir, si se sopesan los pros y los contras, este último es mayor y recomiendan eliminar totalmente el consumo de alcohol. Beber ocasionalmente algún licor, puede ser beneficioso y el organismo se recupera pronto de sus efectos perjudiciales.

El vino, especialmente el vino tinto, contiene antioxidantes como los polifenoles y el resveratrol, que tiene propiedades antioxidantes y ayudan a reducir el daño oxidativo en el cuerpo. El resveratrol, procedente de las cáscaras de las uvas adicional a otros compuestos también presentes en el vino, ayuda a mejorar la salud del corazón al reducir la inflamación y así reducir el riesgo de enfermedades cardíacas.

El vino, consumido con moderación y de forma responsable, puede tener efectos relajantes y mejorar el bienestar mental, lo que puede contribuir a una experiencia agradable durante el consumo moderado. El consumo de alcohol en cualquiera de sus presentaciones está asociado con atrofias en el hipocampo, un área del cerebro asociada con la memoria y aprendizaje[11]. En estudios realizados se encontró que el bebedor de licor tiene un riesgo mayor, un 57 %, con respecto al abstemio de desarrollar disminución del flujo sanguíneo cerebral, predictor de concisiones demenciales o Alzheimer.

En resumen, el consumo moderado y responsable de vino puede tener algunos beneficios para la salud, pero también conlleva riesgos potenciales, especialmente cuando se consume en exceso o en situaciones inapropiadas. Siempre es importante, si se va a consumir alcohol, hacerlo con moderación y consultar con un profesional de la salud si se tienen preocupaciones o preguntas sobre el consumo de vino o cualquier otra bebida alcohólica.

El consumo excesivo y prolongado de licor puede causar problemas de salud, como daño en el hígado, problemas cardiovasculares, gastrointestinales, inmunológicos que puede aumentar el riesgo de desarrollar cáncer, y afectar al sistema nervioso central. El licor es una sustancia sicoactiva que puede causar dependencia y adicción. El consumo prolongado de alcohol y excesivo puede desarrollar tolerancia y cada vez el cuerpo le exigirá mayor cantidad que, probablemente, originará conflictos en las relaciones familiares, sociales y laborales.

El consumo de alcohol puede afectar el rendimiento académico y laboral, la capacidad de una persona para tomar decisiones apropiadas a cada situación o desarrollar tareas con habilidad, lo que puede aumentar el riesgo para la seguridad, accidentes y lesiones como accidentes automovilísticos, caídas y ahogamiento y otros accidentes debido a la reducción de los reflejos motores y el juicio alterado.

Fumar cigarrillos puede causar una serie de problemas de salud, como enfermedades cardiovasculares, enfermedades respiratorias como el enfisema y la bronquitis crónica, cáncer de pulmón y de otros órganos, así como problemas en la piel, dientes y encías. Igualmente, puede originar incendios o quemaduras accidentales, y si se fuma mientras se conduce, puede originar accidentes automovilísticos con consecuencias que son a veces graves.

El humo del cigarrillo también puede afectar a las personas que rodean al fumador, lo que se conoce como fumador pasivo. Esto puede tener un impacto negativo en la salud de las personas expuestas, especialmente en niños, ancianos y personas con problemas de salud crónicos. Adicionalmente, afecta la apariencia física, halitosis (mal aliento), olores desagradables en la ropa, manchas en los dientes y envejecimiento prematuro de la piel.

---

11 www.amenclinics,com

Fumar cigarrillos en lugares públicos prohibidos por la ley o en áreas restringidas puede resultar en multas y sanciones legales, ya que existen regulaciones y restricciones en muchos lugares para proteger la salud de las personas y reducir la exposición al humo de tabaco ambiental.

El consumo excesivo de alcohol y cigarrillo puede tener un impacto negativo en la situación financiera de una persona, porque el costo del alcohol y de los cigarrillos suman con rapidez, especialmente, si se consumen de manera regular y en grandes cantidades. Esto puede afectar el presupuesto familiar y reducir la capacidad de ahorro.

Premios a la persona que más compra

Simon Sinek es un autor y conferencista conocido por su enfoque en la motivación y liderazgo. Uno de sus libros más populares es *Comienza con el porqué*, en el cual Sinek explora la importancia de tener un propósito claro y motivador en la vida y en los negocios para influir en el liderazgo, la comunicación y el éxito a largo plazo.

La mayoría de las grandes tiendas, para atraer clientes y fidelizarlos, ofrecen premios atractivos a los que más compran. Estas tiendas a veces se olvidan del porqué y se enfocan en el qué y en el cómo para tratar de maximizar las utilidades en cada periodo. Las tiendas ofrecen programas de puntos por las compras, los cuales son canjeables en la siguiente compra, o redimirlas en millas para futuros viajes que requieren tiquetes de avión. A veces algunas tiendas cobran una membresía o tarifas adicionales para participar en sus programas de puntos, lo que puede reducir el valor real de los acumulados y ser un costo oculto para los clientes.

Los programas de puntos incentivan a las personas a gastar más de lo necesario o a comprar cosas que no necesitan con el fin de acumular puntos. Esto puede llevar a un gasto impulsivo y a la acumulación de deudas innecesarias. Algunas tiendas cobran una membresía o tarifas adicionales para participar en sus programas de puntos, lo que puede reducir el valor real de los puntos acumulados y resultar en un costo oculto para los clientes. Algunos programas de puntos suelen tener restricciones en la forma en que se canjean los puntos, como limitaciones en los productos o servicios disponibles para redimir, o fechas de vencimiento de los puntos acumulados. Esto puede limitar la flexibilidad y utilidad de los puntos acumulados.

Los programas de puntos suelen requerir que los clientes proporcionen información personal, como su nombre, dirección y número de teléfono, lo que puede plantear preocupaciones en términos de privacidad y seguridad de datos. Además, si los puntos se almacenan en una cuenta en línea, existe el riesgo de que esa cuenta sea vulnerable a ciberataques o violaciones de seguridad.

Algunas tiendas ofrecen a los mayores compradores en un mes, la posibilidad de llenar el carrito de compras durante sesenta (60) segundos y todo lo que allí eche, le resultará gratis. Con plena certeza, la gran mayoría de los productos que seleccione el «afortunado» ganador que eche en el carrito de compras son innecesarios, y buscará aquellos que mayor valor tengan para que al final de hacer las cuentas diga: «me gané tanto».

Para resultar como el ganador del mes, la persona tuvo que hacer demasiadas compras y por un gran valor. Las utilidades que obtuvo esa tienda por ese ganador supera con creces el valor del carrito de compras que le obsequió como premio. El ganador se sentirá feliz por el premio y tratará de que en el siguiente mes pueda ser de nuevo reelegido, y hace planes para ver qué áreas debe seleccionar en la tienda para echar en el carrito los productos más costosos y así subir el valor del premio. No estará animado a seleccionar los productos que necesite, sino los más costosos. Es una actuación poco inteligente.

En resumen, aunque los programas de puntos por compras en grandes tiendas ofrecen beneficios, también tienen desventajas, como gasto impulsivo, costos ocultos, restricciones en la redención, preocupaciones de privacidad y seguridad, dificultad para alcanzar recompensas significativas y falta de flexibilidad. Es importante que los consumidores evalúen cuidadosamente los pros y contras de estos programas antes de participar en ellos.

Una compra inteligente en estas tiendas se da cuando la persona adquiere el producto solo para solucionar un problema o atender una necesidad, y cuyo valor esté ajustado a un presupuesto previo. Es importante anotar que la compra no sea solamente para adquirir puntos, porque ahí dejaría de ser inteligente. El pago de la compra si se hace mediante las tarjetas de crédito a un plazo mayor de un mes, dejará también de ser una compra inteligente.

Si por la compra le reconocen puntos que pueda convertir en millas, o para pagar parte de la siguiente compra, se puede decir que aproveche esa oportunidad y así acumular puntos.

Quinta parte
Bienes raíces

Retomando el concepto sobre bienes raíces del libro *Finanzas ¿un mito?* del mismo autor de este libro (el cual se encuentra disponible en Amazon), se presenta una breve descripción de lo que se debe tener en cuenta para adquirir este tipo de bienes.

El inversionista que posea solo bienes inmuebles y sin tener tenga diversificado su portafolio, se podría decir que es una persona rica en bienes raíces, pero quizás pobre en dinero en efectivo. En el momento que requiera cierta cantidad de dinero para atender una emergencia o imprevisto, vender una propiedad, un inmueble es algo complejo y toma su tiempo, quizás hasta más de un mes.

Las inversiones en bienes raíces es una de las más seguras y rentables del mercado, pues este sector es protagonista desde tiempo atrás, y posiblemente siga siéndolo.

Un inmueble se adquiere básicamente por dos motivos: uso propio o para que genere ingresos sea en modalidad de arriendo o venta a un mayor precio.

Lo más importante que se debe tener en cuenta antes de comprar un inmueble es tener el capital suficiente para pagar la cuota inicial de la propiedad en caso de financiar una parte. Por lo general, los inversionistas para pagar la cuota inicial toman el dinero de sus ahorros, las cesantías que tengan en un fondo, las primas de vacaciones si tienen uno o varios periodos disponibles y si la empresa reconoce esta carga prestacional, préstamos empresariales cuando la persona reúne ciertas condiciones dependiendo de la empresa en que se encuentre vinculado o ventas de algún activo como vehículo, lote, u otra propiedad de menor valor.

Para comprar una propiedad raíz se debe considerar, entre otros, los puntos que a continuación se presentan.

El costo del inmueble y los ingresos disponibles

Todos queremos comprar una casa grande, bonita, bien ubicada, nueva y con excelentes acabados. Igual sucede con un apartamento local, bodega, oficina, etcétera. Si falta el capital suficiente para pagar la cuota inicial y las cuotas por el préstamo hipotecario del bien inmueble que interesa comprar, se debe prescindir de él y buscar otro que sí reúna esas características y se pueda pagar. La forma más sencilla y efectiva de saber la capacidad de pago por un préstamo hipotecario es elaborando un presupuesto mensual y un flujo de caja anual que, junto con el balance general, dará información sobre el estado en que se encuentra la persona. Cuando un comprador adquiere una propiedad sin tener en cuenta su capacidad de pago y se deja llevar por la emoción que le produce dicha propiedad, posiblemente tenga que salir a vender y en ocasiones a un precio menor por la necesidad de liquidez para atender sus otras obligaciones. Se debe recordar que vender un bien inmueble no es tan rápido y a veces toma varios meses antes de hacer la venta. Igualmente, sería un error destinar una mayor proporción del 30 % de los ingresos para pagar deudas hipotecarias. Cuando eso sucede es posible que la persona por el déficit en su flujo de caja caiga en mora en algunas de sus obligaciones, generando un mayor gasto.

Verifique la capacidad de crédito

La capacidad de crédito de una persona o un grupo familiar es la capacidad de endeudamiento que pueda tomar la persona o el grupo. Para calcularla, es necesario conocer los ingresos (después de las deducciones que haga una empresa si corresponden a un salario de una persona empleada o del grupo) mensuales, restarle los costos fijos mensuales que aquí en este libro se llaman obligatorios. El resultado sería el ingreso neto y a este valor resultado multiplicarlo por 0.4. Algunos bancos multiplican por un menor valor (ejemplo 0.35) para garantizar que los ingresos netos puedan cubrir tres (3) veces la cuota mensual probable. Si tienes otras deudas, le restarán capacidad del crédito, ya que incluyen esos gastos financieros como costo fijo. Es decir, que el nivel de endeudamiento no pase del 30 o máximo el 35 % de sus ingresos después de las deducciones empresariales.

También se calcula de la siguiente manera: elabore un flujo de caja anual y verifique el valor del superávit para asignarlo como cuota de un préstamo bancario sin olvidar que el ahorro no lo debe tocar para nada. Recuerde que el valor de la cuota de un préstamo depende de la tasa de interés y del plazo acordado. Sin embargo, para dar una idea podría asumir que por un préstamo de $100 millones de pesos colombianos, la cuota estaría alrededor de $2 millones de pesos para un plazo de 15 años. Para definir el valor exacto, el lector puede dirigirse a un banco que allí le harán el cálculo. En el capítulo de matemáticas financieras se explicará cómo hacer este cálculo.

Planes futuros de nuevas inversiones

Al elaborar el presupuesto se deben definir las metas y objetivos para cumplirlos en el plazo estimado y en un orden de acuerdo con las prioridades asignadas. Si se tiene planes de estudios, viajes, creación de una empresa, compra de vehículo, etcétera, debe considerar la cantidad de dinero que requiere en las inversiones y en los pagos mensuales por la deuda que se podría adquirir y por los pagos que implican unas nuevas obligaciones (impuestos, gastos de administración, vigilancia, parqueaderos, combustibles, prediales, etcétera.). El valor de una propiedad usualmente es alto y está por encima de los planes de estudio, vehículo, viajes, etcétera. Si se decide comprar un bien inmueble, verificar que los otros planes los pueda cumplir sin problemas financieros, de otra manera debería renunciar a uno de ellos o al mismo inmueble. Eso lo definirá un presupuesto bien elaborado. Considere los gastos de mudanzas cuando se decida comprar un inmueble.

Localización

Si se piensa comprar un inmueble, debe tener suma claridad en la ubicación de este, sea para vivir en él o para ponerlo en arriendo para que genere una rentabilidad mensual. Si es para dedicarlo a vivienda, verifique que la zona sea de su gusto, que tenga una buena vecindad, alejado de ruidos industriales o comerciales y alejado de focos de contaminación. Si es para arrendar, investigue con los expertos inmobiliarios que la propiedad sí sea demandada por localización. Hay personas que opinan que para ellos es mejor el punto que el tamaño de la propiedad o que los acabados internos. Algunos expertos dicen: «déjese engañar por el punto y no por los ladrillos». También hay personas, especialmente adultos mayores, que prefieren un punto cercano a hospitales y a su iglesia, otros prefieren sitios alejados de estos dos centros. Es usual que las personas prefieran una ubicación cercana a bosques, arboledas o jardines por la pureza del aire y por la cercanía a la naturaleza.

Tipo de propiedad

Dependiendo del objetivo del inmueble, será el tipo definido. Si es para vivienda, una casa o un apartamento puede ser la opción dependiendo del gusto de la persona. Una casa ofrece ciertas ventajas y desventajas frente a un apartamento. Generalmente, la casa ofrece espacios más amplios que permiten reuniones sociales o familiares y la tenencia de mascotas especialmente perros de buen tamaño, pues requieren mayor movilidad. Las casas ofrecen también mayor privacidad e independencia. Dependiendo de la localización también si están más alejados de ruidos como los producidos por los carros, sirenas, etcétera. Una casa puede tener facilidades de ampliaciones o mejoras con mayor libertad. Adicionalmente, si tienen jardines y zonas verdes propias, tener facilidades de parqueaderos para visitantes, zona de BBQ, talleres de manualidades, estudios o un teatro en casa son otras facilidades de una casa. La casa es ideal para familias numerosas y especialmente cuando se vive con padres y abuelos. Es más fácil cambiar la destinación de una casa que la de un apartamento, por ejemplo, para un negocio. Finalmente, una casa se presta para remodelaciones para dividir la propiedad en oficinas, residencias estudiantiles, etcétera, más que un apartamento. Las ventajas de un apartamento son: ahorro de gastos de mantenimiento, menor trabajo de limpieza y orden, menores riesgos de accidentes en escaleras especialmente para niños y adultos mayores, movilidad para discapacitados, mayor seguridad sobre todo en tiempos de vacaciones que se sale de la ciudad por varios días; puede ser más fácil de arrendar como residencia, puede contar con espacios para esparcimiento y recreación como salones sociales, gimnasios, piscinas, juegos de niños, etcétera. Las inversiones en decoración y equipamiento son menores que las de una casa. El apartamento tiene la gran desventaja de que, si un vecino de la planta superior es ruidoso, la propiedad pierde algo de valor. Si el bien inmueble es una oficina, debe considerar que por efectos de la pandemia del COVID 19 la demanda de estos espacios disminuyó porque una gran parte de las empresas han evolucionado al teletrabajo y así reducen gastos de mantenimiento e inversiones en propiedades costosas. En Estados Unidos los centros comerciales están evolucionando los locales comerciales para destinarlos a otras actividades como manufacturas o servicios por la gran acogida y crecimiento de la modalidad de compra *online*. Grandes superficies por departamentos están cambiando su esquema en pequeños locales y atender al público a través de las páginas de Internet. Esto implica grandes ahorros en inversiones y en gastos operacionales al requerir menor mano de obra. Si es una bodega el inmueble que se busca, debe analizarse que sea de alta demanda, que ofrezca seguridad, cuente con servicios públicos y tenga facilidades de recepción y despacho de mercancías. Si son lotes, debe definir la destinación, si es para engorde, para construir en un futuro mediato, si es para arrendar o si es para destinarlo a sembrar plantas o vegetales.

Estrato que deseas

Según el Departamento de Planeación Nacional, los estratos socioeconómicos en los que se clasifican las viviendas o los predios son seis (6). El estrato 1 significa bajo-bajo, el 2 significa bajo, el 3 medio-bajo, 4 significa medio, 5 medio-alto y el 6 alto. Con la dirección del inmueble se consulta en la secretaría de Planeación Municipal e indagar el estrato a que pertenece un predio. En la medida que el estrato sea más alto, más alto serán los servicios públicos, los impuestos prediales y posibles valorizaciones por obras públicas. Y posiblemente mayor es la revalorización del inmueble. Entre más alto el estrato, mayor es la tranquilidad, distinción y calidad de vida y mayor el precio del inmueble.

Distribución interior

Si el inmueble es para destinarlo a vivienda debe considerarse el número de habitaciones, baños, balcón, etcétera. Dependiendo del número de integrantes de una familia, implica definir cuántas recamaras (alcobas), cuartos de baño, edades de los hijos adultos mayores, mascotas, terrazas, etcétera. Si en el inmueble vivirán personas adultas mayores debe considerar el uso de escaleras o rampas para el manejo de sillas de ruedas, asideras en las rampas y en los baños. Si es una bodega debe considerarse el volumen para el manejo de mercancías de gran tamaño que ocuparían espacios grandes y de alta maniobrabilidad, áreas para oficinas, de despacho, cuarto de energía y capacidad de potencia eléctrica o KWh (unidad que expresa la relación entre energía y tiempo), baños, zona de cargue y descargue de mercancías, capacidad portante del suelo y luminosidad de la bodega.

Posibilidad de ampliaciones

Si el inmueble corresponde a un apartamento es probable que no se pueda hacer ninguna ampliación, solo algunas reformas de acuerdo con la normatividad de cada propiedad. Si es una casa posiblemente las ampliaciones son más factibles y deben estar de acuerdo con el plan de ordenamiento territorial de cada municipio, y de las autorizaciones de las secretarías de planeación municipales. Una ampliación de una casa implica un aumento en los impuestos prediales de la propiedad. Si es una bodega, es posible dividirla en varios locales y buscar una mayor rentabilidad. En la actualidad hay una nueva modalidad de los muros internos de una casa o apartamento y es con muros o paneles prefabricados de hormigón o en icopor (poliestireno expandido que en Colombia es el acrónimo de Industria Colombina de Porosos) que facilitan las ampliaciones o reformas de los inmuebles siempre y cuando no hagan parte estructural de la propiedad. El icopanel o panel de icopor es una estructura de acero fácil de instalar, es más ligero, económico, con aislamiento térmico y acústico y de sismorresistencia usados para paredes divisorias.

Expectativas frente al diseño y al área que se necesita

Generalmente, se busca que el diseño de un inmueble tenga zonificados los ambientes, que pueda funcionar correctamente cada ambiente de acuerdo con las necesidades de la persona. La zona social que incluya la sala, el comedor, estudio, balcón o terraza. La zona privada o íntima como los dormitorios y los servicios de baños y sanitarios. La zona de servicios que incluyen la cocina y la zona de ropa. Se debe tener en cuenta que no tenga circulaciones cruzadas para llegar a un espacio, que las puertas tengan el giro correcto, la distribución de los baños, que unas áreas sean pequeñas mientras otras grandes sin guardar proporciones, la altura de la casa, que por lo general es de 2.40 m, y que el material utilizado sea apropiado para ese tipo de construcción y las condiciones climáticas de la zona. Si es una bodega debe contemplar lo siguiente: un espacio con buena luz natural, pisos planos y parejos, trechos con líneas de vida para facilitar los procesos de mantenimiento, red contraincendios, capacidad portante del piso para equipos industriales o camiones de carga o descarga de mercancías, acceso vehicular y peatonal independientes, puertas de ingreso bien seguras, zona de parqueadero, zona verde o de jardín y escaleras anchas que permitan el flujo de personas y mercancías simultáneamente.

Acabados que llenan los gustos

Los acabados de un inmueble son aquellos aspectos que proporcionan satisfacción. En primer lugar, en cuanto a comodidad y atractivo estético, así como proporcionar belleza estética y confort en pisos, muros, techos, sistema eléctrico como plafones, lámparas, tomacorrientes, suiches, controles de luz o domótica en general. Incluye también azoteas, balcones, cabinas de baños, sanitarios y lavamanos, duchas, madera en la cocina, clósets, vestier, ventanas, despensa para el almacenamiento de los alimentos, cubiertas de gas o eléctricas y mesones de cocina. Si es una bodega, luminosidad natural, escaleras resistentes, sistema de iluminación, pintura de paredes, tipos de piso en bodega y oficinas, puertas de acceso vehicular y peatonal, ventanas, baños y sanitarios, etcétera.

Orientación con respecto al sol

En climas cálidos si a la fachada del inmueble le da el poniente, será una propiedad bastante caliente y, por lo general, requerirá de un sistema de aire acondicionado. Si está localizada en clima frío, el poniente será más adecuado para calentar el inmueble. El saliente (en el amanecer) iluminará con bastante luz, que para algunos es adecuado, pero para otros poco porque desean dormir unas horas extras cuando ya sea de día.

Subsidios que puede lograr

El Ministerio de Vivienda de Colombia lanzó en el año 2020 una medida para reactivar la economía a través de la disposición de los colombianos de 200 000 subsidios para compra de vivienda hasta el 2022. En cuanto al subsidio para vivienda No VIS, este fue reglamentado por el decreto 1233 del 14 de septiembre de 2020, y está disponible hasta diciembre de 2022, o hasta que se agoten las existencias. Los beneficiarios de los subsidios para viviendas que no sean de interés social recibirán hasta cerca de 439 mil pesos mensuales durante los primeros 7 años del crédito, lo que equivale a un subsidio total de 42 salarios mínimos, es decir, más de 36 millones de pesos, para que más familias puedan hacer realidad el sueño de tener casa propia. La postulación para estos subsidios No VIS se hace a través de la entidad bancaria de la preferencia de la persona al momento de solicitar un crédito hipotecario o *leasing* habitacional.

Cuotas de administración

Si el inmueble es en un edificio administrado por una firma especialista en esta actividad, los propietarios pagan un aporte mensual para sufragar los gastos de la copropiedad. Un administrador de edificios o de propiedad horizontal es el representante legal y tesorero del conjunto residencial. Esta persona hace uso de los bienes, de los recursos logísticos de la copropiedad y está a cargo del personal laboral.

Un administrador de edificios o de propiedad horizontal es el representante legal y tesorero del conjunto residencial. Esta persona hace uso de los bienes, de los recursos logísticos de la copropiedad y está a cargo del personal laboral. Los gastos de cada inmueble son prorrateados de acuerdo con el índice de construcción. La **Ley 675 de 2001** establece que el coeficiente «se calculará con base en el **área privada** construida de cada bien de dominio particular, con respecto al **área total** privada **del edificio o conjunto**». Es decir, entre mayor sea el área construida del inmueble, mayor es el aporte por administración. Si el edificio presenta un área grande construida comprada con el del apto., el valor de la cuota de administración será menor, y si a eso le sumamos servicios comunes como piscina climatizada, zona húmeda, ascensores, sala de juegos, canchas de deportes, jardines, portería, parque infantil, etcétera, los costos de administración serán mayores.

Parqueaderos de visitantes

Los parqueaderos de visitantes son de uso exclusivo y no para los propietarios o residentes de un conjunto o edificio. El número de parqueaderos para visitantes en edificios residenciales depende del sector de demanda, del estrato y de la cantidad de viviendas. La norma los define dentro de la categoría de estacionamientos de servicio al público. Los parqueos de visitantes son bienes de propiedad y uso común, y se contabilizan como parte del equipamiento comunal exigido por las normas.

Requisitos de sismorresistencia

Se dice que una edificación es sismorresistente cuando se diseña y construye con una adecuada configuración estructural, con componentes de dimensiones apropiadas y materiales con una proporción y resistencia suficientes para soportar la acción de fuerzas causadas por sismos frecuentes. El actual reglamento colombiano de las construcciones sismorresistentes (NSR-10) es el reglamento encargado de regular las condiciones con las que deben contar las construcciones con el fin de que la respuesta estructural a un sismo sea favorable. La mejor manera de saber si un edificio cumple con las exigencias de sismorresistencia es a través de una consulta con un ingeniero civil, quien conoce ampliamente las especificaciones que debe reunir todo tipo de construcción residencial o comercial.

Constructor reconocido

Dada la proliferación de firmas constructoras dirigidas por personas no profesionales en el campo de la construcción, es importante, antes de decidirse a comprar un inmueble, conocer quién es el constructor. Lamentablemente son muchos los casos que se han presentado de derrumbamiento de edificios con cierto número de víctimas por fallas estructurales de ciertos edificios. Si el constructor corresponde a una firma ampliamente conocida, inspira confianza en que el inmueble de nuestro interés sea fuerte y resistente. Recuperar un dinero invertido en una propiedad ubicada en un edificio que se desplome es bastante complicado y puede tomar varios años. Mientras tanto, el lucro cesante de ese inmueble es grande y afectaría nuestros flujos de caja y rentabilidades esperadas. Un ingeniero civil, una oficina de Ingeniería Civil de una universidad, la curaduría de la ciudad y otros constructores lo ayudan en dar la información acerca de los constructores del inmueble en que se está interesado adquirir.

Red contraincendios

Un incendio en un edificio de altura tiene sus complejidades. Por ejemplo: la hora en la que se produce la emergencia, el personal con que cuentan para hacerle frente, así como la búsqueda y rescate de las personas y cómo llegar al piso afectado donde se produce el incendio (El Heraldo). Si bien el seguro es obligatorio, en la mayoría de los casos la responsabilidad de asegurarse recae sobre los administradores de los conjuntos quienes deben adelantar las acciones necesarias para proteger de manera adecuada la copropiedad. Si bien el seguro es obligatorio, en la mayoría de los casos la responsabilidad de asegurarse recae sobre los administradores de los conjuntos quienes deben adelantar las acciones necesarias para proteger de manera adecuada la copropiedad. Verifique que la zona común, especialmente la zona de parqueaderos, cuenta con una red contra incendio antes de decidirse por comprar un apartamento en un edificio nuevo. En edificios con varios años construidos (5 o más) las leyes eran más tolerantes y es difícil encontrar edificios de esa antigüedad o mayor con redes contra incendios.

Vías de acceso

Es importante considerar las vías de acceso a una propiedad ya que, si estas son ruidosas, congestionadas, en mal estado o inseguras, afectan profundamente el valor de un inmueble y, por consiguiente, es complicado posteriormente venderlo cuando las condiciones económicas así lo exijan. Por el contrario, cuando la propiedad presenta vías de acceso rápidas, espaciosas, en buen estado, seguras, etcétera, la propiedad se valoriza y en caso de salir a vender, sería mucho más fácil encontrar un posible comprador más rápidamente. Si el inmueble también está cerca de una estación del metro, de buses, supermercados, sería altamente atractivo para futuros compradores y sería una propiedad de alta demanda.

Servicios públicos existentes

Se entenderá por servicios públicos domiciliarios los de acueducto, alcantarillado, energía eléctrica, telefonía local y telefonía de larga distancia nacional e internacional, recolección, transporte y disposición final de desechos sólidos y gas natural domiciliario. Uno de estos servicios, si fuese deficiente, repercutiría sobre el valor de una propiedad. El valor para pagar por un servicio público domiciliario residencial (regulado por la Ley 142) es equivalente al producto del consumo (metros cúbicos de agua/mes, kilovatios hora/mes, impulsos telefónicos/mes, etcétera) por un valor unitario que, a su vez, es el producto de una tarifa (costo de referencia) por un porcentaje de subsidio o contribución:

Valor para pagar = CONSUMO × (TARIFA × P %). La TARIFA o costo de referencia del servicio es función de los costos y gastos propios de la operación, incluyendo la expansión, la reposición y el mantenimiento, la remuneración del patrimonio aportado por los inversionistas y el de la tecnología y administración para garantizar la calidad, la continuidad y la seguridad en la prestación del servicio. Al respecto, es importante resaltar dos propiedades de la TARIFA: primera, influye directamente en el valor para pagar, puesto que sus componentes generan considerables diferencias entre las tarifas que manejan las distintas empresas que prestan un mismo servicio y, segunda, que la TARIFA no depende de la capacidad de pago de los usuarios. El porcentaje del subsidio o contribución (P %) depende del estrato socioeconómico, tal como de manera expresa y precisa lo establece la Ley[4]:

Estrato	P%	
1	0.50	(Subsidios del 50%)
2	0.60	(Subsidios del 40%)
3	0.85	(Subsidios del 15%)
4	1.00	(Sin subsidio ni conribución)
5	1.20	(Contribuciones del 20%)
6	1.20	(Contribuciones del 20%)

La estratificación socioeconómica con la cual se determina el porcentaje correspondiente a cada usuario está definida en el artículo 14.8 de la Ley 142 de 1994 como «la clasificación de los inmuebles residenciales de un municipio». En resumen, dependiendo del estrato en que quede clasificado un domicilio (vivienda) se le factura su consumo a un porcentaje determinado de la tarifa[12].

Obras cercanas como puentes, carreteras, unidades residenciales, etcétera

El ruido causado por el trasporte vehicular constituye la principal fuente emisora contaminante en las ciudades, producto de la necesidad de movilización diaria de millones de personas. Un inmueble pierde valor cuando se localiza cerca de una vía pública altamente congestionada, por el ruido vehicular y por la dificultad de desplazamiento en la zona. Para las ampliaciones en las vías, a veces se construyen puentes que afectan el panorama de un inmueble, y cuando esto sucede, este pierde algo de valor o se dificulta arrendarlo rápido y a un buen precio. Si, por el contrario, se construyen unidades residenciales, posiblemente este inmueble toma un mayor valor, ya que la zona se tornaría más residencial y de alta demanda. Aquí vale el lema que dice: «ni tanto que queme al santo ni poco que no lo alumbre». Tener vías principales y en general una buena infraestructura cercanas a una propiedad puede incidir positivamente en los precios de venta o arriendo de un inmueble.

Tiempo de construcción si es un inmueble de segunda

Entre mayor sea la antigüedad de un inmueble, mayores serán los gastos de mantenimiento preventivo y correctivo. La grifería, los ductos de agua residuales, los elementos de madera, pisos, pinturas de paredes, techos, etcétera, demandarán cambios o restauraciones. Adicionalmente, un inmueble de varios años de antigüedad no contiene ni la distribución, ni las especificaciones de los acabados de última moda y los nuevos propietarios están dispuestos a pagar un mayor valor cuando la propiedad cumple con sus exigencias. Si es un apartamento, posiblemente la administración de la copropiedad propondrá cuotas extras para mantenimiento de fachadas, cambio o modernización de ascensores, de equipos de piscina, luces en las zonas comunes, control de humedades, sistema de video para la vigilancia de la copropiedad, etcétera.

Se debe verificar que el inmueble, si es nuevo, posea el seguro docenal que corresponde a que los constructores deben responder a los nuevos propietarios

---

12 Dane

de vivienda y a terceras personas afectas en caso de que la edificación sufra daños materiales que hagan que esta colapse, perezca o amanece ruina. Esta ley debe aplicarse a partir del año 2022.

Cómo escoger un inmueble

La decisión de comprar un inmueble es importante por el patrimonio que se dedica a esta inversión y, por consiguiente, antes de escoger una casa o apartamento se deben analizar los diferentes aspectos que generan consecuencias a largo plazo y afectan la calidad de vida del comprador. Una vez establecidas las necesidades y contar con el presupuesto, la persona sale a buscar en el mercado aquel inmueble que llene sus expectativas. Con las agencias inmobiliarias o en portales de Internet se ven las ofertas de proyectos de vivienda o comerciales disponibles en varias ciudades o municipios del país, en forma gratuita y con la posibilidad de usar filtros para que la búsqueda sea más rápida y acorde con las necesidades de la persona. Lo más recomendable es no apresurarse, y si la persona ya definió el sector y vio las opciones atractivas de una casa o un apartamento, debe recorrerlo varias veces, porque en la primera visita no se logra captar todos los detalles que a la larga son los más importantes.

Es común que cuando una persona está buscando un inmueble para vivir o invertir encuentre varias opciones y no sepa decidir cuál comprar, pues cada uno presenta ciertas condiciones que no tienen los demás y se le complica seleccionar aquel que reúna las mejores especificaciones de acuerdo con sus gustos. Unas veces lo mejor es el precio, otras el tamaño, los acabados, el vecindario, o el área o la ubicación. Le puede gustar un apartamento, sus acabados y su ubicación, pero sin gustarle el área ni el número de cuartos. En cambio, aquel sí tiene el número de cuartos que se necesitan, tiene buenos acabados, pero le desagrada la ubicación. Aquel otro le gusta el número de cuartos, la ubicación, pero le repugna los acabados. En fin, se dan infinitas condiciones que hace que la selección del mejor inmueble sea complicada. ¿Cuál sería la mejor decisión para evitar que en un futuro se arrepienta?

Muchos de los bienes que se comercializan habitualmente en el mercado son un agregado de características o atributos que no son vendidos o comprados por separado, ya que para ellos no existe un mercado independiente. Cuando se compra un bien, realmente se compra un conjunto de atributos y calidades que llaman la atención de un cliente o posible comprador. Si un bien es en realidad un conjunto de atributos; entonces, nuestro interés debe ser un agregado de ese bien representado en una ecuación. A esa ecuación la llamaremos ecuación hedónica.

La idea es resolver esta duda de la siguiente manera: empleamos el método hedónico que consiste en elaborar una ecuación con atributos de cada variable en donde la sumatoria sería el valor que debemos tener en cuenta en nuestra decisión. Los pasos serían:

- Elaborar una tabla con dos columnas con estos títulos: en la primera escribir «Aspectos» y en la segunda «Peso». Se debe recordar que esta tabla es personal y los resultados podrían ser diferentes para otras personas.
- En Aspectos escriba todas las características que le sean importantes para tomar decisiones.
- En Pesos escriba el porcentaje que se crea es el peso de cada aspecto. Por ejemplo, si el precio y el tamaño son los únicos aspectos importantes y cada uno tiene un peso igual, sería; entonces, para cada uno un 50 %. La sumatoria de los pesos debe ser igual al 100 %.
- En la tabla que se está elaborando, se agregan tres columnas por cada alternativa o inmueble. Si la decisión está entre una casa, un apartamento o una finca, se agregarían 9 columnas tal como se presenta en el ejemplo en esta sesión.
- A la primera columna del inmueble se le da el título de «Calificación». La siguiente, el tipo de inmueble y la tercera «Puntaje». En Calificación se le da un valor comprendido entre 0 y 10. El valor de 0 es que carece de ese aspecto. El valor de 10 es que llena completamente el gusto del comprador. Se usan valores intermedios, es decir, 4.5, 7.7, etcétera.
- En la columna del inmueble se escribe la condición del aspecto a tratar. Por ejemplo, si los acabados son los esperados se pondría «Excelente». Esto ayudaría a calificar dicho aspecto.
- En Puntaje se hace la siguiente operación: se multiplica la calificación por el peso. Se totaliza el puntaje y esa será la calificación total de ese inmueble o de esa opción.
- Criterio de definición: el inmueble que obtenga el mayor puntaje sería el inmueble indicado. En el ejemplo anexo, el apartamento en la zona de El Poblado sería el inmueble para seleccionar por tener mayor puntaje.

Este método de toma de decisiones lo puede replicar para definir en dónde localizar un negocio, asignarle un nombre a una empresa nueva, definir en dónde se desea pasar unas lindas vacaciones, la compra de un auto nuevo, etcétera.

En la tabla siguiente a la selección de un bien inmueble, se presenta otro ejemplo para comprar un auto nuevo entre 3 opciones. La calificación y el peso es del gusto de una persona y puede ser diferente para otro. El lector, si desea elaborar una tabla similar para comprar una casa o apartamento y tiene dudas por cuál decidirse, deberá definir las variables que él considera importantes, asignarle los pesos (%) y calificar cada aspecto a su discreción.

Aspectos	Peso	Calific.	Apto. Poblado	PUNTAJE	Calific.	Casa La Estrella	PUNTAJE	Calific.	Finca La Ceja	PUNTAJE
Precio (Millones)	15 %	8	400	1,2	5	420	0,75	3	450	0,45
Tamaño	10 %	8	100 m²	0,8	9	120	0,9	9	1000 m² lote	0,9
Acabados	5 %	6	Bueno	0,3	5	Buenos	0,25	3	Buenos	0,15
Acceso	10 %	5	Regular	0,5	3	Bueno	0,3	2	Regular	0,2
Transp. público	4 %	1	Malo	0,04	3	Regular	0,12	1	Regular	0,04
# de baños	7 %	6	4	0,42	6	4	0,42	8	5	0,56
# de cuartos	5 %	7	3	0,35	7	3	0,35	8	4	0,4
Vestier	3 %	5	1	0,15	0	0	0	6	1	0,18
Clóset	1 %	5	2	0,05	6	3	0,06	6	3	0,06
Cocina	5 %	5	mediana	0,25	7	Mediana	0,35	8	Grande	0,4
Impuesto predial	3 %	1	Alto	0,03	1	Alto	0,03	3	Alto	0,09
Seguridad	10 %	9	Excelente	0,9	8	Buena	0,8	1	Regular	0,1
Distancia a la oficina	5 %	5	5 km	0,25	3	10 km	0,15	1	35 km	0,05
Colegios	5 %	4	Si	0,2	3	Si	0,15	2	Si	0,1
Supermercados	1 %	4	Si	0,04	3	Si	0,03	2	Si	0,02
Valorizaciones	10 %	7	Buena	0,7	7	Bueno	0,7	6	Regular	0,6
Servicios públicos	1 %	9	Excelentes	0,09	9	Si	0,09	8	Regulares	0,08
TOTAL	100 %			6,27			5,45			4,38

Riesgos de invertir en bienes raíces

Como toda inversión, existen riesgos que dependen de múltiples factores. Si una persona planea en invertir en propiedad raíz para residencia o para negocio debe considerar los riesgos para evitar futuros problemas. Algunos riesgos son cubiertos con pólizas de seguros, otros no. A continuación, se enumeran los principales riesgos en este tipo de inversión. Se debe recordar que los gastos se cubren con efectivo no con propiedades. Se es rico en inmuebles y pobre en efectivo.

- Elección del constructor. Es conveniente investigar para conocer la experiencia y el cumplimiento de entrega, el manejo del dinero captado, la calidad del material utilizado del constructor.

- Cálculos estructurales. Es importante conocer o asesorarse de un experto sobre la calidad de estos cálculos, pues se conocen varios casos en donde en pocos años el edificio se derrumba con pérdida total de los inmuebles. Este riesgo se cubre con un seguro.

- Incendio, terremotos, inundaciones o actos terroristas. Este riesgo se cubre con un seguro.

- Vecinos indeseables. Un vecino ruidoso, conflictivo o escandaloso puede reducir el precio a una propiedad.

- Inquilinos morosos. Este riesgo se cubre con un seguro.

- Oferta y demanda. Un inmueble puede tomar mucho tiempo para encontrar un inquilino cuando la oferta es grande y la demanda es baja.

- Decisiones políticas. Un gobierno, el de turno, podría aprobar leyes que expropien propiedades por diversos motivos.

- Control de precios. En la actualidad en Colombia existe una ley que hace que los valores de los arriendos de inmuebles con destinación de vivienda solo se ajusten de acuerdo con la inflación del año anterior. Inmuebles destinados para negocios se ajustan de acuerdo con la oferta y la demanda de estos.

- Construcción de puentes y carreteras que afectan el inmueble por ruido o por contaminación visual. Una autopista, si no tiene supresores de ruido, afectaría el valor de un inmueble cercano. Igualmente, el factor de contaminación puede reducir el valor de una propiedad.

- Tiempo de venta cuando se requiere urgentemente el dinero. La liquidez de una propiedad es compleja, a veces toma varios meses mientras llega un comprador.

Fondos inmobiliarios

Si le falta el capital suficiente para pagar la cuota inicial, existen fondos inmobiliarios que recogen fondos de sus inversores para formar un capital grande que les permita comprar propiedades para vivienda, centros comerciales, edificio de oficinas, bodegas, proyectos de construcción, etcétera. Son especialistas en conocer en dónde comprar, como colocar (vender o en renta) y entregar sus rendimientos a los inversionistas. Algunos de estos fondos cobran comisiones o gastos administrativos que hay que tener en cuenta a la hora de invertir en ellos. Fondos de esta clase de inversión son muchos, y solo en sentido práctico, se presentan tres nombres, pero es el inversionista quien debe investigar por su cuenta sobre otros fondos. Oldmutual Inmobiliaria, BTGPACTUAL Rentas Inmobiliarias y Credicorp.

En Colombia existen dos tipos de fondos inmobiliarios, aquellos que están destinados a la renta cuyos ingresos dependen del pago del alquiler, y los de desarrollo, cuyos retornos están sujetos a la construcción y compraventa de los proyectos[13]. Un inversionista puede participar en forma colectiva en bienes raíces esperando obtener una rentabilidad por medio de los arriendos o por valorización de la propiedad.

El otro fondo inmobiliario es el de desarrollo en donde se construye un proyecto y luego se vende. La rentabilidad promedio obtenida por los fondos inmobiliarios (semana) fue del 3 % EA, y sin garantía de que este valor aumente en los siguientes años. Algunos especialistas estiman que para los próximos años podría darse una reducción en la rentabilidad esperada por estos fondos debido a los efectos de la pandemia del COVID 19. El inversionista antes de decidirse por esta alternativa debe investigar a fondo sobre la experiencia del fondo que dirige este proyecto. «En este tipo de inversión hay que corroborar que el fondo tenga una sólida infraestructura para administrar los inmuebles y todo el conocimiento inmobiliario en cuanto a pólizas y finanzas para asegurarse frente a los arrendatarios» (larepublica.co).

---

13 https://www.rankia.co/blog/fondos-inversion-colectiva-colombia.

- Según la revista *Semana* los siguientes tres elementos a tener en cuenta a la hora de escoger este tipo de inversión serían:
- Conocer en profundidad el objetivo de inversión del fondo. En el mercado hay ofertas de todo tipo: fondos para invertir en inmuebles comerciales, de vivienda, fondos para proyectos en construcción o fondos para recibir rentas, por citar algunos ejemplos. En ese sentido, es clave conocer el reglamento de los fondos administrados por empresas vigiladas por la Superintendencia Financiera de Colombia.
- Pensar en el largo plazo. Tener presente que no se trata de una inversión para liquidar o especular como si se tratara de un activo bursátil. Por eso es importante pensar en obtener rendimientos en el largo plazo.

Escoja al administrador de portafolio que le dé confianza. Los fondos son operados por gestores y administradores profesionales, certificados.

Las ventajas de invertir en estos fondos son:

- Acceso a la información sobre negocios que como inversionista individual no tendría la oportunidad de acceder.
- Posibilidad de diversificar por invertir en diferentes proyectos.
- Riesgos moderados o bajos.
- La dirección de los proyectos está en manos expertas y conocedoras del medio.
- Su rentabilidad no depende de una decisión de un solo inquilino. Es decir, si el inversionista posee un inmueble en arriendo y el inquilino toma la decisión de desocupar, este inmueble puede quedar un tiempo apreciable en esas condiciones y así castigaría la rentabilidad del propietario.
- Generalmente, los arrendatarios son grandes empresas con solidez financiera.
- El inversionista no tiene contactos con los arrendatarios en caso de reclamos, fallas en el inmueble u otros eventos imprevistos.

Los usuarios de los inmuebles no tienen contacto con los socios del proyecto. Solo con la firma representante y administradora del proyecto.

Las desventajas de esta inversión son:

- Menor liquidez ya que el inmueble no se vende aisladamente del proyecto.

La inversión es a mediano o largo plazo. No es posible recuperar el capital invertido en el corto plazo. El inversionista no lo puede retirar hasta fin del proyecto; aunque sí puede negociar con un tercero.

Sexta parte
Vehículos

Comprar auto nuevo para algunas personas significa mejorar su estatus social. Se deben considerar ciertas variables económicas que tiene implicaciones en el país que desmotivan la compra del auto nuevo, como es la inflación, los precios de los combustibles (vehículos térmicos) o de la energía (vehículos eléctricos), y de los elementos de consumo importados cuyos precios dependen de la tasa de cambio del peso frente al dólar americano.

Después de la pandemia del COVID-19 se ha presentado una reducción en la producción de chips (dispositivos electrónicos o circuitos integrados) que utilizan los fabricantes de vehículos, y una reducción de los contenedores para el transporte internacional de vehículos y partes que hacen que los precios de los vehículos nuevos y usados presenten aumentos de precios para todos los países. Para Colombia el aumento es mucho mayor debido a la depreciación del peso frente al dólar americano. El mercado está mostrando una variación de precios de autos nuevos y usados hasta un 30 % del valor de vitrina.

Es usual encontrar en revistas y periódicos o boletines que reparten en diferentes lugares en la ciudad avisos de ventas de vehículos como este: *¡Gran promoción del mes! Pague el 50 % hoy y el otro 50 % en un año y cero de interés (0 %)*, y este otro aviso: *Financiamos el vehículo de sus sueños*. Son avisos publicitarios para animar a los posibles clientes a que se decidan por una compra de este vehículo. Las cocesionarias de autos deben pagar a los fabricantes los vehículos que ellos adquieren y ellos no reciben ni promociones ni rebajas en las tarifas. Cada concesionario por su propia cuenta ofrece descuentos para atraer los clientes a riesgo de reducir sus utilidades.

La forma de compensar esta reducción de las utilidades es mediante las arandelas que les pagan por las compras a crédito que realizan los clientes.

Para entender estas arandelas tomemos este caso, el cual no corresponde a ninguna concesionaria o marca en especial. *¡Gran promoción por este mes!, adquiera su SUV modelo 2022, pague hoy el 50 % y el otro 50 % en un año y cero intereses.*

El valor comercial del vehículo es de $75 millones de pesos. Si lo compra de contado el valor sería de $ 70 millones de pesos, un descuento especial por este mes de $5 millones de pesos.

Si compras el vehículo, debe pagar hoy $37.5 millones de pesos correspondiente al 50 % del valor comercial. Los otros $37.5 millones los pagarías al año. La operación como tal se observa que efectivamente la tasa de interés por ese plazo de un año sería cero (0 %). Si no existiesen costos de financiación debería pagar en los dos contados $35 millones de pesos cada uno, pero no es así y paga lo estipulado en la compra.

En otras palabras, paga hoy $37.5 millones y debería pagar $35 millones. O sea, pagó $2.5 millones de más. Estos $2.5 millones se lo restamos al valor que debería pagar de $35 millones y nos da un saldo de $32.5 millones que sería lo que le quedaría faltando para cancelar el vehículo, pero al año siguiente debe pagar $37.5 millones. Esto significa que una deuda de $32.5 millones se convierte en $37.5 millones en un año. La gráfica, el flujo de caja y la TIR de esta financiación son los siguientes:

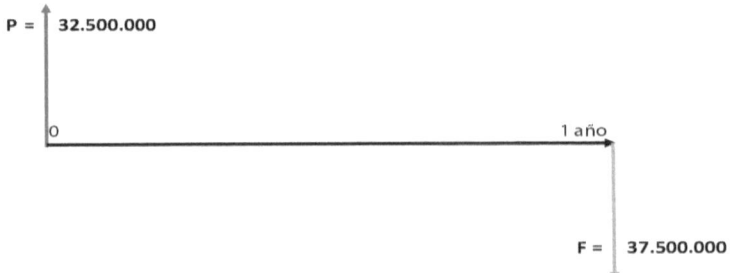

Periodo	Flujo de caja
0	-32 500 000
1	37 500 000
TIR =	15,38 %

Observamos que hay un ofrecimiento de cero de la tasa de interés, pero efectivamente el costo financiero real es de 15.38 % efectivo anual. El lector puede hacer sensibilidades utilizando una hoja de cálculo para diferentes valores. El valor de la TIR es la verdadera tasa de interés que se asume al tomar una financiación de un vehículo de esta manera.

Comprar o vender un auto usado

La demanda de compra y venta de autos usados en Colombia es alta. La cantidad de negociaciones que se hacen con vehículos usados es tan alta que se vuelven comunes los delitos en todo el país.

Para comprar se recomienda tener las siguientes precauciones:

- Origen del carro. Si el carro es importado que no tenga restricciones aduaneras o reclamaciones de otros países. Este dato se puede consultar con la Oficina de Movilidad Local.
- Los datos de la matrícula coinciden con las improntas. Si al menos un dato no coincide lo mejor es deshacer el negocio y evitar futuras complicaciones. Es recomendable hacer negocios con personas reconocidas en el medio.
- Verificar que el vehículo esté en buenas condiciones. Un comprador desprevenido, posiblemente, carece de los conocimientos o las herramientas para verificar las condiciones mecánicas, placas deformadas, condiciones eléctricas, pintura de diferentes tonos, espejos que no correspondan al vehículo o que no tengan la marca del fabricante, suspensión, cojinería, alineación, bolsas de aire inactivas, elementos de la cabina, como el volante, asientos que no corresponden al auto y consumo de un vehículo usado. En el mercado se encuentran empresas especialistas en realizar este tipo de revisión técnica de una manera profesional. Es mejor hacer este tipo de gasto, pues podría evitarle posibles complicaciones futuras.
- Verificar que las partes del auto sean originales. Un cambio de piezas por otras que no sean originales seguramente desarrollará problemas en el corto plazo, implicando unos gastos mayores posteriores.
- Es recomendable realizar la compra en entidades reconocidas debido a que existen empresas fantasmas que no están registradas en la cámara de comercio. Que el vendedor tenga toda la acreditación de la cámara de comercio.
- Verificar que el vendedor sí sea quien figure en la matrícula del vehículo.

- Si se va a vender un auto, se debe tener claro que el auto no quede en manos de comprador antes de culminar el proceso de traspaso, o terminar de pagar la totalidad para eximir el vendedor de múltiples responsabilidades jurídicas posteriores.
- Verificar que el vehículo no tenga orden de embargos o inmovilización. Se puede solicitar un certificado de tradición (historial el vehículo) en la secretaría de movilidad en el que se encuentra matriculado el vehículo interesado.
- Constatar en la secretaría de movilidad que el vehículo no tiene comparendos pendientes por cancelar, como fotomultas (SIMIT y RUNT).
- En el mercado existe la clonación de vehículos con el número del chasis y la placa para usarlos en otro carro hurtado y rodar libremente por la ciudad. Las marcas de estas series deben ser claras e indicar que no se han retocado. Si es así, lo mejor sería desechar ese vehículo para evitar líos jurídicos posteriores.

Una compra de un auto usado puede ser inteligente si se siguen las pautas indicadas en esta sección. Se dice que es inteligente siempre y cuando se tenga presupuestado, sea una compra para atender una necesidad y no se adquieran deudas malas para su compra. Si faltan los recursos suficientes, a veces la compra de un auto usado puede ser más inteligente que la compra de un auto nuevo. Muchos financieros opinan que el mayor error financiero que pueda cometer una persona es comprar autos nuevos. Esto depende de cada persona, su situación económica y las condiciones de mercado. En la actualidad y después de la pandemia, comprar auto nuevo se ha vuelto buen negocio, pues los precios van en aumento. Por lo tanto, concluir que es una compra poco inteligente es un concepto precipitado.

Recomendación para comprar un vehículo

Si va a comprar el vehículo se debe considerar que el dinero disponible sea producto de los rendimientos que producen las inversiones. Si está ahorrando desde un tiempo atrás para comprarlo de contado, no debe considerar ese dinero como ahorros, sino como provisión de un gasto futuro (el auto). Cuando hace provisiones para este fin, tener en cuenta que se está trabajando para el propietario de la concesionaria, no para él mismo.

Si carece de activos productivos que generen flujo de caja mensual, lo mejor es utilizar ese dinero no para comprar el auto nuevo sino para invertirlo en algo que genere ingresos que sí se puedan utilizar para pagar el auto soñado. Si se hace esto, al cabo de cierto tiempo se tendrá la inversión que continuará dando buenos frutos y el auto nuevo que se quería. Si lo hace así, evitaría un escenario en que solo se tendría el auto nuevo y no más.

Si ya se decidió a comprar el auto nuevo, tener en cuenta las siguientes recomendaciones:

a. Asegúrese de que sea el vehículo deseado, modelo, marca y tipo. Si se tiene varias opciones y aún no se sabe cuál escoger, utilizar el método de decisión que explicaremos un poco más adelante. Eso ayudará a seleccionar la mejor alternativa y evitará, posiblemente, que después se tenga arrepentimiento por la decisión tomada.

b. Si se tiene el dinero disponible, comprar de contado. Usualmente las concesionarias ofrecen descuentos por pago de contado. Si el descuento que se ofrece equivale a un interés superior a los que se pueda conseguir con invertir el dinero, es más beneficioso pagar de contado. Si es inferior, tomar la financiación.

c. Si el valor del vehículo es igual al de contado, utilice el plazo ofrecido. En nuestro ejemplo, si el vehículo nuevo cuesta $75 millones y es lo mismo que si fuera de contado, es conveniente aceptar el pago del 50 % en el momento de la compra y el valor restante al año, ya que puedes invertir ese dinero para que genere algún interés durante ese año de plazo.

d. Si el valor de contado es menor al requerido por el vendedor, haga cálculos sobre el verdadero costo financiero antes de tomar una decisión.

e. Si el costo financiero de la posible compra es mayor a las tasas de interés que ofrecen los bancos, es mejor solicitar un préstamo al banco o a un tercero y pagar de contado. Sigamos con el ejemplo del auto de $75 millones de pesos. Pagar en el momento de la compra $35 millones correspondiente al 50 % del valor de contado del auto. Quedaría pendiente por pagar el resto, es decir el 50 % que equivale a otros $35 millones de pesos. Supongamos que el banco cobra una tasa de interés efectiva anual de 10 %, lo que equivale que al final de año pagaría un interés de $3.5 millones de pesos, que más la cuota, estaría cancelando un total de $38.5 millones de pesos. Conclusión: el auto le salió costando $73.5 millones de pesos y no los $75 millones iniciales.

f. Si ya tiene una deuda por comprar un vehículo, lo mejor es cumplir con el pago y el plazo. El descuento que se logra es al inicio y no después a no ser que el préstamo sea con una corporación financiera al cual le incluyen en el pago de las cuotas una tasa de interés.

g. Si ya tiene una deuda por compra de vehículo con un 50 % inicial y el resto aún está pendiente del pago, ya no es conveniente adquirir un nuevo préstamo con otra entidad para pagar la deuda a la concesionaria porque el descuento que se podría obtener es en el momento de la compra del vehículo y este ya se perdió.

h. Negocie al inicio de la compra el valor de la matrícula, el SOAT o ambos. El SOAT es un seguro obligatorio establecido por ley con un fin netamente social. Su objetivo es asegurar la atención, de manera inmediata e incondicional, de las víctimas de accidentes de tránsito que sufren lesiones corporales y muerte. En el caso del SOAT el beneficiario es la sociedad en su conjunto (BBVA).

i. Verificar la posibilidad de comprar un vehículo de segunda y de modelo reciente que esté en buenas condiciones. Recuerde que al momento de la compra se paga el IVA, y si se decide vender el auto un mes después, posiblemente ese valor del IVA no se pueda recuperar. Los autos de segunda y de modelo reciente ya no incluyen estos valores de impuestos, por lo que es probable que los precios que puedan encontrar sean por debajo al precio de los autos nuevos.

j. Las concesionarias ofrecen a un precio favorable el vehículo *Test Drive*. Negocie el precio y la forma de pago. Estos vehículos cuentan con la garantía del cocesionario y para ello ofrecen estos autos en excelentes condiciones. Los descuentos oscilan algunas veces entre un 25 % y un 30 %.

k. Haga presupuesto e incluya el pago de las demás cuotas para verificar su capacidad de pago. Si los flujos de caja calculados de la forma explicada en este documento no presentan un flujo suficiente para pagar las cuotas del nuevo préstamo, opte por la alternativa de no realizar ningún préstamo, ya que estaría en condiciones tales que posiblemente se convierta en una cartera morosa.

Entre las diferentes opciones que ofrece el mercado se encuentra más de un vehículo que a una persona le llamaría la atención y no sabría por cuál decidirse. La metodología de precios hedónicos le puede resultar una herramienta útil, y evitar así futuros arrepentimientos al seleccionar el vehículo que a la final no le proporciona satisfacción.

De la misma manera que se presenta la metodología de seleccionar un inmueble, se procede con la selección del vehículo cuando se tienen varias opciones y aún no se decide por uno de ellos. El siguiente cuadro presenta los resultados. Sean tres vehículos cuyas marcas son AAA, BBB y CCC, los tres tipos son camionetas. En la primera columna (izquierda) se anotan las especificaciones más importantes que tienen los tres vehículos. Estas especificaciones se obtienen consultando las especificaciones que cada fabricante adiciona a sus respectivas páginas en Internet. Otra manera es utilizando la documentación que los vendedores están dispuestos a suministrar a los clientes cuando se les solicita una cotización. A veces algunas características no se encuentran en los *brochures* de los autos y los vendedores estarían dispuestos a suministrar dicha información. En la siguiente columna se anotan la importancia del comprador que le asigna a estas características dada en porcentajes. La suma de todos los pesos (%) deben ser siempre igual a 100 %. Las siguientes tres columnas se refieren a la camioneta AAA, en donde la primera columna es la calificación del aspecto a evaluar dando un valor entre 0 y 10. La siguiente columna es el resultado del aspecto a tratar, y la tercera es el resultado de multiplicar el peso por la calificación. Así se hace con las otras dos camionetas BBB y CCC, asignando las calificaciones por cada concepto, calificando cada una de ellas y luego obteniendo el puntaje respectivo. Luego se suman los puntos obtenidos por cada vehículo.

Se selecciona la camioneta que obtenga mayor puntaje, que en este caso es la camioneta CCC con el mayor puntaje de 4.45.

Aspectos	Peso (%)	Cali.	Camioneta AAA	Punt.	Calif.	Camioneta BBB	Punt.	Calif.	Camioneta CCC	Punt.
Precio (millones)	20	7	83.4	1,4	5	109.	1	6	90.	1,2
Apariencia	6	5	Bonita	0,3	5	Bonita	0,3	5	Bonita	0,3
Finura	8	6	Si	0,48	5	Si	0,4	5	Si	0,4
Facilidad Manejo	5	3	Excelen.	0,15	6	Excelen.	0,3	6	Excelen.	0,3
Talleres servicio	3	3	Regular	0,09	3	Regular	0,09	3	Regular	0,09
Altura piso	5	2	17	0,1	8	23,11	0,4	5	14,9	0,25
Pasajeros	1	1	5	0,01	1	5	0,01	1	5	0,01
Colores	3	2	Varios	0,06	1	Pocos	0,03	2	muchos	0,06
Dirección	1	1	Asistida	0,01	1	Asistida	0,01	1	Asistida	0,01
Llantas run flat	2		No	0	4	Si	0,08	5	Si	0,1

Cámara reversa	3	3	Si	0,09	6	Auto-Parq.	0,18	5	Parq, 0,15
Sensor de lluvia	1	3	Si	0,03	3	Si	0,03	3	Si 0,03
Sensor de luces	1	3	Si	0,03	3	Si	0,03	3	Si 0,03
Sensor llantas	1		No	0	5	Si	0,05	7	Si 0,07
Consumo combustible	10	5	30km/g	0,5	6	33	0,6	9	66 0,9
Mercado secundario	5	2	Bueno	0,1	1	Regular	0,05	1	Regular 0,05
Piso plano	3	5	Si	0,15		No	0		No 0
Preferencia de robos	1		No	0		No	0		No 0
Potencia	3	3	187	0,09	3	180	0,09	5	185 0,15
Tapicería	3	4	Cuero	0,12	4	Cuero	0,12	4	Cuero 0,12
4X4	1	1	Si	0,01		No	0		No 0
Control de frenos	1	1	Si	0,01	1	Si	0,01	1	Si 0,01
Música	1	1	Si	0,01	1	Si	0,01	1	Si 0,01
Alarma velocidad	3		No	0	4	Si	0,12		No 0
Aire dual l	3	5	Si	0,15	5	Si	0,15		No 0
Aire acond. aut.	3		No	0	3	Si	0,09	5	Si 0,15
Asientos eléct.	1	1	Si	0,01	1	Si	0,01		No 0
Calefac. sillas	1	1	Si	0,01	1	Si	0,01		No 0
Otros servicios	1	1	Si	0,01	6	Si	0,06	6	Si 0,06
TOTAL	100			3,92			4,23		4,45

Séptima Parte
Otras compras

Compra de electrodomésticos

Algunos almacenes de electrodomésticos del país le ofrecen a la clientela facilidades de pago por equipos y los animan para que los adquieran a crédito. La publicidad la muestran como una manera fácil y económica en beneficio del cliente. Expresiones como *Promoción por este mes, Aproveche rebajas para el día de la madre, No deje pasar esta maravillosa oportunidad,* etcétera, animan a los clientes para comprar a crédito. Algunos almacenes inescrupulosos aumentan los precios unos pocos días antes de la promoción anunciada, de tal forma que con el descuento ofrecido los precios vuelven a ser los mismos de antes o un poco, pero poco, son algo más bajos. Tomemos este ejemplo: una nevera tiene un precio normal de $100 y para brindar una promoción y así estimular a los posibles compradores suben el precio a $140 y ofrecen un descuento del 30 %. Si descontamos el 30 % el precio nuevo quedaría en $98, lo que implica que la rebaja real fue del 2 % del precio original y no del 30 % como lo presentan en la publicidad correspondiente.

Si la persona necesita la nevera y trata de comprarla unos días antes de la promoción, y ofrece pagarla de contado, posiblemente le hagan una rebaja en el precio algo mayor al 2 % del valor. Pero si la va a comprar de contado en los días que dura la promoción, no le reconocerán ningún tipo de descuento adicional al ofrecido en dicha promoción.

Sea el siguiente caso: superdescuento para mamá, ser cliente del almacén ABC tiene sus ventajas. Compre en el mes de la madre una nevera Elegance L 2P a cuotas de las siguientes maneras: cuotas a 12 meses de $200 000.

El valor comercial de la nevera es de $2 400 000 pesos. Sí la compra de contado el valor sería de $ 1 920 000 pesos. Ahora calculamos la tasa de interés que el almacén ABC cobra por vender la nevera a crédito con plazo de 12 meses. Elaboramos la gráfica del problema con el plazo de 12 cuotas mensuales.

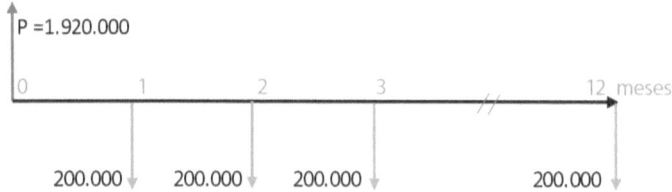

La tasa de interés efectiva es de 3.61 %, la cual se puede verificar con la función tasa de Excel. Este valor es superior a la tasa de interés de usura autorizada, pero el vendedor para evitar alguna sanción expresa que el costo es $2 400 000 y luego al dividir por el número de cuotas (12) estas serían de $200 000 correspondiente a una tasa de interés de 0 %. En realidad, el costo está escondido.

Un comprador desprevenido prefiere pagar a 12 meses que de contado porque cree que no hay ningún costo financiero, y no se daría cuenta que sí lo hay, y es mucho mayor que el de un préstamo de libre inversión.

Recomendación para compras de electrodomésticos

Si se va a comprar un equipo electrodoméstico se debe considerar que el dinero esté disponible de acuerdo con un presupuesto mensual y su respectivo flujo de caja. Si el flujo de caja no es lo suficiente para comprar el equipo de contado y se deba recurrir a créditos, es necesario calcular el valor de las cuotas de la financiación correspondiente y determinar la capacidad de pago.

Si se está ahorrando desde un tiempo atrás para comprarlo de contado, no debe considerar ese dinero como ahorros sino como provisión de un gasto futuro. Cuando se hace provisiones para este fin, se debe tener en cuenta que se está trabajando unos días para el propietario del almacén, no para sí mismo. Para entender este punto, se toma el ejemplo de la nevera que tendrá un costo de $2 400 000 de contado. Si mensualmente se guardan $200 000, al cabo de un año se tendrá la totalidad del dinero recaudado para comprar la nevera de contado. Ahora, si el comprador tiene un salario mensual de $2 000 000, significa que el 10 % de su salario lo estará disponiendo para provisionar un gasto en un año de $2 400 000. El 10 % de su trabajo será para el almacén, es decir, trabajará tres días para el almacén y no para él. Algunos opinarán que no es así, que una persona trabaja para conseguir dinero y comprar las cosas que necesite o que le generen alguna satisfacción. En cierta forma, esas personas tienen razón, pero no en el origen del dinero. En este ejemplo el origen es el producto de su trabajo que corresponde al 10 % de su tiempo (30 días × 10 % = 3 días). Entonces, ¿de dónde debe sacar dinero para comprar una nevera que es considerada como una necesidad? Si esa nevera la compra con lo producido en una inversión, se puede decir que la compra es inteligente.

Por otra parte, si se toma el dinero de un fondo de ahorro que se ha formado desde tiempo atrás, se estará dejando de invertir y sacrificando así un ingreso futuro. En otras palabras, se estaría convirtiendo el ahorro en un gasto. Una provisión no es un ahorro.

Si ya se decidió comprar el electrodoméstico, se deben tener en cuenta las siguientes recomendaciones:

1. Asegurarse de que sea el equipo que se está buscando, la marca, la capacidad, consumo de energía y el precio. Si se tienen varias opciones y aún no se sabe cuál escoger, investigar con amigos o familiares que hayan adquirido un equipo similar; eso ayudará a seleccionar la mejor alternativa y evitará, posiblemente, que después se tenga arrepentimiento por la decisión tomada.
2. Si se tiene el dinero disponible, es mejor comprar de contado. Usualmente, los almacenes de electrodomésticos ofrecen descuentos por pago de contado. Al igual que en el caso de compra de un auto nuevo, si la tasa de descuento que ofrecen es mayor que la tasa de interés que se pueda conseguir con invertir el dinero en renta fija es más beneficioso pagar de contado. Si es inferior, es bueno tomar la financiación, pues el costo es mayor que lo obtenido por la inversión en renta fija. Sea el mismo ejemplo: la nevera tiene un valor de $2 400 000 si la compra a 12 cuotas mensuales de $200 000. Si la compra de contado el valor será de $1 920 000, que equivale a un descuento de 20 %. Si invierte los $2 400 000 en renta fija y le produce una rentabilidad de 15 % efectivo anual, se puede concluir que la inversión genera una rentabilidad menor que la obtenida por comprar de contado. En este caso, es más favorable comprar de contado. Pero si la inversión en renta fija es 25 %, aquí sería mejor hacer la inversión en renta fija y comprar a plazos la nevera.
3. Si el valor del electrodoméstico a plazos es igual al precio de contado, se puede utilizar el plazo ofrecido siempre y cuando no cobren ninguna tasa de interés al diferir la compra. Si se continúa con el ejemplo de la nevera, si el precio de contado es menor al financiado y

no se dispone de este dinero, se debe hacer el cálculo porcentual del descuento, que, si es mayor que la tasa de interés que un banco local cobre por libre inversión, lo mejor sería realizar el préstamo en el banco y comprar de contado la nevera. Se debe calcular la tasa de interés en cada caso y verificar si el costo financiero es más alto que los intereses que cobra el banco para un préstamo por el mismo monto.

4. Si no se tiene la facilidad de obtener un préstamo, se puede utilizar la tarjeta de crédito para después vender la cartera. Se debe tener en cuenta que, si el historial financiero refleja que se tiene una situación con morosidad en los pagos, los bancos no aceptarán comprar la cartera. Las tasas de interés que cobran las tarjetas de crédito son altas y casi siempre son las más costosas del mercado. Siempre se deben comparar las tasas de interés de las tarjetas de crédito y los costos financieros cuando se compra un artículo financiado.

5. Si ya se tiene una deuda directamente con el almacén por la compra de un electrodoméstico, y no se tiene la posibilidad de hacer otro préstamo en uno de los bancos locales para reducir el costo financiero, no queda más remedio que continuar pagando la deuda tal como quedó escrito en el pagaré. Si el préstamo es con un banco local, se debe calcular si es conveniente vender la cartera a otro banco para reducir esas tasas de interés. A veces las personas recurren a avances en efectivo en sus tarjetas de crédito para pagar los compromisos en las compras realizadas. Se debe considerar que cuando alguien acostumbra a utilizar el sistema de avances en efectivo, estará reduciendo la capacidad de los futuros créditos que pueda buscar para hacer inversiones productivas. Un avance en efectivo es una solución ocasional considerada como una emergencia, pero si es frecuente se estaría dando signos al sistema financiero de una situación financiera poco sana.

Octava parte
Conclusiones

Concluir en el tema en compras inteligentes es una tarea difícil porque cada caso puede llegar a un punto diferente y son infinidades las situaciones que se presentan. Sin embargo, se puede llegar a algunas conclusiones generales que le ayudan al lector, y tomar decisiones correctas en favor de lograr la libertad financiera cuando se trate de compras.

Si los gastos son mayores que los ingresos, es porque no hay capacidad de hacer otras compras, y hacerlo sería poco inteligente. En este caso estaría consumiendo el presupuesto del siguiente mes, aumentando así el déficit presupuestal mensual.

Una compra es inteligente cuando la persona presupuesta el gasto para resolver un problema sin afectar el ahorro, el fondo de emergencia, las vacaciones, y si el dinero disponible es al menos dos veces el valor de la compra que se quiere hacer. Es vital aprender a distinguir entre necesidades y deseos para hacer compras inteligentes. Preguntarse si realmente se necesita un artículo antes de comprarlo, o si es simplemente un deseo que se puede posponer o eliminar por completo.

Hacer un presupuesto es esencial para controlar tus gastos y asegurarte de que no gastas más de lo que ganas. Un presupuesto te permite asignar fondos a las cosas que realmente importan, como pagar tus deudas, ahorrar para el futuro y cubrir tus necesidades básicas.

Cuando se necesita financiar una compra grande, se deben considerar cuidadosamente las opciones de préstamo, buscar una tasa de interés baja y un plazo de pago que permita pagar el préstamo cómodamente. Es importante asegurarse de leer los términos y condiciones del préstamo cuidadosamente antes de firmar cualquier documento.

Cuando se enfrenta a decisiones de compra importantes, es bueno tomar el tiempo necesario para considerar las opciones y no apresurarse a tomar una decisión impulsiva. Es necesario hacer una investigación y comparar precios en diferentes tiendas antes de hacer una compra grande.

Para realizar compras no subestimar el valor de la ayuda profesional cuando se trata de finanzas. Se recomienda consultar con un asesor financiero si se tienen preguntas sobre cómo manejar las finanzas o se necesita orientación en la toma de decisiones importantes.

De una manera un poco más resumida presentamos estas conclusiones sobre comprar inteligentemente:

- Es una forma de ahorrar dinero y tiempo, aprovechando las ofertas, los descuentos y las comparaciones de precios.
- Es una habilidad que se puede aprender y mejorar con la práctica, la investigación y el uso de herramientas digitales.
- Es una actitud responsable y consciente que beneficia al consumidor, al medio ambiente y a la sociedad.
- Es un reto que implica planificar, presupuestar y priorizar las necesidades y los deseos.
- Es una oportunidad de disfrutar y satisfacer las preferencias personales sin caer en el consumismo o el endeudamiento.
- Es una estrategia que requiere paciencia, flexibilidad y creatividad para encontrar las mejores opciones y soluciones.
- Es un hábito que se basa en el conocimiento, la información y la educación financiera.
- Es una decisión que se toma con criterio, análisis y sentido común.
- Es una experiencia que se puede compartir y recomendar con familiares, amigos y redes sociales.
- Es un objetivo que se puede alcanzar con disciplina, organización y seguimiento.
- Es una ventaja que se obtiene con la comparación, la negociación y la fidelización.
- Es una responsabilidad que se asume con el cuidado de la calidad, la garantía y el servicio al cliente.
- Es una diversión que se puede combinar con el ocio, el entretenimiento y el aprendizaje.
- Es una elección que se hace con confianza, seguridad y satisfacción.
- Es una inversión que se realiza con visión, proyección y rentabilidad.

- Es una tendencia que se adapta a los cambios, las innovaciones y las oportunidades del mercado.
- Es una virtud que se cultiva con la moderación, la prudencia y la generosidad.
- Es una pasión que se vive con entusiasmo, curiosidad y gusto.
- Es un arte que se expresa con estilo, personalidad y originalidad.
- Es un valor que se transmite con el ejemplo, la influencia y el liderazgo.

Agradecimientos

Me siento profundamente agradecido con todas las personas que me colaboraron en la elaboración de mi libro *Vamos de compras*, especialmente en el ámbito de las compras inteligentes. Su dedicación y compromiso fue esencial para hacer realidad mi proyecto.

En primer lugar, quiero agradecer a mi esposa por su apoyo incondicional. Durante todo el proceso de escritura, ella ha estado ahí para brindarme ánimo, paciencia y comprensión. Su respaldo fue clave para que pudiera concentrarme en la elaboración del libro y alcanzar mis objetivos. Estoy agradecido por su amor y su constante apoyo.

También quiero agradecer a mis hijas Catalina y Daniela por ser una fuente de inspiración constante para mí. Su curiosidad y entusiasmo por aprender sobre compras inteligentes fueron un estímulo fundamental para escribir este libro. Gracias por sus comentarios y sugerencias, que me motivaron a seguir adelante con este proyecto. Espero que el libro sea de gran ayuda para ustedes y para todas las personas que lo lean.

Además, quiero expresar mi gratitud hacia mi gran amigo Hernán Palacios Perdomo y a mi hermano Óscar Darío, que me colaboraron en la revisión y edición del libro. Gracias a sus comentarios, correcciones y sugerencias, el libro se convirtió en un trabajo completo y riguroso. En especial, quiero agradecer al editor por su labor, cuyo apoyo y orientación fue de gran ayuda para dar forma a mi trabajo. Gracias por su experiencia y conocimientos, que contribuyeron a que el libro fuera aún mejor.

También quiero agradecer a los amigos y familiares que me brindaron su apoyo y motivación a lo largo del proceso de escritura. Sus palabras de aliento y su respaldo moral fueron una gran ayuda para mí. Gracias por estar ahí para mí y por creer en mi proyecto.

Por último, quiero agradecer a todos los profesionales que me brindaron su conocimiento y experiencia en el ámbito de las compras inteligentes. Sus aportes fueron fundamentales para que el libro fuera completo y riguroso. Gracias por compartir conmigo sus conocimientos y por ayudarme a entender mejor este tema tan importante.

En resumen, mi agradecimiento es profundo y sincero hacia todas las personas que colaboraron en la elaboración de mi libro *Vamos de compras*. Vuestra ayuda fue esencial para hacer realidad este proyecto. Gracias a todos por la dedicación, compromiso y apoyo.

Bibliografía

Agudelo Diego, Fernández Andrés. *Fundamentos de Matemáticas Financieras, conceptos y aplicacione*s. 2007. Tercera Edición. Documento Guía.

Arroyave E. Luis Hernán. *Finanzas ¿un mito?*, Barker&Jules, 2022.

Buffet, Warren. *La bola de nieve y el negocio de la vida*. Alice Schroeder.

Coll Morales, Francisco. *Economipedia* (20 de mayo, 2020).

Bredensen, Dale E. El fin del Alzheimer, Grijalbo vital, 2021.

García, Oscar León. *Administración Financiera*. Cuarta edición.

Goldratt, Eliyahu, La meta.

Gómez, Juan Diego. *Hábitos de ricos*. Paidós empresa. 2016.

Jaramillo, Carlos. *El milagro metabólico*. Ed. Planeta. 2019.

Jaramillo, Carlos. *Como, El arte de comer bien para estar bien, 6th edición*. Ed. Planeta. 2021.

Kiyosaki, Robert. *Padre Rico, Padre Pobre*. Debolsillo Clave.

Kiyosaki, Robert. *El cuadrante del flujo de dinero*. Debolsillo Clave.

Kiyosaki, Robert, Donald Trump. *El Queremos que seas rico*. Aguilar.

Kiyosaki, Robert, Donald Trump. *Incrementa tu IQ financiero*. Aguilar.

Kiyosaki, Robert. *El juego del dinero*. Debolsillo Clave. *2016.*

Li, William W. *Comer para sanar*. ED. Grijalbovital.2019.

Panda, Satchin. *Activo tu ritmo biológico*. Ed. Grijalbo. 2019.

Perlmutter, David, Kristin Logerenerg, VCerebro de pan, Grijalbo vital, 2015.

Rankia SL. *Blogs. 2003.*

Robbins, Tony. *Dinero, Domina el juego.* Paidós empresa, 2018.

Vélez Pareja, Ignacio. *Decisiones de Inversión.* Editorial Pontificia Universidad Javeriana. Quinta Edición. 2006. https://lectupedia.com/es/cantidad-de-libros-leidos-por-pais

Sinek, S. *Empieza con el porqué.* Empresa Activa. 2018.

Bezos, J. Crea y divaga. Vida y reflexiones de Jeff Bezos. Planeta. 2020.

Webgrafía:

https://www.cityexpress.com/

https://touristear.com/wp-content/uploads/2020/10/como-planificar-tu-viaje-paso-a-paso-facil-415x600.jpg

https://www.sesametime.com/assets/errores-a-evitar-en-la-gestion-de-las-vacaciones-de-los-empleados/

https://www.rankia.co/blog/fondos-inversion-colectiva-colombia.

www.amenclinics.com

https://www.santander.com/es

https://www.elmundo.es/yodona/parejas

https://www.google.com/search?q=cobros+prejur%C3%ADdico&sxsrf=AOaemvKGjwDRPMzocwoAptGS62_W0Yykyg%3A16

https://www.bbc.com/mundo/ciencia_tecnologia/2010/04/100417_multitarea_cerebro_pl

https://www.elconfidencial.com/alma-corazon-vida

https://www.oikos.com.co/inmobiliaria